本书著作者

刘健斌　谭智毅　陈义康　王洪志　宗　寅　莫明珍
曾培基
（以下按姓氏笔画为序排列）
毛容妹　余建龙　张子豪　张倩晓　张海峰　林宏雄
林琦渲　冼灿镝　姚方明　莫　蔓　徐晓霞　徐　薇
曹　标　梁炜峰　梁淑华　谢　静　谭　莹　颜焯文

质量管理哲学丛书

质量管理哲学原理与检验

刘健斌 等 ○ 著

暨南大学出版社

JINAN UNIVERSITY PRESS

中国·广州

图书在版编目（CIP）数据

质量管理哲学原理与检验/刘健斌等著．—广州：暨南大学出版社，2022.12
（质量管理哲学丛书）
ISBN 978 – 7 – 5668 – 3499 – 7

Ⅰ.①质…　Ⅱ.①刘…　Ⅲ.①质量管理—管理学—哲学　Ⅳ.①F273.2

中国版本图书馆 CIP 数据核字（2022）第 166739 号

质量管理哲学原理与检验
ZHILIANG GUANLI ZHEXUE YUANLI YU JIANYAN
著　者：刘健斌　等

出 版 人：张晋升
责任编辑：曾鑫华　彭琳惠
责任校对：刘舜怡　陈皓琳
责任印制：周一丹　郑玉婷

出版发行：暨南大学出版社（511443）
电　　话：总编室（8620）37332601
　　　　　营销部（8620）37332680　37332681　37332682　37332683
传　　真：（8620）37332660（办公室）　37332684（营销部）
网　　址：http：//www．jnupress．com
排　　版：广州市天河星辰文化发展部照排中心
印　　刷：广东信源文化科技有限公司
开　　本：787mm×1092mm　1/16
印　　张：14.25
字　　数：230 千
版　　次：2022 年 12 月第 1 版
印　　次：2022 年 12 月第 1 次
定　　价：49.80 元

（暨大版图书如有印装质量问题，请与出版社总编室联系调换）

丛书序

最近我的校友刘健斌先生向我介绍了他的两本新作——"质量管理哲学丛书"之《质量管理哲学基础与结构》和《质量管理哲学原理与检验》，我觉得所有从事生产和管理工作的人士都值得一读。我在中国改革开放的初期出国求学和工作，近四十年之后在国内重新开始工作。在国内数月的短暂生活使我感受深刻的是中国许多地区的生活水平和购买力基本上同西方国家持平，甚至超过西方国家，但从国内丰盛华丽的物质中，我常见到一些华而不实的东西，其低劣质量往往是一些企业追逐短期利润最大化的结果。就如人与人之间成为朋友的基础是相互之间建立足够的信任度一样，要使产品热销，企业家的基本责任应该是通过保证品质以提升用户对企业产品的信任度。我想这正是"质量管理哲学丛书"的内涵。

苏　星

2022 年 8 月

（苏星，美国加利福尼亚大学生物学博士，哈佛大学博士后。曾任英特尔研究院先进传感器技术部门创始人和负责人，约有 150 项发明、90 多项已授权美国专利，涉及半导体技术、纳米材料科学、化学传感器技术、生物传感器技术、信息科学和生物技术。）

目　录

引　言

没有什么质量问题！

曾担任美国国际电报电话公司（AT&T，创建于1877年，前身是电话发明家贝尔所创立的美国贝尔电话公司，是美国最大的本地和长途电话公司，福布斯2019年全球数字经济百强排行榜位列第五）全球副总裁的克劳士比负责公司的质量工作，在一次高层会议上他说："根本没有所谓的'质量问题'。我们质量人员从来不去设计一件产品，从来不去采购一个产品，从来不去销售一件产品，从来不去制造一件产品……"

没有质量问题？不可能吧？

"我们应该学会一种方法，一种新的思维，就是不要笼统地把一切问题都叫作'质量问题'，把什么乱七八糟的东西都往'质量问题'的筐里扔，而是要从问题的出处和来源为它命名。"

实际上，克劳士比副总裁真正的意思是，在任何一个方面，在任何一个角落，都有可能产生质量问题，但这些都不是产品质量本身所引起的麻烦，恰恰相反，而是企业及运行本身的问题才造成了质量问题。

这样的思想告诫大家，质量问题必须寻根溯源，不能简单地停留在表面处理。

某一家大品牌运动服饰企业，当年第一代的运动鞋质量真的不错，之后，这家品牌在国内越做越大，越做越响，应用第十九代弧技术、飞电、绝影弹速等，还建有运动科学实验室，PROBAR LOC稳定装置、反光支撑稳定减震等，总之是你所能想到有关的、超一流的技术全都用上了。某忠实粉丝对此品牌商标持有人特别佩服，一直关注国内这家运动品牌，每新出一代产品即购入一双。可惜的是，每一次穿上此品牌的运动鞋，在享受到所谓的高科技减震提速之前他都不得不放弃，原因只有一个，脚痛得难受，忍无可忍，无法理解的是其他大品牌却没有这种奇事。

"我们有的只是销售问题、市场问题、设计问题、制造问题、安装问题、采购问题、物流问题和服务问题……我们集团真正的质量杀手，不是我们，而是在座的各位，负责销售的、负责设计的、负责采购的、负责物流的、负责安装的、负责制造的、负责服务的……我们是干什么的呢？我们只是帮助你们解决问题的。"

实际上克劳士比副总裁回答了质量管理中的三个最基本问题：

（1）什么是质量问题？

（2）从哪里着手解决质量问题？

（3）质量管理层、质量管理工作者应该干什么？

第一章 科学质量管理哲学思想

什么叫科学质量管理？首要一条，经不起实践检验的都不叫科学；科学质量管理某种意义上是一种技术活，最终要达到艺术的标准。

质量管理哲学思想是什么？

简单地说，就是求好，追求卓越的思想，体现在实物上。

所谓质量哲学、质量管理哲学等概念并非什么惊世骇俗的新概念，它实际上是用我们熟悉的唯物辩证法的基本观点来揭示质量、质量管理的本质和规律。

第一节 质量管理与科学管理

六西格玛"6σ"的概念，是1986年美国的比尔·史密斯最先提出的，曾经在许多国家都风靡一时，在中国国内也有许多企业学习和模仿，那是因为曾经的摩托罗拉非常强大，鼎盛时期占有世界手机约三分之一的市场，备受世界各地用户的喜爱和推崇。之后，有着"世界第一CEO"美誉的杰克·韦尔奇将"6σ"标准与全球化和电子商务结合重新定义了现代企业。通用的质量从此傲视世界群雄，从而成为世界各地许多企业争相效仿的榜样。

6σ管理标准是百万分之一的缺陷允许差，实际上绝大多数人都认为根本不可能做到，并不适合自己的实际情况，和零缺陷一样，更多的是一种宣传方式。但奇怪的是，即使客户也认为不可能做到，却非常喜欢，那么，6σ管理标准算是科学质量管理吗？

一、什么叫科学质量管理

科学质量管理不一定需要很高深的科学知识，但是通常能起到非常好的效果。比如，某高铁站内的女厕总需要排很长的队伍，而另一边的男厕却很空。这是因为只是简单地计算人流量，没有考虑到女性用洗手间的特点和时间才造成这种问题出现，好在国内绝大多数机场及汽车站都不存在这个问题。这是硬件设计的缺陷、硬伤，其实也不难改变，但高铁站的管理者迟迟没有解决它。此外，还有软件方面的问题——真正要入站的时候，从排队入站到发车所隔的时间是很短的，于是便常会造成一些行动不便的乘客误车。这样做也许是考虑到太多人集聚在站台不安全，确实是两难矛盾。不过，也只有出现了矛盾才需要管理者去解决。

这就迫切需要科学质量管理出现。

那么，什么是科学质量管理呢？怎么样的质量管理模式才能称得上是科学质量管理模式呢？是否打着科学管理旗号的都叫科学质量管理呢？

现代科学管理鼻祖式人物弗雷德里克·温斯洛·泰勒（Frede-rick Winslow Taylor，1856—1915），其主要观点是不能单纯凭经验办事，他认为："科学管理诸种要素……不是个别要素的结合，构成了科学管理，它可以概括如下：科学，不是单凭经验的方法。协调，不是不和别人合作，不是个人主义。最高的产量，取代有限的产量。发挥每个人最高的效率，实现最大的富裕。"

科学技术手段在当时基本上是为了提高生产效率，着重于科学管理意识及生产实践，尚未谈得上真正意义上的质量管理。

现代科学质量管理的主要思想有两点：一是一切以事实为依据，用数据来说话；二是以数理理论为推导，以实验为证明。

科学质量管理的伟大意义就在于把质量管理从原始的、粗糙的、被迫的阶段纳入先进的、精密的、主动的，甚至是智能化的，能够适应现代科学技术高速发展的、创新意识不断丰富的、竞争环境日益剧烈的发展阶段。

从这个意义上来说，前面的高铁站台候车服务质量还谈不上科学质量管理。

如果有一个调查表明这样的需求是多么令人关注，而不是等到出现更多问题、矛盾加剧的时候再想办法解决，那么整个社会的管理效率将会大大提高，科学管理的理念也会真正得到验证。

出现问题进行严惩的方法运用在现代企业生产，既画蛇添足贻误时间，又没有整体科学监控和质量提升。这种原始的粗糙管理方式，没有哪家大企业大品牌愿意采用，因为它与现代高效、人性社会大趋势格格不入。

二、科学管理是现代质量管理的基础

现今世界，社会普遍进入或正在进入科学管理阶段。代表先进科学管理体系的 ISO 组织已经拥有了一百多个会员国，认可认证遍布全球各地。在 2008 年，中国也成了 ISO 组织的常任理事国。

即使在非洲、东南亚或拉美一些不发达国家和地区，很多企业都正在接受科学管理思想的熏陶，甚至在世界大企业的指导下，实行着以科学管理理念为主的质量管理方法。

拥有先进质量管理方法的大企业在许多不发达地区开拓市场。它们利用当地便宜的劳动力资源以及优惠的招商投资政策建立分公司、分工厂，为当地质量管理的提高做出贡献。当初戴姆勒集团和雷诺—日产集团，在墨西哥的阿瓜斯卡连特斯州（Aguascalientes）设立合作工厂，雇佣当地 3 600 名员工，经过世界顶级企业的科学质量管理方法培训，该工厂汽车年产量达 23 万辆，2017 年英菲尼迪高端车型在当地可以生产。

2018 年，奔驰车型也实现了当地生产和质量管理。两大集团对当地生产经营状况和质量水准在短时间如此大幅提升相当满意，在 2021 年继续扩大生产，为当地提供 5 700 个工作岗位，汽车年产量提高到 30 万辆，更好满足了集团在墨西哥市场的发展和消费者的需求。

中国的大品牌企业同样不会放弃美洲大好市场机会和人力资源管理优势。早在 2012 年，以对质量缺陷零容忍出名的海尔集团在委内瑞拉投资设厂，实施"完美家庭装修计划"。委内瑞拉国家电台、国家通讯社、《宇宙报》均相继对此进行了报道，凭借世界级领先的技术结合当地实际设计出别具一格的创新产品，海尔深受当地广大消费者的喜爱，如利用当地丰富天然气资源的燃气干衣机，克服当地水压不稳的零水压波轮洗衣机，具有收音功能的洗衣机，等等。

当时的委内瑞拉总统义务做起了海尔推销员，高度赞誉海尔产品符合委内瑞拉人民的生活习惯，并向古巴消费者也进行推广宣传。

但是，并非所有中国企业都能像海尔一样以质取胜，以科学质量管理为生存发展的灵魂和生命。无论目的如何，德国《商报》曾经报道我们在非洲公路、机场建设不合规范，忽视安全导致了矿难，违反当地最低工资标准等违法事件。德国媒体认为这些不正当竞争正挤压欧洲企业在非洲的生存空间，同时也希望将来德国能凭借强大的质量和企业文化胜出。

三、 科学质量管理的主要特征

区别科学质量管理与伪科学质量管理的主要特征有两点：一是基于真实有效的事实或数据，二是基于科学的原理和方法，尤其是系统科学、系统原理。现代一些打着科学管理旗帜的伪科学管理的模式应该引起广大质量工作者的注意，因为它们不具备其中任何一个特征，甚至完全脱离质量管理的正常轨道。一个典型的例子就是日本曾经特别风行的5S管理。这种管理模式号称是从早期戴明的科学管理14条延伸出来的，但实际只是一种简单粗暴却又易记易懂的管理模式。

区分伪科学质量管理关键一点就是，基于事实做决策。如果不在现场做"三现"（现场、现实、现物）深入调查分析，比如检测实验室不用扫描电镜、红外光谱、X荧光这些现代化先进仪器去探测，只凭想象、设想、意愿，表面地做管理工作，即便通透掌握日本5S管理方式等，最后将发现，需要寻找的原因依旧不明，需要解决的问题依然存在。这种伪科学的操作实际上对质量的危害是极大的，因为它代替了真正需要付出的时间和精力，更不用说对人性和情绪的打击。

区分伪科学质量管理有助于企业集中精力做好质量管理的工作，避免浪费时间做一些本末倒置的，甚至是干扰质量管理的粗暴工作。

某企业管理层非常推崇6S（在5S基础上加了一个安全，根据人的主观需求，英文S开头成为这种"科学"管理的必要条件。如此"科学"，实在是牵强附会）。为了加强职员的服从性，更是强调所谓的细节监控和干净整洁形象，抽调大量人力来巡检衣柜是否贴标签，拖鞋是否放入鞋箱，等等，而如果稍提异议，则会被批要尊重管理层。每次面对评审都会出现不少的不符合项，企业质量管理高层、质量管理员，对比克劳士比先生真正亲自深入基层走访调查、深入研究每个环节、熟悉每个关键因素的做法，真是天壤之别。不管是 6S 还是 10S，管理层除了一年偶尔几次到面上走走看看，基本上就是待在办公室研究、开会，或者走形式地来个突击检查，或者定期/不定期内审（这个还相对科学点）。大家表面上集中全力应对，好像特别重视质量以及安全，但没有真正地深入质量点每一个环节去观察、发掘、解决问题，或者说，不知道根本实质问题所在，更不知道如何实际地解决问题。

这些 6S 管理模式或执行方式，与现代社会提倡的人性化、智慧性、科学性管理背道而驰。因此这家企业最高管理层经过十多年管理却仍然奇怪为什么除了极少数人主动积极，其他人总是批一下动一下，很难融入集体；在每年一两次监督评审或扩项评审中，总有一些部门不断重复以前的观察项或不符合项，甚至连评审组长都公开质疑，为什么这么著名的企业总是犯这样那样的低级的、令人无法接受的质量问题。殊不知，当它的内部管理全盘照抄日本人一百年前的质量管理理念时，质量体系的注意力和执行力已经被这些幼稚的理念洗脑了，这些死板却操作难度低的执行方式取代了正常的科学智能监控，或者说，自动化控制、智能化管理得不到有效发展——这些不仅仅需要经济成本，还需要时间成本，更需要智力成本。企业管理层也意识到他们的信息化建设落后于时代，与之检测水平和社会需求相矛盾，去探究和花心思考从哪方面切入才是正道。另外，不能对精准控制、智能化建设、激励主动等概念空白视而不见，不可总期待采用6S这种非常原始粗糙的检查、惩罚就能一劳永逸地解决问题。如果不能学习世界顶级先进的法拉利管理模式，学一下一百多年前福特汽车早期的生产模式也很好啊。

反观中国河北钢铁集团塞尔维亚钢厂则完全不同，管理层非常注重基于事实做决策、脚踏实地辛勤奋斗的科学管理。20 世纪 90 年代以来，中国一些钢铁公司已在外面进行兼并收购经营，如与南非萨曼可铬业有限公司进行合作，但后来竟然单月就亏损 3 000 多万元。2000 年后，中国最大的钢企进入巴西，宝钢 CSV 钢铁公司成立。后来武钢也在巴西投资 50 亿美元，但是武钢很快就放弃了在巴西建厂的项目，而在加拿大投资的 Bloom Lake 铁矿项目也宣布停产。

塞尔维亚的斯梅代雷沃，是当地最大的国有大型支柱性钢铁企业，在 1913 年就成立了，2003 年宣布破产后被美国一家钢铁公司接手，不到十年美国人便撤走。塞尔维亚政府以 1 美元象征性回购，到 2016 年，在被中国河北钢铁收购之前，其年产量只有几十万吨。

这家最大的塞尔维亚钢厂原来已经准备被淘汰，但是在河北钢铁集团的援助改造下，应用先进的科学质量管理方法，企业生产和经营有了根本性改变。

中方派出管理团队通过技术改善生产成本，对原来停产的设备进行重新检修及改造，通过优化产品结构等再造管理，彻底改变了原先的工艺设备陈旧、管理落后、原材料供应不足等状况。中国的管理团队从预算、财务、生产、工艺、质量、服务、后勤等多个方面的各个环节寻求新的联合解决方案，最终使塞钢走出困境。

原来的工厂生产中，剪切下来的各种边角料被当废钢来处理，后通过发掘周边市场需求，增加附加值做二次销售，光是这一项，每月千吨的废钢就变废为宝了。另外，把加热炉原来使用的天然气改为高炉煤气，在中方的技术改造下，每月又节约近一半的能源，省下约 100 万欧元。

中方投资 1 亿多欧元，用于大量设备的升级改造、维修保养及每一个生产环节基础设施的改造改善，同时制订好未来 5 年进一步升级产品、提高质量、节能环保等方面的投资规划。如粗轧机大修后，不合格率由 0.14% 减少到 0.03%，生产连续性有了可靠保证。

整个生产流程的各个环节得到重新审视，以前钢厂认为产品质量保证必须使用精料，没有全流程成本核算的思维。中方利用先进的技术在渗入小部分粗钢坯后还能保证高质量产品出厂，用数据和事实得到塞方工程师认可。

中方不仅对产品质量相关的环节进行全方位改造和提升，在钢厂外部环境、人文建设、社会责任都融入了中国先进的理念和扎实的作风。

曾有一位塞方员工和中方管理人员谈起一件很小，却又是让他们感触颇深的事情，他说："过去雇主瞧不起他们这些当地工人，说话都是高声对他们喊，可你们不一样。"

合作成功关键一点，离不开对本地人人性化的管理。中方对塞尔维亚工人不但没有裁减一人，保留了 5 000 多个工作岗位，而且新增了300 多个工作岗位。中方与前美国钢企做法最大的不同，就是坚持本地利益最大化，坚持塞方职工当家作主，勇于担当，勇于开拓进取，这些都会影响产品的质量以及方方面面的服务。在充分调动他们的积极性后，整个钢厂的供应链、辐射范围直接或间接影响了职工家属等2万人的生存和发展。如当产量首次创历史最高纪录时，中方管理团队决定给每位职工、每位管理者发放奖金，组织各种文体活动，甚至解决其子女留学中国、就业工作等问题，最大限度解决职工的后顾之忧。

有质量地管理人力资源永远是最强大的生产力、最宝贵的财富。

中方接手不到半年的时间，塞尔维亚钢厂就扭亏为盈了。2017年年产钢量达147万吨，实现了年销售收入7.4亿美元的目标，2018年年产钢量更是达到了170多万吨，销售收入突破10亿美元，在塞尔维亚所有出口企业中排名第一。

除了经济方面和人文交流、文化建设的成功，河北钢铁集团还投入了100多万美元用于当地的道路修整、改善供水系统、捐款学校教育等，自觉地承担起应尽的社会责任，让整个城市更加美好，发展更加和谐。

试问一下，靠简单的6S管理能够取得这样的成绩吗？

毛主席有一句饱含深情的诗词，"人间正道是沧桑"。实验室的正道是艰苦的训练和历练——千锤百炼出深山，宝剑锋从磨砺出。容不得半点急于求成，没有捷径可走。只有这样，才会一步一个脚印，稳步提升，愈趋完善质量管理。

四、科学质量管理思想分类

科学质量管理思想主要可分为两类：

一类是以科学技术为手段，特别是以数理统计为基础，以自动化、信息化、在线过程控制等手段为主，全过程全方位监控的技术性质量管理类型。特别是5G甚至是量子通信普遍进入后，这一类型思想与实践将会迎来飞跃性的发展，小至自动线切割机，大至上海洋山深水港无人码头，等等。

另一类是以人性为基础，以服务为根本目的，崇尚舒适、安全、环保，全过程、全方位、全需求，注重人性化的一种思想和理念。比如奔驰汽车的生产、意大利法拉利汽车的生产都很好地体现了这样的一种思想和理念。

第一种思想的发展从根本上体现了人性化、服务化，第二种思想可能需要一定的技术手段来实现。从现实的质量管理角度、企业的单体来说，更多的是融合这两种思想，只是区别在于更着重哪方面，或者忽视了哪方面。

对于具体操作，从现阶段发展来看，质量管理模式通常有如下划分。

（1）按照方式不同，质量管理模式可分为：过程式管理、目标式管理、控制关键点管理等。

（2）按照领域不同，质量管理模式可分为：服务业质量管理、金融质量管理、商品质量管理、项目质量管理、建筑质量管理、环境质量管理、社会综合治理质量管理等。

（3）按照功能不同，质量管理模式可分为：预算质量管理、设计质量管理、生产质量管理、检测质量管理、抽查监督质量管理等。

（4）按照发生先后次序不同，质量管理模式可分为：事前质量管理、事中质量管理及事后质量管理。

（5）按照时间阶段不同，质量管理模式可分为：工业革命前质量管理和工业革命后质量管理。工业革命后质量管理又可称为科学质量管理。

（6）按照发展阶段不同，质量管理模式可分为：检验质量管理、统计质量管理和全面质量管理。

（7）按照结构的不同，质量管理模式可划分为：体系质量管理和非体系质量管理。体系质量管理是目前社会相当普遍的一种质量管理，特别是按照 ISO 9000 体系运作已经成为公认的时尚。但还有许多质量活动其实是非体系质量管理，比如发源于美国的"6σ"、零缺陷等质量管理方式，它们都对体系质量管理的有效性提出质疑。

有的学者对当前三种主要的质量管理模式，全面质量管理、ISO 9000及卓越绩效进行分析，认为后一种比前一种更进步、更高明，其实，ISO 9000 和卓越绩效基本都是全面质量管理的理念。ISO 9000 更着重于规范步骤，主要是一种过程式管理。卓越绩效是我国一些质量工作者鼎力推荐的一种模式，但实际上该模式源自美国波多里奇奖评审标准，更多侧重于结果评价。

质量管理模式在美国这个具有创新精神的国土上，开花结果，百花齐放，百家争鸣，典型的被国人耳熟能详的就有十多种，如休哈特控制图、戴明环等。但实际上，许多美国大公司都有一套专属的管理模式，如谷歌公司，把普通人和高层管理者的无缝交流视为一种科学管理模式，把目标管理更提升一步，成为价值管理（包括社会价值和未来价值）的典范。

谷歌对价值的认可观已经从纯利到社会责任转变，公司品牌在全球确立了领先优势，以至于欧洲各国不得不对其实施各种名义的制裁。谷歌也是极少数敢公开披露美国政府不当行为的企业。2016 年、2017 年，谷歌连续两年被一些权威机构排名世界品牌价值榜首。

谷歌主要质量管理成就着重于高科技改变生活。如 2014 年，谷歌建设太平洋海底光缆系统；同年 10 月 13 日，进军日趋热门的远程医疗领域；2015 年，加入研发电池大军；同年，谷歌子公司 DeepMind 开发围棋人工智能程序 AlphaGo；2017 年，推出无人机送货；同年 12 月 21 日，重返世界品牌 500 强"冠军"宝座；2018 年，与复旦大学签署合作协议，成立复旦大学—谷歌科技创新实验室。

质量管理不仅仅体现在某些理论的出现和突破，更重要的是在实践中不断总结、升华。现代科学管理界出现了以朱兰、戴明、费根堡姆、克劳士比等为代表的世界级"质量管理大师"；美国 Kapoor 教授等人首先提出集成质量系统；美国顶级国家质量大奖——波多里奇奖，无一不是以身作则地在实践中把科学质量管理的理念推向一个又一个崭新的高潮。

此外，当今也创新了许多科学质量管理方法，包括并行工程（CE）、企业流程再造（BPR），这些方法在提高质量、提高效率、降低损耗成本、缩短研发及生产周期等方面都取得相当成就。典型的代表有由摩托罗拉开始，被通用总裁韦尔奇推向鼎盛的"6σ"法；中国张公绪创造的两种质量诊断理论［统计过程诊断（SPD）理论、多元逐步诊断理论］；等等。

21 世纪的今天，随着人身安全、人体健康越来越受重视，随着客户潜在内在需求增长、环境污染防治迫切需要、计算机互联网技术高速发展、系统科学大力推进，科学质量管理阶段正进入一个全新时期，预示着一个崭新的质量管理时代即将开始。

第二节　质量管理和社会化大生产

一、质量管理的二重性

质量管理的二重性和管理二重性基本一致，都是针对社会生产实践过程或科学实验进行的质量管理。

质量管理的二重性是指与科技发展、生产力、社会化大生产相联系的自然属性以及与生产关系、社会制度相联系的社会属性。

为什么要指出质量管理的二重性呢？

这意味着我们在考虑质量管理的问题时必须全面，它不仅具有自然属性，要从它本身的社会发展环境、科技发展水平、社会生产力发展水平来考虑，还要从和社会化大生产相联系的各种非自然属性因素来考虑引起质量变化的原因和可能导致的结果，更不可忽略生产关系及社会制度等各种外部、配套、宏观等因素。

1. 自然属性

质量管理的自然属性是指质量管理与科技发展、生产力、社会化大生产相互联系、相互作用而体现出的性质。

质量管理的自然属性由社会共同劳动的性质产生，可以说是一般性的职能，具有普遍联系性和时代制约性，体现在能否合理组织生产力、能否合理安排企业的生产和企业生存发展方面。

2. 社会属性

质量管理的社会属性是指质量管理与当前生产关系、当地社会制度相联系，排除了特殊社会剧烈变革，而体现出来的具有相对稳定、相对宏观的性质。

这种社会属性由当前生产关系的性质和当地的社会制度决定。质量管理的好坏，直接反映到生产管理结果上。显而易见，它具有维护和完善生产关系、促进社会进步的特殊职能。

3. 属性比对

质量管理的二重性对比如表1-1所示。

表1-1　质量管理的二重性对比

分析因子	质量管理自然属性	质量管理社会属性
产生条件和背景	社会化大生产协作（共同劳动）、科技进步、生产力的提高	生产资料所有制形式、社会的制度、法律、世俗习惯、宗教信仰等
质量管理中作用	体现了最高管理层的意志、反映了客户需求	社会监督和干扰、约定俗成、宗教信仰活动与制约
职能	一般职能：合理组织生产力，合理安排生产和发展	特殊职能：维护和完善生产关系，促进社会进步
性质	有质量性的生产、消费及配套性劳动	有质量性的监督和控制劳动
决定因素	生产力水平（科技发展的程度、社会化大生产的程度）	生产关系（社会制度、机制、意识形态、社会思维发展的程度）

二、质量管理是有效的、巨大的生产力

拿破仑曾经说过，一头狮子带领的一群羊，可以打败一头羊带领的一群狮子。从管理的角度来看，这句话尤其正确，相当于中国古代谚语："兵熊熊一个，将熊熊一窝。"这同样也说明了管理出战斗力，管理的好坏决定胜败。服从狮子管理的羊群是勇猛无畏的。反过来，如果是表面拥有强大战斗力的狮子服从一头羊，那么这样的战斗力也就等于是羊的战斗力了。

质量管理就是生产力，越是有质量的管理越是巨大的生产力。

极其出色的质量管理让德国制造成为世界顶级工厂，是德国经历两次世界大战后重新崛起成为世界强国的关键因素。

当今世界，可以说德国制造是世界高品质的代名词，德国的产品畅销全世界，即便它的价格比同类产品都要高得多。

生产力的发展，促进了科学技术的发展。而科学技术的飞跃，更是反过来促进了生产力的大大提高。质量管理，在相当大的程度上可以

说，在两者之间起到了穿针引线的作用，而现代意义上的质量管理更是离不开生产力的发展和科学技术的进步。反过来，社会生产力的高速发展，正是由于现代的科学质量管理在不断地创新创造，起到了事半功倍的作用。

美国福特汽车 T 形生产线是一个典型例子。

福特并不是汽车的发明者，一开始也不是汽车生产行业的佼佼者。但是福特通过观察、思考，意识到当时的汽车不是为了大众服务，汽车工业也完全没有发挥出潜能和应有的生产力。当时每生产一辆汽车，需要 728 个工人连续工作 1 个小时，或者说是要 728 个人工小时，而每一年的产量仅仅十多辆，汽车只能成为少数有钱人的玩物，并不能改变整个社会的出行方式。

福特认为，只要把汽车变成每一个人都能买得起的交通工具，人类社会就会大大地往前跨进一步，整个社会的生产力不言而喻会得到质的飞跃。福特 1908 年通过 T 形生产线的创造发明，成功地实现了自己的梦想。福特梦可以说是美国梦的典型代表，福特的管理水平，长期以来代表着美国先进管理水平和质量控制水平。

福特在广泛吸取了德国汽车、英国汽车工业的优点之后，敏锐地注意到其中不符合时代发展需求的致命缺陷，首创世界第一条 T 形汽车流水生产线。他以专业化为基础科学分工，所有工序实现标准化、自动化，在劳动生产率大大提高的同时，不合格率大幅下降，缺陷产品得到严格的控制，质量管理直接服务于生产过程，开创了现代化工厂的新模式。

1913 年，福特重新审视已经拥有的 T 形生产线，进一步把移动式装配线、在线质量控制的思想贯彻到底，先把底盘放上生产线，然后从一端开始，大梁、发动机、中控系统、燃油系统、车轮依次组装，到另一端结束。汽车流水生产效率比原先提高了 8 倍，汽车由原来的 12 小时 28 分钟缩短到了 90 分钟就可以出厂，这对当时美国的制造业而言，的的确确是一次翻天覆地的改革和创新，其特点就是生产高效率，质量严监控，给工人高工资，给客户低价格。其生产线是一种以移动式装配线为代表的崭新的生产模式，这就是著名的福特制。

美国军工生产的成熟，极大限度地把更加完善的福特制，即移动式装配线、在线质量控制、即时的质量监督反馈的流水线生产，推向飞机、军舰、枪械、重炮、坦克、登陆艇等军工生产的方方面面，为美国最终赢得"二战"胜利立下汗马功劳。在战后，美国更是在这个基础上实现了整个人类历史上从来没有过的生产力的极大提高。可以说，福特制当仁不让起到了至关重要的作用，福特赢得了社会各界各阶层的各种赞誉。

在美国赢得了独立战争200周年纪念期间，美联社举行了一个美国独立200周年20件大事的民意测验，福特公司名列第十，可以比肩原子弹爆炸、阿波罗登月。可见福特在美国人心目中的地位，因为它为美国成为世界强国打下了坚实的基础，同时为全人类释放新的生产力、降低不合格率、消除缺陷的发生、提高产品的质量、创造巨大的生产力提供了一个实用的模式。

至今，福特汽车依然是美国强大生产力的杰出代表，而通用是把质量管理变为巨大生产力的又一杰出典范。美国通用历来非常重视质量管理，早在20世纪五六十年代，当时通用的电气制造业务总监是毕业于麻省理工学院的费根堡姆博士（1958年至1968年间担任通用电气制造业务总监），他通过自己多年的经验和思考，提出了TQC（全面质量控制）的概念和一整套全面质量管理理论和具体实现方式。

"全面质量管理是为了能够在最经济的水平上，并考虑到充分满足客户要求的条件下进行生产和提供服务，把企业各部门在研制质量、维持质量和提高质量的活动中构成为一体的一种有效体系。"

费根堡姆后来担任美国质量学会（1961—1963）的主席，还当选为美国国家工程院院士，被美国总统授予国家技术奖。

这个时候的通用电气已经成为世界前十的大公司，但是还不够出类拔萃。

1981年，杰克·韦尔奇被通用公司任命为CEO，任职通用20年期间，他把费根堡姆全面质量管理理念深入实践当中，有重点地选择和实施。通过彻底改变通用公司的官僚作风，以及推行"6σ"质量管理，这位商界传奇人物使通用的市场资本增长30多倍，由原来的百多亿美元剧增至四千多亿美元，排名从世界第十上升到第一，通用一跃成为世界企业的领袖。到2001年9月退休，杰克·韦尔奇被誉为"最受尊敬的 CEO""全球第一 CEO""美国当代最成功最伟大的企业家"。

反过来看，如果忽略了质量管理，哪怕是某一个环节，都可能给企业造成难以挽回的巨大损失。前面所说的福特公司，在杰克·韦尔奇时代之后，就因在轮胎的选择和使用上存在着品质控制的缺陷，给公司造成了致命的打击。2000 年，福特探险家越野车被众多客户投诉，原因是福特汽车所用的费尔斯通轮胎存在着质量问题。美国交通部介入调查发现，至少有 150 起交通死亡事故和这种轮胎的质量不过关有密切的关系。2009 年，福特公司被迫实施大规模的召回，4 500 000 辆福特汽车被召回，创下了当时美国最大的汽车召回纪录。

如何应对？如何挽回败局？

质量是至关重要的第一步。

穆拉利上任后，第一步就是大幅削减供应商，1 600 家实在太多了，只保留了 419 家。然后，供应商的质量要求和保证开始变革。

供应商管理是质量控制的最大风险之一，也是至关重要的环节。

穆拉利是英明的，对于他率先树立的典范，日本丰田汽车等却不以为然，最后在供应商高田汽车气囊质量问题上栽了大跟头。

在《质量免费》中，克劳士比曾创造了著名的"质量管理的成熟度评估方格"，把质量管理划分为 5 个阶段："不确定期""觉醒期""启蒙期""智慧期"和"确定期"。按照克劳士比先生这个划分，日本汽车界处于哪个阶段显而易见。

三、 质量管理是科学技术成为第一生产力的实现者、组织者

一方面,在当代科学技术高度发展的今天，质量管理体现了非常紧迫的时代需求，作为科学技术转化为现实生产力的媒介。在现代企业的大生产中，科学技术已经广泛地应用于质量管理中，质量管理通过这些应用服务于各种客观实践中的需求，从而形成了新的生产力。另一方面，科学技术也只有通过质量管理、质量体系持续改进和发展，才能够更好地生产出更高质量的产品，才能够创造出更高质量的服务，这时候科学技术才真正成为生产力。

中国古代的四大发明（造纸术、指南针、火药、印刷术），可以说都是当时人类技术上的顶尖创新和突破。指南针，又叫罗盘，真正能发

挥作用、真正产生了巨大的社会生产力是在西方国家的大航海时代，15世纪末的哥伦布发现美洲新大陆以及16世纪初的麦哲伦船队环球航行。

马克思所著的《机器、自然力和科学的应用》就明确指出："罗盘（指南针）打开了世界市场并建立了殖民地。"

但是，曾拥有四大发明的中国，不善于充分利用这些技术优势，更谈不上有效的质量管理。如火药，据一些历史学家考察，在相当长的时间里只用于烟花爆竹燃放。造纸术是伟大的，但书写千年人们用的还是毛笔，在某种意义上就是配套质量保证没有跟上，因此书本文化作业量非常大，生产力因书写速度过慢而受影响。长期使用毛笔的思维习惯可以说是中国古代数学物理没有能出现抽象符号从而形成逻辑体系的一个重要原因。印刷术本是中国进入现代工业化大生产的一个非常好的先兆，但由于封建社会严重制约生产力发展，中国最后还是没有办法和西方抗衡。恩格斯在《自然辩证法》肯定磁针在1180年左右被阿拉伯人从中国传到欧洲人手中。西方国家把这一科学技术的发明有效地应用于船只航行，通过船队有效质量管理达到目标，从而真正地产生了巨大的生产力，这是资本主义产生和发展最早的科学技术应用之一。

英国的雷达及其系统则是这方面的典型代表。英国皇家空军司令道丁上将亲自建设的"道丁"系统，是综合空防技术的先驱，只要德国飞机出现在9 000米以下的160公里以内，英国空军的战机立马就可以通过信息传输系统接受己方雷达基地传输的信号。"道丁"系统是现代战争指挥与系统控制的奠基石，是科学质量管理充分发挥作用的奇迹，在"二战"中为英国抵御外来侵略立下了汗马功劳。

也许伟大的人类文明进步最重要的一项技术发明和最有质量的管理就是雷达。

"二战"初期，纳粹装甲铁蹄踏平了整个欧洲大陆，所向披靡，没有哪个国家不惧怕，连当时的苏联也和德国签订了《苏德互不侵犯条约》。唯有英国，孤军奋战，宁死不屈。

1940年6月4日，丘吉尔在英国下议院上发表了一次著名演讲《撤退无法赢取战争》，他说："目前，庞大的法国入侵很大程度上便是被数千辆装甲战车，甩在了身后，还不得不随时遭受某攻击骚扰。文明的事业本身难道不也是靠数千名飞行员的高超技术和献身精神来保卫的吗?"

德国人仅仅有几千辆坦克,而英国有几千架飞机和几千名最优秀的飞行员,让丘吉尔更有底气的还有英国当时世界第一强大的海军,不过估计他当时也没想到,比英国空军还强大一倍(至少数量上)的德国空军之所以惨败于不列颠空战,是因为雷达起到非常关键的作用。

丘吉尔在回忆录里谈道:"双方的战斗机质量没有高下之分,德国的战斗机,速度和上升度优于我国,我国的战斗机在灵活性和武器配备方面优于德国。"

除了英国空军飞行员对祖国的忠诚,高超的技艺和无畏的胆略外,雷达及其所应用的英国空军指挥系统无疑完全优于德国。

德国人也许至今还在和英国人争雷达的发明权,首先是德国科学家赫兹1888年成功地利用实验仪器产生无线电波,这是雷达探测技术至关重要的开端。

据说1933年,德国科学家就已成功研制出实用型雷达,英国到1935年才由科学家罗伯特·沃特森·瓦特发明出来。

丘吉尔在《第二次世界大战回忆录》中写道:"彼时,雷达刚刚起步,不过敌方飞机靠近我国海岸时,它还是可以发出警报。但绝大多数敌方飞机飞抵我方上空的警报,是靠对空监视员借助望远镜与手提电话发现并发出的……当时我已从他(当时英国空军战斗机司令道丁上将)那里了解到整个指挥系统的概况。交战过程中,这一系统不断进步完善。目前,其下属各部门已组合成一部全世界独一无二的最完善的战争机器。"

雷达作为这一套系统的最前端起到了非常重要的作用。由于它的保密性非常高,其实丘吉尔并没完全了解雷达在其间所起的重要作用。但是,由于英国军队高层远见卓识,真正建立起了世界第一个雷达站,并形成覆盖全国的雷达网,1940年英国就建有51座雷达站,形成两层严密警戒网络。第一层警戒中高空,第二层警戒750米低空。

如何防止敌人的破坏,如何在德国人的空袭中快速恢复,英国有一整套非常行之有效、高质高效的作业体系和设施储备。

雷达真正形成战斗力是由于其和英国空军战斗机司令部指挥系统融为一体,这就是世界上著名的"道丁系统"。"道丁系统"是英国皇家空军的"感觉中枢",是英伦三岛一道强大的防御屏障。如果将纳粹飞机侵犯区域视为缺陷,这套系统则开启了质量控制中先进的缺陷侦查模式,也是质量管理活动经济有效的重要依据,同时,更是决策的关键保障。

在"二战"期间,英国雷达系统、雷达网坚不可摧。

不仅如此,英国人善于充分发挥人力资源等各种手段,在海岛、陆地、丛林都设置了观察哨,和雷达一起构成了一整套坚不可摧、滴水不漏的更高质量的"雷达系统",为保证不列颠三岛安全立下汗马功劳。

丘吉尔有一次在下院演讲时,非常动情地赞扬英国空军,"如此少的人,竟对如此多的人做出了如此巨大的贡献,这在人类战争史上前所未有"。

在人类文明史上,没有哪项发明,也没有哪项质量管理在什么方面可以和雷达及其系统相媲美。

装备雷达探测的交通工具,以及应用无线电通信的轮船、火车、飞机等,可以证明历史上重大的发明都和生产力的发展和进步息息相关。同时,科学的质量管理也大大地促进了生产力的发展。任何一项重大的发明要想成为第一生产力,都离不开质量管理,原因很简单。一方面如果要提高生产力,就必须要有批量的生产,而有效的批量生产离不开科学的质量管理。另一方面,如果要成为推动社会前进的生产力,就必须有质量、有效地对服务的社会范围进行管理,包括环境保护、各种社会责任、各地域文化交流等各方面。如果没有质量管理,任何一项重大的发明要想成为生产力,在现在的社会几乎是不可能的。

国家统计局在公开发布的《新中国成立70周年经济社会发展成就系列报告》中指出,"2018年,移动互联网接入流量消费达711亿GB,是2013年的56.1倍,5年年均增速高达123.8%。截至2018年末,中国网络购物用户规模达6.1亿,占网民总体的73.6%"。

网购和电子支付,从表面上看似乎和质量管理毫不相干。实际上,面对众多的商家及大量的消费者,需要考虑的因素很多,不仅要考虑搭建平台如何提供高效率、高品质的服务,以及如何吸引客户和寻找利润,还需要在安全方面具有强大的有质量的防护体系。为什么国外最早最发达的网购平台如亚马逊等在中国无法成为领头羊,根本原因不是语言障碍和舶来品问题，而是中国特色的生活习惯和习俗，使平台不能完全掌控消费者的思维模式和购买行为，在电子商务网络管理方面落后于中国国情。

在罗马尼亚等许多欧洲国家至今只能通过两三个网站购买电子产品和食物，许多生活用品根本无法网购，而且送货的速度非常慢，还经常弄丢货物，对比起来，中国的网购和移动支付真是太方便了。

即便是美国，由于受制于快递人员送货成本高，许多中国人在美国生活也不愿意网购，更多时候会选择开车到超市采购。在英国更是注重家庭一起活动，同时觉得网购不安全、不可靠，因此还是习惯到实体店购物。

共享单车早在1965年就已经存在，荷兰阿姆斯特丹市政府把自行车刷成白色供大家免费使用。它在美国硅谷的谷歌总部也搞得很好，但都不赚钱。

中国最先推出的摩拜、小蓝、ofo也难以适合中国人的使用习惯，许多共享单车被乱停乱放甚至被扔进河里，在惨烈的市场竞争中渐渐被淘汰。早期的共享单车普遍质量比较差，车身又很重，并且有许多车轮用的是很差的实心胎，使用起来很不方便，这种几乎完全不考虑使用质量的第一批共享单车的下场可想而知。新的共享单车由新的投资者引入，采取更好的质量管理方式，给人更加舒适的骑行体验。

高铁并不是中国人发明的，却是中国一张非常好的名片。中国的高铁在吸取2011年温州动车事件的深刻教训之后（40人死亡，100多人受伤，事故调查结果显示其中一个原因是某集团及其下属单位在列车控制产品研发和质量管理上存在严重问题），迅速采取全面反思和坚决处理整顿。虽然中国高铁和动车是两码事，中国高铁技术也完全过关，但它们在质量管理方面是互通的，可以借鉴以往的经验教训。中国高铁在质量上把关更加严格，在服务上追求更高质量，在速度和安全方面取得了更有质量的平衡，中国的高铁正在又快又好地走向全球。

国家统计局在公开发布的《新中国成立70周年经济社会发展成就系列报告》中提到，"到2018年末，全国高铁营业总里程3万公里，是2008年的44.5倍，超过世界高铁总里程的三分之二，居世界第一位"。

第三节　质量管理与社会治理、社会文化

一、质量管理与社会治理

中华人民共和国元帅刘伯承，在刚当选为南京市市长的时候，他和政府机构工作人员强调，"民为邦本，本国邦宁"，民生无小事。在刘伯承眼里，民生，是最大的事情之一。

而今，对于中国群众来说，柴米油盐是不缺了，但是柴米油盐的质量问题不少。譬如，当今中国，食品安全越来越成为广大人民群众迫切关心的主要问题。三聚氰胺问题的严重性在神州大地引发了一场"大地震"，当时的质检总局局长为此引咎辞职，所有的食品生产经营者和广大的质量管理工作者进行了深刻的反思，那时我们的质量现状已经到了非常危险的境地，我们的质量诚信问题已经到了必须花大力气马上解决的时刻。

相比食品安全屡屡出事，中国的航天事业、中国的很多社会大工程却取得了辉煌的成就，虽然也有个别事故发生，但是总体的质量是可以信赖的，赢得了全世界的高度赞扬。祖国的强大一次次体现在这些高质量的事业方面，中国人民也因此为自己的祖国感到骄傲和自豪。

但是，不管这种自豪感是多么的美好，很多小质量问题依然无时无刻不影响着人们的生活，令人不禁想发问，我们的质量什么时候能够得到更好的改善。

广州，为了让人行道看起来更加美观，市政府把所有的路砖都换成新的。但是，刚换上的路面总会有一些砖不平，或者是有一些小坑，特别是在路段之间的连接处，总是突出那么一点点，人小心走在路上，可能没有什么感觉，但是如果骑车稍微不注意就会令人咯噔一下，甚至摔一跤。我们不可能要求铺路工人对待每一块砖都像航空航天般的精密、严谨，但到位的质量管理能将许多隐患消除弥于无形。

有一次广西南宁七星路七星社区附近光滑的沥青路面被放了一块厚5厘米左右的大铁板，让不少骑车经过的人摔跤，市民忍无可忍，致电民生热线反映。也许铁板是用于临时铺盖有洞路面的，也许警示标志一

时之间找不到或者被调皮的小孩拿走了，但是你不能不承认任何一件很小的工作没有做好都可能影响到很多人的生活，如果老人因此摔成了重伤，这个责任应该由谁来承担呢？

有一次在美国加州的优胜美地峡谷，山上有一些小石头滚下来，路政人员很快拿了"停"的标识牌放在山路边，一辆警车也慢慢引导车辆往前行驶，车辆井然有序地跟在警车后面小心翼翼通过，路上站着的工作人员很有耐心地指挥着交通。虽然堵车堵了大半小时，但普通人的生命得到了充分的尊重。

什么是顶级质量？首先必须要有顶级要求，即便是在角落里，尤其是容易被人忽视的死角。如果没有顶级要求，就会得过且过，安于现状，陶醉于永远没有问题、没有缺陷的理想状态。

比如玩具标准，中国国标 GB 6675.4—2014 只规定八种特定元素锑、砷、钡、镉、铬、铅、汞、硒的每天生物利用率的上限，而欧盟则建立了强大的跨行业、跨领域，覆盖全产业链的相关化学品管控标准。其根源在于我国基础研究重视不够，更缺乏相关的医疗伤害调查数据，急于求成，只能利用他人现有成果。欧盟集几十年研究功力主导的危险品运输储存、REACH 法规、RoHS 指令及 GLP 认证等无一不是从源头顶层来控制质量和安全要素的。

早在 2015 年，中国权威机构发布的《消费品标准和质量提升规划（2016—2020 年）》非常明确地强调，到 2020 年，我国重点领域消费品与国际标准的一致性程度必须达到 95% 以上。目前是否达到，未见官方统计报道，但技术追赶，首先是标准必须迎头赶上。

二、 质量管理与社会文化

1. 宏观的文化氛围

中国的传统文化博大精深，即便是有关质量哲学的思想也是不胜枚举的，比如"言而不信，不知其可"、水滴石穿、千里之堤毁于蝼蚁、卖油翁、甘绳飞卫、纪昌学射等。

中国传统文化在现代的质量管理中发挥了重要的作用，甚至中国的企业如果离开了中国传统文化的支持，其质量管理将变得寸步难行。

西方文化中有不少对质量管理有帮助的东西，如天马行空—兴趣—

创新、尊重人性、诚信体系建设等，都是值得我们学习借鉴的。

2. 大企业、大工厂的质量管理文化模式

企业的质量管理如果没有形成企业合适的文化，那么企业很难走远。中国航天曾一度走入低谷，正是忽视了"严肃认真、周到细致、稳妥可靠、万无一失"，这十六个字是毛主席提出的，也是周总理反复叮嘱的。

奔驰代表全球汽车界顶级质量，其工作的严肃认真从一个小小例子可见。为了准确把控奔驰长轴距 E 级车型不同色漆的物理属性，奔驰的工程师们进行了上万次调试实验及计算机系统编程，并且全部需要通过事先装配好的电子仪器严格检测。奔驰每年科研投入高达 4 亿美元，但对质量的最后把控，还是交给经验丰富的技术人员。人眼扫描术，即是经过严格专业培训的色漆质检员对漆面作最后检查。

反过来，企业的文化如果受制于质量管理的严格条文、单一的奖惩机制，那么在实践中往往形成不了活泼、创新的企业文化。如果企业文化深入质量管理的科学创新精神和理念，那么企业的管理者就能感受到企业员工的主人翁精神和创新意识，如日本的很多企业，最著名的例子就是曾获诺贝尔奖的田中耕一，他只是岛津的一位普通工程师，相信他的成就与他所在的企业的科学质量管理不无关系。

穆拉利被视为大企业的救火队长，他善于根据实际情况变化调整策略。在刚担任福特公司 CEO 的时候，他就制订了宏伟的复苏计划：既要生产多款车型，又要全球通卖。这无疑要求公司集中管理，高管们不得不纷纷向老板比尔·福特抱怨。

"我没有站在他们那边"，比尔向穆拉利保证，因为他很清楚，变革必须从公司现有的企业文化开始。

穆拉利的变革迫使高管们积极进取，美洲业务总裁马克·菲尔德表示，"我以前可从来没能为某一目标连续奋斗过"。

在法国人的社会文化中，许多人喜欢不顾自身实际追求高贵和奢华，骨子里超高等的民族自尊心在不适当地作怪。

除了众所周知的协和式客机美梦幻灭外，鲜有人了解法国的世界顶级汽车梦。

意大利人曾嘲笑福特二世不懂车，这是有道理的，因为他们明白汽车的灵魂在于速度与安全，而不是像美日那样一味投客户所好，因此意大利跑车举世闻名。

第四节　质量管理与艺术

商品价值的体现离不开艺术审美。比如展览艺术，美国工商界一共有8条基本展览信条，其中"讲求事实""不作引诱""价格确实""不得夸张""诚实推荐"5条强调真实可靠，诚信经营，而另外3条"整齐划一""创造性""时代与民族性"则是艺术的要求。

2010年上海举办的世博会上，有中国"花炮之乡"美誉的浏阳再次向全世界展示了精彩的烟花表演。2008年北京奥运会、2009年国庆60周年的纪念活动、2014年北京APEC峰会、2015年纽约新年焰火、香港历届新年的焰火以及澳门的国际烟花会演等都离不开浏阳，花炮一次次绽放在深邃的夜空中，既要让世界看到精美绝伦的高空艺术，又要保证环境质量。

质量与艺术无缝衔接，这就是质量控制的最高境界。

这些艺术是在很深厚的技术基础上形成的。东信集团为了克服烟火原料混药的自动化难题，牵头研制了"烟火药自动混合机"，实现完美人机分离，提高了烟花生产的机械化、自动化程度。为了保证烟花在很多特殊环境下点火成功，集团还克服种种困难，广泛招贤纳才，研制出拥有自主知识产权的专利——"电脑程控点火系统"。

一些观点提出了美学质量三大原则，一是实用性、经济性与艺术审美相结合的原则；二是审美的共性与个性相结合的原则；三是内在功能完善与外在形式美观相统一的原则。而构成商品美学质量有材质美、色彩美、形体美三个相互协调、相互依存的形式要素，比如某款法拉利外观正面就如同一张笑脸，相当迷人。

在世界级质量艺术上，1977年创立的丹拿音响，其总部在德国汉堡，生产基地在丹麦的斯坎讷堡，它不为追求产量妥协质量，具有德系的严谨与科学，更追求丹麦手工艺的极致与完美。丹拿毫不妥协地追求最真实的音质，没有任何杂音、噪声污染，达到最高线性、最低失真，高音单元可以承受IOins/1 000W的功率不会烧毁，这是一个魔鬼式的指标。

始于 1933 年的丹麦蓝罐曲奇，是饼干中的皇后，是食品中的艺术杰作，色泽金黄，浓郁奶香，每一块都是一件精美小巧的艺术品，这源于其新鲜的原料及其独特的烘焙方法。

在 20 世纪 60 年代的一次全军比武演练上，有"炮神"之称的开国少将赵章成受到了表扬，当时国防部长提出的练兵标准是"要像赵章成同志那样，使技术达到艺术的标准"。

同样，质量管理技术也要达到艺术的标准，质量就是艺术。

第二章　质量管理之主客体关系原理

领导首先要当好人民的勤务兵。

——聂荣臻

真正杰出的领导是不做管理的。

——杰克·韦尔奇

质量管理的主体是人？客体是物？如果仅仅如此，那么为什么质量管理作为国家战略，它的目标是整个国家的强大，也即是整个社会人类群体的强健进步？从这个角度来说，无疑客体才是人，是整个国家、整个社会。

质量管理的主体和客体有其特殊性，主体可以说是人，这里的人包括生产的管理者，也包括最终的客户；客体则是被管理的人、财、物，以及一切和质量相关的信息、资源等。

ISO 8042 对质量管理实体的定义：实体是指可以单独描述和考虑的事物。

实体可以是：

（1）某个活动或过程。

（2）某个产品（包括硬件、软件、流程性材料及服务）。

（3）某个组织、体系或人。

这里的质量管理实体包括了管理的主体和客体两个方面。

第一节　质量管理的主客体高度统一

为什么说质量管理的主客体是高度统一的？因为质量管理从最终目标来说是为人类服务的，生产出来的产品或者提供专业的服务，归根结底都可能返回到原来的生产者或者服务提供者。比如，生产刹车片的品牌大厂高层管理员，在购买汽车的时候就很有可能购买同一个品牌。在中国，一些协议供应商在使用关联的产品时可以有员工价；美国硅谷不少公司的职员在使用其公司的产品时也可以有优惠。

这里的统一，并非指在某个时刻质量管理主客体一致，而是最终影响具有一致性。生产飞机的人很有可能自己坐上这架飞机，生产列车的人也有可能自己坐上这辆列车，社会化大生产也许远在千里，又极可能近在眼前。

2019 年 11 月，一架载有 179 人的印度航空客机，准备降落在瑞典首都斯德哥尔摩机场，机翼尖端直接撞上一座大厦，所幸飞机安全抵达，没有造成人员伤亡。事故原因是当时飞行员在低空降落时操作失误，没有正确调整好飞行角度，使机翼损伤。事故现场惊心动魄，警车、消防车、救护车全部第一时间赶到事故现场。

在这次事故中，飞行员是飞机飞行质量管理的主体，乘客是客体；但同时，从空中质量管理的角度来看，空管是飞机飞行质量管理的主体，飞机上的一切，包括飞行员和乘客都是客体。

第二节　质量管理的主客体可以互相转化

英特尔之所以伟大，是因为它作为质量管理主体的价值观，"我们的价值观（客户至上、无畏创新、结果导向、团结一致、包容、质量、完整）指导我们如何决策，对待彼此，帮助客户实现目标，并将技术塑造成向善的力量。我们在目标的指引下团结一致，在价值观的驱动下实现我们的抱负，帮助客户成功"。这种价值观清楚地表明质量管理的主体（英特尔）目标和责任是帮助质量管理的客体（客户）实现目标……帮助客体（客户）成功。

当质量管理主体和客体都是人的时候，主体和客体就像一对双胞胎，很多时候在质量管理过程中，由于执行的专业性存在着一定的困难，主体往往在质量管理执行力方面相较客体要弱，一般只起到计划与命令的作用。这时候，客体反而在对质量管理的影响中起到了主体的作用。

如果主体在质量管理的过程中失去专业性，甚至盲目地干涉，作为质量管理本来的客体，由于客观的需要，往往需要通过合规的手段成为实质上的主体。

如果生产的管理者在活动中作为主体，则被管理者及相关物质和环境设施都可以是客体。如果最终用户是主体，则为用户提供服务的都可以看成客体。当然，为了质量管理的便利进行，通常情况往往简单地把管理者和被管理者都看作质量管理活动中的主体，而客体则包括了客户及一切和质量相关的活动和物质。但实际上，按照目前的管理方式和社会运作，被管理者仅仅作为次主体来体现主体的思想和意志、执行主体的决策和决定。

如果有一天，作为次主体的被管理者能够升级为主体，真正体现一种主人翁意识，那么，这样的质量管理才能称得上真正的科学高效管理。

"泛亚铁路"是马来西亚前总理马哈蒂尔多年前提出的一个设想，后来，该设想的中泰大（理）瑞（丽）铁路投资百多亿元开工建设，按照泰国的法律，所有外国建设工程师必须通过考试才能获得开工权。原本"泛亚铁路"通过44条规定，该项目的中方工程师不需要参加考试。不过，为了中国的声誉，也为了尊重当地的法律法规，所有中方相关人员还是参加了考试。为此，《曼谷时报》专门有报道。本来作为质量管理的被管理者（客体）无疑这时候就变成了质量管理主体，是决定项目成功的关键因素。这些主体代表国家来考试，如果没有通过，项目就可能无法顺利开工。

第三节　质量管理的主体有机性

1994 年，新疆克拉玛依大火中"领导先行"（存在争议）的现象与质量管理的主体有机性要求是完全违背的。

质量管理的主体如果需要有效地进行活动，首先必须建立起常态性的有机结构，包括质量管理主体的执行机构和监督机构。如果主体不能够达到有机结构，那么这样的质量管理往往是不完备的，甚至是无效的。有机结构包括建立适当的组织，建立有效的运行机制，只有这样，常态性的有机结构才算成为现实。

所谓的有机结构，一些教科书认为即是一种松散灵活的、具有高度适应性的形式。这种观点其实有失偏颇，并没有真正理解有机结构潜在的含义。有机并不是松散，松散状态怎么会反应敏捷，具有高度灵活性呢？

质量管理有机结构关键点就是提高员工对环境和问题的敏捷正确反应。管理无形化，规则有弹性，以及员工职业化、专业化、知识化、责任感的确立。当任务明确后，其他的事情就交给员工自己处理，如果属于协调性较强的任务，员工会自己组成群组以小组的方式完成。比如谷歌公司，其总部的员工基本上是自己掌控上班时间，自由式讨论，在相当舒服的环境下自由工作，随时进入总部餐厅补充营养，等等。又如意大利的法拉利工厂，工人在一片绿化相当不错的环境里，可以悠闲地喝着咖啡，工作之余亦享受着自己的快乐时间。这种人性化的考虑和日本严格的工厂作业管理，究竟哪个更科学，哪个更能够提高工作效率和保证工作质量，这是值得我们结合国情以及行业的特点深入实践和探讨的。国内质量管理的基本情况就是，人员来源复杂，且能力非常不平衡。如果不能因人而异，因团队而异，只是照搬照抄国外的管理模式，搞"一刀切"，那么这样的质量管理很难达到高效高质的效果。

关于有机管理架构及相关设计，国外一些大公司很重视。可惜国内的企业，普遍没有这方面的意识，因此，很多质量问题反反复复出现，甚至有些评审员也很奇怪，为什么已经出现过的不符合项仅仅两个评审周期又出现了？

从宏观上看，有机结构必要性及充分性都很明显，只是单个企业往往忽视了这方面的建设和探索。以我国2013年全国固定投资项目为例，与2012年同比增长近20%，中央项目达2.5万亿元，地方项目更高达41万亿元。到了2017年，地方项目投资接近45万亿元，相比2008年的4万亿元，可谓翻了十倍。从跨江大桥到跨海大桥，从普通铁路到高速铁路，建设周期和建设规模越来越大，技术复杂性、创新性要求越来越高，项目的不确定性也越来越明显，这迫使传统的管理方式必须发生根本性的转变，僵化、机械、麻木、迟钝的应对方式显然是不行的。每一个项目实质上都是一个有机整体，应用系统工程方式进行动态监测，做到高效应变，相互联系，有机结构就显得格外重要，必不可缺。

为了建立质量管理主体的有机结构，首先要赋予质量管理主体主导的权利，比如质量管理与行政管理分离，如同行政权和监督权分离一样。接着设立质量一票否决制度、质量总师制度，重新确立工程师、工艺师、技师、技术员、技术工人、检验师、检验员、检疫员在质量管理中的中流砥柱作用。然后建立总抽样师、总制样师、总检测师、总实验师、总工艺师、总检疫师，以及分级制度，如一级质量监督师、特级质量监督师等制度。

中国这次疫情真实反映了中国的有机结构性，及许多中国脊梁的责任感和担当精神。抗疫的最终胜利，离不开这种伟大的作用力和杰出的质量管理能力（包括医疗保障；物质保障；建设雷神山医院、火神山医院、方舱医院等各方面）。正如 20 世纪 80 年代来中国访问的《匈牙利时报》总编辑卡迪克斯当时所感叹的那样，"欧洲现在最缺的就是（中国共产党）这种领导力"。

第四节　质量管理的客体主动性

人人当院长，执事者各执其事。

——刘伯承

质量管理的客体主动性是指被管理人员的主观能动性，包括两个方面：

（1）作为客体关键的人的因素，必须具有主观能动性。如果缺乏这一点，质量管理很难应对竞争日益激烈的环境，很难做到创新和突破。客体的主动性首先来自被尊重，没有尊重就没有主动性。

不是没有不劳而获的客体，而是没有不劳而获的主体。

埃菲尔铁塔等待的永远是幻想家，而不是行动家。如果只局限于一般人的普通思维模式和质量管理方式，埃菲尔铁塔是永远不可能被设计和制造出来的。

国外的一些观点认为，活性化的雇员是全面质量管理的重要目标，雇员是否有相对大的主导权，即是否具有决定权和采取行动的资本（如知识、技能及探求）是活性化的关键。从系统论角度，活性化其实是自组织的一个基本内容，即自我控制、自我衡量生产和服务的质量，自我采取纠正措施和改进措施，甚至是实现自我变革。相对于组织来说，活性化是一种相对低成本又能创造更高收益，还能提高顾客忠诚度的重要手段。

（2）质量管理必须具有给予客体，即被管理者主人翁精神的环境和土壤。

质量管理的客体并不总是被动的，适当的方式可以激励起客体的主动性，让客体觉得自己就是组织不可或缺的一分子，自己的贡献即使是微小的，但也是必不可少的。

埃斯特利奇讲过一个有意思的故事。PC 刚开始生产的时候正值秋冬，他通常都会在晚上十一点多走进车间去慰问一下员工或者叫醒睡着了的工程师。有一次，他半夜去看生产线，结果看到两台机器搁在一旁，便询问原因。工人说，是因为主机的 UL 标签有问题。

埃斯特利奇看了看，一脸疑惑，"可是上面确实是 UL 标签呀"。工人师傅转身瞪了他一眼，批了一句，"听着，臭小子，标签贴歪了"。

听了这话，埃斯特利奇非但不生气，反而特别高兴，因为工人师傅们比他还懂质量！

杰克·韦尔奇说："我的经营理论是要让每个人都能感觉到自己的贡献，这种贡献看得见，摸得着，还能数得清。"

第五节　工匠精神

从质量管理的主客体关系原理，可以得出一个基本的判断：客体的主动性是质量管理成败的关键。

而体现这一点的就是工匠精神。

工匠精神可以视为优异品质的 DNA。

"双元制"（高校与企业）培养模式源源不断地为德国提供理论基础扎实又技艺精湛的工匠。尤其是这种工匠在德国的企业和社会普遍得到重用。

德国的工匠精神和日本的工匠精神有一个典型的区别，就是质量管理客体的主人翁精神和能动性。中国古代的工匠精神实际上是一种非主人翁的主动精神。

因此，德国的工匠精神是一种具有永恒意义的榜样力量。

从这点看，我们应该体会到中国质量管理意识的差距和挑战。虽然我们的人民已经是国家的主人，应该具有主人翁精神，但是我们的工匠在实际社会生活中以及社会作用中是否具有普遍性的这种工匠精神呢？

中国自古以来不缺工匠大师，独独缺的是承认、推崇、确保工匠大师的土壤。

中国航天焊接技师高凤林，完成的每一项任务都是智慧与汗水的结晶。2019年，长征五号火箭焊接发动机的喷管上，有几百根几毫米空心管线，每根管线管壁厚度只有0.33毫米。把这些管线"编织"在一起的，就是高凤林。这位中国顶级焊接技师必须经过3万多次的焊接操作才能完成任务，并且每一次焊接，经常要眼睛紧盯10分钟。

发动机焊接工艺的密封精度必须控制到头发丝的五十分之一，火箭发动机一位焊点的宽度可能为0.16毫米，完成焊接引起的时间误差必须控制在0.1秒内，这已经完全分不清到底是人工作业还是机器人作业了。

像高凤林这样起到关键重要作用的工匠大师在中国不少，但是他们在祖国大地上都能真正享受到相应的待遇吗？关键可能还是看其能否无后顾之忧地忘我工作。

虽然每一位普通的工匠是那么的微小，但是这个群体对整个社会的质量保证作用是非常巨大和不可缺少的，他们的生活状况和发展前途又是怎么样的呢？

如果忽视了他们，什么质量管理理论和体系都是空谈。

第三章　质量管理因果论原理

质量不是我们从前辈那里传承下来的，而是我们从子孙那里提前预支的。

因果论，爱因斯坦在介绍自己的广义相对论时举了一个简单的例子（在列车上急刹车时身体会前倾），当系统里面的因素不足以解释问题时，就必须跳出传统的思维框架，到系统外面寻找原因。柏拉图认为真实的知识不可能源于感觉，亚里士多德却偏偏认为真实的知识就是源于感觉。

两个看似完全相反的结论却有着一个共同特征，就是包含了朴素的唯物主义，两者都认为，一切自然过程的指导原理在于理性的方案和目的。两者对事物及其原理规律的认识都根源于因果性。

亚里士多德接受了古希腊人的一些看法，认为因可分四种：质料、形式、动力、目的，与中国传统四象相类似。

第一节　质量因果不均等效应

往往是许多原因才可能有一个结果，甚至是没有结果。如果把原因和结果视为能量输入和输出，那么质量的结果远远小于原因。所谓台上一分钟，台下十年功，说的就是这个道理。

通常，现实中的确有不少事情可以事半功倍，但对于质量管理控制来说（单纯是指质量管理本身，不涉及由此导致的经济或环境等方面的结果），特别是初级阶段，几乎不存在这一情况，哪怕是看似非常简单的质量管理过程。由于无一不涉及人和物共存的各种因素，因此往往是事倍功半，甚至只能取得少许期望的质量结果。

如不确定度的计算，刚开始中国质量界、检测界引入这个概念，然后在相当大范围内开展不确定度的计算。特别是计量所，应用得相当好，每份计量证书都附有不确定度的计算。但是，这样的计算对大多数客户来说，既难于理解，也没有什么大的影响。对于普通客户，只需要判断合格与否。这样的质量控制，不管是从计量所的计量精确科学角度，还是从客户仪器设备计量检定合格角度，都需要花费更多的时间和精力，考虑到各方面影响因素，一方面显示了科学的精准，但另一方面由于用户的需求局限，其效果不如预期。因此整个行业对不确定度的应用在达到一定的有限高度后，就显得接"地气"不足，为中国整个行业的质量提升起到的作用显得微乎其微。

广东金属材料检测中心（简称金检）曾经是质量检测行业的头号实验室，其头号项目是金属材料的失效分析。检测工程师完成一项任务往往需要废寝忘食工作半个月，甚至更长的时间，通过化学成分分析、物理性能的分析、金相显微组织的分析等多次实验，在扫描电镜下反复测试，可能还要反复查找相关资料、图谱，经反复思考分析，甚至是检验小组成员多次争论，把可能的原因一个个排除，这样才可能找到出现缺陷从而导致最终失效的原因。

第二节　质量内外因作用定律

对某一质量系统而言，影响质量的内因是指直接影响质量系统内部的因素，这个因素往往是人为的操作和仪器物质的缺失。

影响质量的外因通常是指间接对质量产生影响的因素，特别是社会治理、社会救援方面的质量更为容易受到来自上层命令的影响。日本1985年造成520人遇难的JAL123航班，飞机失事后，日本方面一开始就拒绝美军救援，自卫队认为不可能有人生还而迟迟不出动，最后却救出了四人，如果确保救援工作在事故发生后马上就进入最佳状态，可能不至于这么多人丧生。另外，外部人员故意干扰或做假等也极易造成质量系统的不稳定。

显然，系统内因是系统管理层较为可控的，可以通过科学管理、技术手段来进行因果分析，如飞机失事后续调查。这些过程不管多么复杂，都可以一步步测算分析，理性解决，并且记录备案好，有助于以后质量管理遇到相同的情况避免再犯类似的错误。

德国大众在 2015—2018 年生产的途观、迈腾、途威汽车，共计357 013 辆被召回。召回的原因是天窗漏水，天窗氛围灯模块不合格，水可能进入并导致短路，有起火隐患。

英国豪车路虎系列，2009—2016 年共计 68 828 辆被召回，原因是发动机曲轴的轴承润滑不足，容易出现过早磨损，导致曲轴可能因此断裂，发动机动力输出中断。从另一角度看，路虎的质量保障做得多么细致。

同样是召回，日本汽车的质量和前面两个品牌就是天壤之别。

丰田 2018 年生产的 19 896 辆汽车，变速器油液循环叶片铆接不良，如反复急加速可能导致叶片脱落，致使车辆行驶时动力中断。

2020 年 7 月 14 日，澳大利亚召回本田车 22 366 辆，原因是其制造工艺不当，燃油泵内的部件可能会凸起，导致燃油泵失灵，车辆会无法启动或行驶过程中会熄火，可能造成司乘人员严重损伤。

2020 年 7 月 30 日，德国发布召回本田雅阁等型号汽车 4 600 辆，原因在于其燃油泵模块可能有故障，车辆运行时发动机可能熄火。

2020 年，中国共计 559 辆进口本田汽车、摩托车被召回，原因同样是由于加工焊接燃油箱时产生杂质，这些杂质残留在内部将堵住滤清器，发动机运转会受影响，行驶过程中可能会突然熄火，相当危险。

一向以精工生产闻名的日产高端品牌英菲尼迪，2021 年 7 月召回484 辆 QX30，原因在于其转向轴存在隐患。具体情况是用于固定轴承的转向轴万向节上的孔尺寸偏大，孔壁和轴承之间产生间隙，长期使用将有可能导致汽车转向失灵，使踫撞风险增大。而产生这种孔尺寸偏大的原因居然是设备供应商的设备出现偏差。

什么叫鸡蛋里挑骨头？也许下面三辆汽车是近些年最搞笑的召回，但换言之也的确体现了豪华车严谨执着的质量态度和无微不至的人性关怀。

2017—2018 年生产的德国保时捷，由于滑雪包采用了不符合质量标准的缝合线而被召回，共计 3 辆。因为这样不合格的缝合线在车辆踫撞产生的巨大冲击力下可能断裂，导致滑雪包无法固定，从而可能造成乘客受到伤害。

因果关系可以互相转化。质量的原因造成了质量的结果，而反过来这样的结果也可能是下一个质量结果的原因。

1956 年 6 月 30 日，天空晴朗，在美国大峡谷的上空发生了一起惨烈的空难，两架飞机相撞，所有乘客和机组人员共 128 人全部遇难。后来分析表明，此处没有建立相应的航道规定，飞行员按目视规则飞行，从看到飞机到避免相撞，已经来不及做出正确的反应了。

美国航空界痛定思痛，反省并做出如下多项改变：一是全美的机场立即加装雷达；二是飞行规定更为严格，飞机只能沿规划航路飞行；三是设计和使用现今的航空管制系统；四是成立联邦航空总署（FAA）。

这些规定生成产生的直接原因就是这起 1956 年的大峡谷空难。由此事故，也即由结果变成原因。

质量内因不总是轻易显现，也需要多方面调查分析。

1985 年 8 月 2 日，美国达美航空 191 号航班洛克希德 L－1011 型三星客机，在下降过程中出事，造成机长、机组成员乘客共 136 人遇难，其中包括 IBM PC 之父唐·埃斯特利奇。

经过相当漫长的调查，美国国家运输安全委员会做出初步结论，机师失误是主因，恶劣天气是外因。但是后来调查显示，前面早一分钟安全着陆的航班抵达完全误导了机组人员，风暴形成异常迅速，连地面雷达都未及时探测到，因此地面指挥人员发出警报为时已晚。误入下击微暴流才是飞机失事的真正原因。

NASA 和 FAA 痛定思痛，经过 7 年多艰难努力，最后直接让民航客机机载前视雷达风切变探测器成为 20 世纪 90 年代后的标准配置。

但是，造成灾难质量结果的外因可能比内因更难挖掘，因为涉及外人甚至高层人物等难以由系统管理人员控制的人为因素，也可能涉及客观环境无法改变等外因。

历史上质量事故最受外因干扰从而导致悲惨灾难的可能莫过于苏联时期拜科努尔航天中心的一次发射了。

1960 年 10 月 24 日，对于拜科努尔航天中心来说，是一个非常黑暗的日子，161 人牺牲的巨大事故令这一天成为永远没法抹除的伤疤，在人类航天历史上留下了沉重的一笔。

苏联首枚洲际导弹 R－16 发射测试，发射的准备阶段就发现了故障，苏联元帅涅杰林亲自率领大批工作人员前去检查，但不幸的是在这时爆炸发生了，涅杰林元帅和几十名将校军官及火箭专家、技术人员当场牺牲。

1990年，苏联解体前夕，《星火》报才将真相披露出来，面对美国已经储备了40枚的洲际战略导弹，冷战的高压战胜了科学是此次事故的根本原因。

2017年12月18日，美国华盛顿州塔科马市和奥林匹亚市之间线路开通的第一天，美铁（Amtrak）公司的一辆高速列车以时速80英里通过限速30英里的弯道时出轨，一节车厢跌落，迫使下方的5号洲际公路南行路段关闭。

事故直接原因：无视限速30英里的弯道。

事故间接原因：精确列车控制系统失灵。该系统本来可以自动检测到列车速度过快，实行减速或者急停。

事故外因：美铁公司运营不当，漠视生命。这已经是该公司在2014年以来，在华盛顿州境内发生的第四次列车脱轨事故。2016年也曾经发生一起106英里时速的高铁撞上一辆正在作业的挖掘机的事故，两名工人因此不幸遇难。

但真正的原因恐怕还是时任总统特朗普透露的美国公共基础设施已经严重老化。他在一条推文中称："我们应该立刻开始改善美国的基础设施。7万亿美元被花在了中东，但是我们自己的路、桥、隧道、铁路等却破败不堪。不久之后就不会这样了！"

内因、外因互为补充作用，并可以相互转化。在一定的环境和条件下，外因可能由于某些特殊的变化而变成内因，如质量系统A原因不包括系统外的管理层B_0，但由于系统扩大，系统边界拓展到把B_0也包括进入质量系统A，这样本来是外因的B_0就变成了系统的内因B。比如1993年北京第一次申办奥运会输给了悉尼，其中两个不利的外部主要因素，一是以中国为名义申办不利于体育和政治某种意义上的分开，二是当时有些奥委会成员收受贿赂。对于我们第二次申办质量系统来说，以北京为名义申办在一定意义上令申办系统有效质量边界无形中得以扩展，让众多视中国为政治对手的世界体育高层人士无言以对，这个相当重要的外因就变成了内因。至于另一个因素，由于国际奥委会坚决清查腐败管理层，高层的公正透明无疑对北京的申办愈加重要，使其愈加透明，外因同样转化为内因，内外因轮流对质量结果起主导作用。

第三节 危机与灾难因果分析

造成缺陷或灾难的原因往往是相当复杂的。

1996 年 2 月，长征三号乙运载火箭升空 22 秒后突然转向，撞到一公里开外的山坡上，大爆炸瞬间覆没了科技人员宿舍，63 位同志因此不幸遇难。

此时我国正值航天发展上升阶段，这一声巨响敲响了我们的警钟，总理当初千叮万嘱的十六个大字重新回到航天人的脑海。

一些媒体认为，这次惨重的教训告诫我们，在科研道路上一定不要太过于冒进，有时会让大家的努力付之一炬。

这种原因分析等于没有分析，与后来宁波动车灾难事故后强调下调速度类似，并不利于改进与继续前行。如果真的只是这种演绎，那么我们前辈和牺牲人员的所有努力才真是付之一炬。

有些原因一时难以找到，但继续前行的步伐不可阻挡。

有一位奔驰的车主，突然发现其新购没几年的奔驰 B 级汽车，在正常保养添加机油几天后，开暖气有汽油味，他多次咨询 4S 店，包括在奔驰官方网站上咨询，但都得不到及时的、有效的回应。他想利用外围的力量解决问题时也遇到了困难。

一般来说，车内汽油味多是碳罐的问题，碳颗粒因时间过长而失效，油箱的燃油蒸气通过风机反吸入驾驶室，从而出现汽油味。

如果开外循环有味道，可能是外部环境或车尾排气管的气体被吸进来了，汽车行驶时有汽油味，应该检查车部件。如果只开内循环，还有汽油味，应该马上去 4S 店检查了。车内汽油味可以考虑重点检查油管接头、喷油器密封圈和碳管电磁阀这些关键位置。

这个例子说明，有时候即使原因一时未明，但依然需要执着前行，继续前进的步伐不可阻挡（如东航云南波音 737 飞机 2022 年灾难，虽然原因调查还需要时间，但已恢复飞行）。

灾难不会平白无故地发生，而是一系列关键事件的连锁效应，受内外因作用原理支配。

1999 年 10 月 5 日，英国发生了有史以来最大的列车事故，伦敦帕丁顿车站两辆列车相撞而致爆炸起火，据悉此次事故导致 31 人死亡，520 多人受伤。

令人无法理解的是，这个车站为了防止发生事故，一直有着严格的管理，已经采取了多道安全控制措施，包括装配了自动刹车系统，但还是发生如此悲剧性的事故。难道这些安全措施都同时失灵了吗？

事后调查发现，在那一瞬间，的确所有安全措施都无法阻止灾难的发生，这一切最直接的影响居然是太阳光。这些人类最常见而往往被忽视的因素才最为致命，就如同美国科罗拉多大峡谷的"魔鬼"公路一样。

1989 年 7 月 19 日，美联航 232 号航班从丹佛飞往芝加哥途中突发飞机失控，虽然在非当班飞行员丹尼斯·费齐协助下无舵面操控成功降落，但还是有三分之一（112 名）的乘客遇难。

事故分析表明，直接原因是该飞机尾部发动机故障，液压管路被切断，造成飞机几乎完全失控。

事后美国国家运输安全委员会认定，事故根源在于这架道格拉斯 DC-10 型客机扇形盘钛合金出现的一道裂缝没有在起飞前被检查出来。

此后，美国联邦航空局下令：

（1）修改道格拉斯 DC-10s 的液压系统设计。

（2）追溯制造扇形盘钛合金材料公司。

（3）所有飞机必须配备冗余安全系统。

（4）改变发动机的检查方式。

类似控制系统故障的灾难一直存在，即便该事故过了 30 多年。

2018 年 2 月 11 日，俄罗斯一架安-148 客机在莫斯科州坠毁，机上 71 人全部遇难。事后分析表明，飞行员获得错误航速是飞机失事的原因，而客机空速管结冰是其中内因。

1985 年 8 月 12 日的日本航空 123 号班机空难事件为世界上涉及单一飞机空难中死伤人数最多者，也是全球第二大严重空难。一架从日本东京羽田机场飞往大阪伊丹机场的日本航空波音 747SR 飞机，在起飞 12 分钟左右，发生撞山坠毁事故。机上有 15 名机组成员和 509 名乘客，总计 524 人，共 520 人不幸罹难。波音公司因为维修不当造成此次空难，声誉受到影响。不过因为调查结果显示波音 747 并无重大的设计瑕疵，故该机型依然销售良好。为避免波音 747 因管线受损导致所有液压控制皆失效，此后在每架波音 747 客机的升降舵和下方向舵上加装了液压阀。

但是，有些灾难原因很难找到，如马航 MH370 失联客机等事件仍是未解之谜。

1991 年 3 月 3 日，从美国丹佛飞往科罗拉多泉的联合航空 585 号班机（波音 737 - 200 型），在准备降落时，突然失速翻滚高速下坠，仅仅 10 秒时间，机上 20 多名人员全部不幸遇难。但事故原因至 1994 年全美航空 427 号班机再次出事也没能找到。1994 年 9 月 8 日，从芝加哥飞往匹兹堡的全美航空 427 航班（波音 737 - 3B7），也是在准备降落的时候，突然翻滚高速下坠，仅 28 秒，机上 132 名人员全部不幸遇难。两架都是波音 737 机型，但调查仍遇到困难，灾难的原因还是没找到。直到又过了两年，东风航空 517 号班机的失控事故发生，调查人员才终于查出根源。1996 年 6 月 9 日，美国东风航空 517 号班机（波音 737 - 2H5）从特伦顿飞往里奇蒙，也是在准备降落的时候，飞机突然故障，右倾，方向舵卡死。好在机长临危不乱，立马调节引擎不均匀输出功率（注意，没有提及向上提升操作），过了一会，飞机自动恢复水平飞行，最后成功着陆。

调查人员针对这三起类似飞机失控事故，最终认定波音 737 客机的方向舵液压器在极端温差下会产生致命质量问题，这种先天设计缺陷使全球服役中的波音 737 相关飞机被紧急修复，包括更改零部件、重新修订驾驶培训等。但是，还有没有其他原因呢？

1996 年 7 月 17 日，从美国纽约肯尼迪国际机场飞往法国巴黎的环球航空公司 TWA Flight 800 航班在起飞很短时间内突然爆炸，机上 230 多名人员全部不幸遇难，最初不少人认为是恐怖袭击或者是流星。但经过漫长的 4 年多艰难调查取证后，美国国家运输安全委员会认定飞机里面的电路发生短路从而引爆油箱才导致如此惨剧。

只有找到事故的真正原因，才能不断吸取教训和经验，简单的胡乱猜测无助于以后避免灾难的发生，也是对逝去生命的不负责。

第四章 质量管理之对立与统一原理

矛盾是质量提升的基本驱动力，聪明的人善于利用这一点制胜，而不是陷在矛盾旋涡里面不能自拔。

第一节 质量管理矛盾论的主要原理

现代质量管理各方面和诸要素之间的矛盾无处不在，具有普遍性。如一家检测实验室，包括内部组织、上层管理机构、供应商、顾客、监督审查、计量校准、废液清理等方面，同时也可以充分地考虑质量管理工作过程中诸要素，如人、仪器、试剂材料、检测方法、检验环境等。

前些年到奔驰4S店维护保养，总听到客户抱怨奔驰车返修概率高。据不完全调查估计，那些车往往是C级、E级、SUV等，而在国内这些基本上是国产车。

生产线虽然一样，管理方式以及生产的环境都严格按照德国本土标准，甚至最终的价格也和国外的一样，但是这里还有两个不一样的地方，一个是供应商材料，另一个是生产的工人素质。比如要有40%的零配件和原材料国产，中国钢材质量是上来了，但其他呢？

这些诸多方面或者诸多要素，在运作过程中不可避免地产生或大或小的诸种矛盾，这些矛盾有些可能对抗性较强，对立界限明显；有些则在一定阶段可以忽略它们之间的对立，统一运行以达到共同的质量管理目标。如中国在2020年10月9日完成深空机动控制的火星探测器天问一号，面对靠近火星会出现的各种复杂环境，探测器上面有着陆器、巡视器等各种设备。克服系统运行矛盾最好的方法就是自检，通过自检能够预先确认它们工作状态是否正常，确保后续各项飞行控制，从而避免运行矛盾的激化和中断。

能力验证往往是实验室最主要的一个衡量技术和对质量水平较为客观化的活动。当量值溯源难以实现或者根本就无法实现时，解决这个主要矛盾最好的工具就是通过实验时间的比对来评价相关实验室的能力，从而反映该实验室测定结果的可信性。

能力验证活动可以由认可机构组织评审实验室和检查机构的技术能力，包括能力验证计划、经认可机构批准或由其运作的实验室间比对及测量审核等三个主要方面，可以分为实验室间量值比对、已知值比对、部分过程比对、分割样品检测比对及定性比对等五种类型。

比如分割样品检测比对，通常是指由主办方从待测样品中随机抽取，将抽出来的若干散样同时分发给能力验证参加者，能力验证参加者按照约定方案进行独立检测。主办方将各参加者测量值与主办方求出的公议值进行比对，检测比对按照国家认监委规定，用 Z 比分数进行评价。若 Z 值绝对值小于等于2，为满意；若 Z 值绝对值大于等于3，为不通过；若 Z 值绝对值介于两者之间，为可疑。

量值比对则最常采用国际共同认可的一个评价参数，就是 En。若 En 的绝对值小于等于1，为满意、通过；若 En 的绝对值大于1，为不满意、不通过。

现在由于国内许多企业、单位开展 ISO 9000 质量管理体系认证，反而给人一种错觉，克服质量问题的主要矛盾就在于是否满足ISO 9000 质量管理体系要求，而主要方面就是如何有效地通过认证。相当多企业、单位在评审、监督复评或扩项评审中为通过不得不伪造一些资料、数据，不得不为了评审而造假。造假，本身就是质量管理的头号大敌。质量管理工作的主要矛盾，就是能否坚持实事求是找到缺陷和失误，消除潜在的隐患，而这种评审工作已经在客观、实质上给质量管理工作带来了负面的严重影响。

什么才是质量管理工作的真正主要矛盾以及主要矛盾的主要方面呢？在客观的实践中，大量的人力、物力和精力时间都集中在如何保证质量管理体系的运行上，更重要的是，如何采取一切手段来对付这种旷日持久、无休无止的评审。ISO 质量管理体系的认证和评审机构，真的应该好好地思考一下如何才能够科学地更加符合矛盾发展规律，去为众多的企业提升质量管理水平，而不是起相反的作用。

目前，国内许多厂家认识到质量管理面对的主要矛盾在于生产现场质量，强调质量是制造出来的，不是检验出来的，规定生产现场的管理人员和作业人员对质量负责，首先对质量进行检查，比如创造停车线与呼救线，一线工人如果发现生产问题或隐患，应立马采取行动，不要把问题留到下一步。

质量在源头，以预防为主，消除隐患，质量保证的重点在于生产现场、工序作业管理；服务现场、服务规范化管理。现场质量检查控制现场包括六种方法方式，如测量、试验、观察、分析、监督、总结提高，具体如下：开工前检查，工序交接检查与工序检查，隐蔽工程检查，停工后复工前检查，分项、分部工程完工后检查，对成品、材料、机械设备等检查，巡视检查。

真正在激烈竞争市场上生存的企业，必须很清楚其质量管理中的主要矛盾问题，直面主要矛盾的主要方面。它们更愿意创造各种条件，避免生产中出现缺陷，或者是要现场的生产经营质量管理人员及时地发现缺陷，能够立马纠正，同时对下一步积极防治，有效减少下一周期的不合格率。

预防甚至比体系的通过更重要，主要矛盾恰恰就是如何进行有效的预防。2020 年 9 月颁布的《北京市地下管线检查井盖病害判定标准和治理要求》，把地下管线治理的主要矛盾聚焦在平时熟视无睹、毫不起眼的井盖上。北京市大街小巷井盖类设施（井盖 282 万套、雨水箅子 50 多万套）高达 335 万套，现有的水、电、气、热、通信等管线繁杂众多。为了有效地解决地下管线的管理、市民生活出行、道路交通安全等诸多问题，管理部门抛弃了表面无懈可击的国际质量体系认证管理思路，着眼于缺陷的发现和根治，将"井盖病害"细分为缺失、破损、移位、震响、沉陷、凸起、井盖高差、井周破损、井盖错乱、无防坠落功能 10 种类型，对每类病害的判定标准、治理方式以及质量安全要求等都作了详细规定。

北京市的城市综合治理质量由此有一个明显的提升。城市管理抓住了一个主要矛盾，在分析各种隐患之后，综合得出各种"井盖病害"类型及明确处置方式，如采取围护、警示、专人盯守、补装减震垫圈、换装防坠落双层井盖、加装防坠盖或网、雨水井盖增加防反涌功能、井盖周围路面修复或用适当材料保证结构强度和稳定性等，质保期至少 3 年。

　　质量管理矛盾的普遍性体现在管理过程、管理内外系统中，矛盾无处不在，矛盾的对抗和统一不以管理层的意志为转移，即便正式组织下的管理层认为自身组织架构多么和谐、一致。甚至由于质量管理的特殊性，表面上长期的和谐和一致往往有可能潜藏着巨大的变故甚至是严重的质量事故。质量管理过程中的斗争性不管是在一个混乱无能的组织中，还是在一个健康快速成长的组织中，都无处不在，斗争的方式多种多样，而这种斗争性在正常健康的组织发展过程中往往是必不可少的。斗争性是隐患和缺陷显现的最佳方式，没有矛盾就没有发展；没有发展就没有高阶质量，矛盾是发展的动力。自从英国伦敦帕丁顿列车事故发生后，英国相关方面管理部门和专家、工程师对此进行反复思考、反省，不断地改进铁路还可能存在的安全隐患，英国迎来了高铁大发展、质量相对安全时期。

　　中国铁路史有别于传统工业强国，可以说是从当初京张铁路总工程师詹天佑克服国弱民贫的极大困难，主持设计修建京张铁路这条中国第一铁路开始。他克服八达岭悬崖峭壁复杂地形条件和展线困难的矛盾，设计了名闻天下的"人"形轨道，使沿途坡变小于百分之三点三，又减少了挖隧道，至此之后，中国人的智慧和热血不断注入神州大地上的动脉线之经济中，谱写了中国的铁路高歌。

　　中华人民共和国自主设计、自主建设的第一条铁路是成渝铁路。古人云，蜀道之难，难于上青天！中华人民共和国成立之初，资金、技术、人才都极其缺乏，但领袖们以极大魄力决定建设成渝铁路，打通中国腹地交通命脉。

　　为了保证工程质量和进度，建设者们绞尽脑汁，在当时的技术条件下，工人阶级的创造力得到极大提升。如压引放炮法，既节约了炸药，又增大了爆破强度；单人钢钎冲炮眼法，使开凿坚石工效倍增，由原来每班两人钻进8米提高到24米。此外，还有"纸管穿引放炮法""纸裹引线法"、自制运土机、打夯机、挖泥弓、扒杆卸砟等。之后建设的国家I级电气化成昆铁路，更是开启世界铁路史的新篇章！

　　1958年7月开工，1964年复工，1970年7月1日竣工的成昆铁路，沿途地质状况非常复杂，各种需处置、解决的问题更是考验建设者的智慧、意志。

苏联专家认为恶劣地质条件是"筑路禁区"，即使能修通，也逃不了被强大的自然灾害摧毁的命运。据相关报道，这条铁路平均每一公里牺牲两人，北京铁道学院（现北京交通大学）许多高才生参加了成昆铁路建设，他们的青春和热血永远留在这条线路上，他们有些人甚至后来不愿意再提及那段非常人所能想象的艰难岁月，"每次山洞爆破，几乎肯定要死人……"詹天佑的伟大让父辈们走上这条路，只是没有先进的技术力量和机械让他们付出的努力远超想象！但毫无疑问的是他们为祖国的奉献难以磨灭，应为自己的人生感到自豪！

据说，联合国称成昆铁路与世界上第一颗人造卫星、阿波罗登月为"象征二十世纪人类征服自然的三大奇迹"。

中国人民解放军铁道兵由成渝铁路开始，克服工具原始、地形复杂、资金紧张等矛盾，硬是把中国交通的大命脉全部打通。多少热血，多少生命，多少汗水，一寸铁轨一座丰碑毫不为过！

迫切的需求、伟大的理想克服了相当紧张的资金、缺乏外来力量支持的矛盾。复杂艰险的地质条件与当时落后的科学技术手段存在着尖锐的矛盾；高标准的质量管理要求与非专业人员多（当初成渝铁路建设队伍民工有15万人，解放军官兵2万名）、粗糙的技术水平、军事化管理理念存在着尖锐的矛盾。

矛盾是发展的动力，中国的高铁在刚起步之时，也出现像宁波高铁事故一样的重大安全问题，暴露出了许多学习西方技术、不融会贯通的矛盾。但如今，在国家发展到有一定实力之后，中国高铁揭开了世界铁路高速发展的新篇章，重新走出一条属于自主创新的道路。

2010年3月22日，成渝高铁揭开动工建设序幕；2015年12月26日，全长299公里，时速300公里的成渝高铁正式开通运营，两地时空距离不足2个小时。

2021年6月，成昆铁路扩能改造工程，设计时速达160公里/小时，峨眉至冕宁段T梁首架成功。负责施工的中铁八局二公司按照"施工专业化、生产工厂化、作业机械化、管理信息化"的建设要求，充分应用了先进的铁路梁场综合管理系统、铁路工程线远程视频监控系统以保证施工质量安全。

按照国家《中长期铁路网规划》（发改基础〔2016〕1536号文），

我国未来高铁将建设沿江通道，"连接华东、华中、西南地区，贯通长三角、长江中游、成渝等城市群"，原则采用时速250公里及以上标准。届时，成昆高铁贯通后，这将是年轻的建设者向老一辈建设者的最好致敬！

中国高铁已经很好地享受到了科学技术发展所带来的成果，这样的成果是有效消除质量管理矛盾的主要手段。

以后的中国轨道交通将高速驶入世界创新"无人区"，400公里时速的变轨距列车；600公里时速的新一代磁悬浮列车；时速每小时1 200公里的"超级高铁"人均耗能比现在的"和谐号"降低17%以上；窗口变成电子屏幕……

质量管理的对立统一规律不仅关乎质量的提升、组织的发展，而且对组织的生存、系统的存在起着至关重要的作用。

第二节 各种矛盾特点及作用

质量管理中的各种矛盾，有一个共同的特点：蝴蝶效应。

如果微小的矛盾不及时处置，就有可能造成巨大的灾难。有一些矛盾看起来毫不起眼，甚至离质量的本源核心遥不可及。随着时间的积累，矛盾可能越来越深，情况会变得愈加不可管控，甚至发生灾难事故，造成财物的损失或者人员的伤亡。

在中国，2008年发生的三聚氰胺事件就是一次著名的食品灾难事件。它导致了当时的监管部门质检总局的最高负责人引咎辞职，更重要的是，它造成了很多人身体的伤害，甚至死亡，这起事件和矛盾有什么关系呢？

追踪此事可以发现，这里实际上有三只小小的蝴蝶——标准、饲料和凯氏定氮法。

三聚氰胺最早是由意大利欧技公司生产出来的，后传入中国。这种以尿素为原料的有机化工产品，更多的是以一种化工原料形式广泛用于塑料制品、木材加工、涂料、黏合剂、纺织、皮革、电气、医药等多个领域。中国早在1958年就投产此种有机化工产品，年产100吨。

2004年，某公司在网上求购三聚氰胺，用于"生物蛋白精"生产。

2007 年 5 月，美国 FDA 证实江苏某公司出口美国的小麦和大米蛋白粉含有三聚氰胺，该物质成为美国"毒宠物事件"的罪魁祸首。

2007 年 11 月，中国海洋大学麦康森教授公开警示，"国内的水产饲料和其他动物饲料都存在添加三聚氰胺的问题，包括奶粉"。言下之意，令人忧心忡忡。

广东粤海饲料集团某高层负责人也表达了同样的担忧，三聚氰胺变身"蛋白精"进入饲料行业至少已有 5 年。

它好比"白骨精"一样贻害人间，但普罗大众依然懵懂不知。

这种工业化工原料，为什么会添加到饲料中？又怎么会出现在奶粉中？

这是因为许多食品需要检测蛋白质含量，而直接测定有难度，便用测蛋白质中必有的氮代替（蛋白质含氮量通常为 15% ~ 17.6%，可按 16% 计算，然后由总氮含量反推蛋白质含量），丹麦人据此发明了凯氏定氮法。

问题在于，检验师们没有想到的漏洞却被了解此检测方法的奸商们想到了，他们用含氮的物质添加到食品中代替蛋白质，价格便宜，更有时间优势。当然，如果长得像奶粉就更好了。

仔细分析后，发现这里面存在着三对矛盾：

一是人们安全需求与三聚氰胺在食品中检测标准的缺失之间的矛盾；

二是食品中要求高蛋白与商家高成本之间的矛盾；

三是凯氏定氮法与真蛋白检测之间的矛盾。

2008 年，惨痛教训发生了，相关企业被依法查办，原质检总局局长引咎辞职。后来接替者坦率承认检验标准的缺陷，而相关高层人士也在反思如何从源头控制质量，把好食品药品安全关。

那么，这起震惊全国的事件发生后，其他食品安全矛盾的蝴蝶效应会不会因吸取教训而减少呢？

实际上，还有公开曝光的"皮革奶""苏丹红""毒胶囊"等事件。林林总总，证明中国检测标准严重偏少，远远未达到修建食品药品防护长城的要求。如单农药残留一项，一些发达国家的监测指标就高达 4 千多个，而国内只有几百个。

现实情况是严峻的，这意味着这些蝴蝶随时有可能再次掀起巨大的灾难。目前，横行世界的新型冠状病毒就有类似的蝴蝶效应存在。

幸运的是，质量管理中的蝴蝶反效应也是存在的。由于金检的枝繁叶茂和金检人的兢兢业业，在万中拣一的金属材料缺陷中展现出来的火眼金睛，虎门大桥、港珠澳大桥等重点工程都经得起也必将经得起时间的考验。

还是周总理再三叮嘱的十六个字：严肃认真，周到细致，稳妥可靠，万无一失。

第三节　家长制和自主精神的矛盾

这个矛盾的本质是管理者与被管理者的矛盾。质量管理系统所在的组织结构存在着许多不同的角色，其中最重要的就是管理者和被管理者。在理性系统中，管理者如何令被管理者有效地服从相关的规章制度和指令，从而有效地达到质量管理的目标，这是所有质量管理工作的出发点。而被管理者如何有效地参与决策，如何得到管理者的欣赏，如何发挥自己的特长和才华，如何把质量管理工作做得更加扎实和有效，这同样也是所有质量管理工作的出发点。通常，管理者作为一个更加权威的组织或者个人，他的命令或者意见必须得到被管理者的贯彻和执行，不管出现何种阻碍。不然，管理者与被管理者的矛盾就无法协调了。

安然曾是世界上最大的电力、综合性天然气公司，1930 年成立，2000 年营业额达千亿美元，美国《财富》当时将其列入世界 500 强的第 16 名，业务拓展多领域，除了能源方面外，还经营煤、纸、化学药品、日用品，拥有的发电厂价值 340 亿美元。

拥有如此庞大财富的安然公司却在 2002 年宣告破产。因此还引出美国世界通信公司（后宣告破产）、花旗集团、摩根大通、美洲银行等的问题。

安然帝国的一夜崩溃，表面上看是诚信问题，但实质上是最高层管理者及主要股东与被管理者（两万多名雇员及广大股民、相关人员）的价值理念、行为模式的矛盾冲突不可调和而导致的。

2006 年，陪审团裁定安然创始人、前董事长肯尼思·莱和前首席执行官杰弗里·斯基林有罪。法院起诉书包括骗贷、证券电邮欺诈、财务造假等 53 项指控。安然前 CFO 被起诉诈骗、洗钱等 78 项罪名。

从表面上看安然公司的罪责虽然是造假和欺诈，但实质上是深层次的最高管理者思维意识、行为模式急功近利，整个核心管理层没有任何人能提出反对意见，更加无法干涉，企业整体行为完全是几个人说了算，被管理人员实际上完全没有自主能力，依靠的是通过安达信财务造假、贿赂等手段高速扩张。几周内的崩塌完全是其内在毫无真实基础，缺乏实体导致的。

据披露，安然公司四大手法之一就是暗箱操作。美国《商业周刊》一针见血，"安然将财务的责任从账面载体上消除，创造性地做账，防范任何方面的人士（中下层职员、政府部门、股民等）发现他们外强中干、外荣内枯的真实情况，已经达到了登峰造极的地步"。

可见，安然的被管理者们毫无知情权，更无发言权、干涉权。

但是，这种完全无视被管理者自主权的管理方式，越是高调走向表面的繁荣，越是为自己高速挖掘最终的坟墓。

许多情况下，管理者往往忽视了实质的环境和达到的条件，不按科学和客观规律办事，无视被管理者的顾忌和意见，简单粗暴，强行推行他所认为正确的指令，这导致被管理者的抵触情绪，和其主动作为出现与质量管理系统相悖的负能量。

国内的很多企业、检测中介出现质量问题最后消失，其根源都在于此。

自主的环境和自主的思想才能培育真正的创新，特别是原创能力更离不开此点。与美国安然公司不同，日本岛津公司自1875 年创立以来，一直踏踏实实"以科学技术向社会做贡献"。2002 年，只有大学本科学历的田中耕一成为诺贝尔化学奖得主，震惊日本学术界之余，也不能不让人联想其工作环境和上级领导肯定非同一般。

谷歌是举世公认的富有创意、富有活力的世界级公司。在公司的展示厅里面有一位普通员工和世界许多大人物的合影，包括美国总统、某些国家的国家元首。这说明什么呢？说明他们把对普通员工的尊重放在和世界著名人物一样重要的地位，因为是不对外公开的内部资料，所以不存在作秀的成分。在实践中，谷歌也把这样的理念贯彻在日常的生活和工作中。谷歌上班时间非常有弹性，你可以随时来，也可以随时到外面休息，或进行身体锻炼，或娱乐。公司总部还有一个很好的食堂，里面光是冰激凌就有十多种，饮料更是多种多样。在紧张的工作之余，员工们都能够很轻松惬意地达到放松的目的，从而保证大脑处于一种非常高效的创造力状态，同时对公司的向心力、凝聚力加强也非常有益。

独立的质量管理者是解决管理主体与客体矛盾的关键。美国质量管理大师克劳士比认为，"质量者在行业里的地位是独一无二的"，"成功的质量控制者真的会将自己置身于质量控制活动之外"。

古人云："故善战者，求之于势，不责于人，故能择人而任势。"

第四节　死体系与活系统的矛盾

任何一个质量系统都可能存在矛盾，关键在于其是不是致命的矛盾，其中就有死体系与活系统的矛盾，这两者如果处理不好，质量系统就可能会崩塌。典型例子是，我国食品行业或者药品行业中，几乎大企业都通过各种体系严格检查，如 GLP，但是近十来年，药品出现的事故仍不少。

在质量管理体系中做得最严格、要求最高的就是食品行业和药品行业，特别是药品的 GNP 体系。但是国内这两个行业都出现了巨大的问题，这已经不是偶然事件，因此必须做出深刻的反思。此外，在建筑行业也存在类似的问题，中国在 2007—2012 年的 5 年内有 37 座桥梁塌了，再看看武汉长江大桥、南京长江大桥，还有赵州桥，那真是百年大计，质量为本。朱元璋建造明朝长城的时候，下令从官员到工匠都要在负责制作的砖上都刻上自己的名字，如果城墙倒塌是砖出现了问题，那么工匠一干人一应连坐逃不掉砍头的命运。当然封建时代的严刑重罚不可取，但朱元璋将责任落实到人，严把质量关的心是十分值得学习的。

一、美泰事件

2007 年，全球玩具生产巨头——美泰公司连续三次，在全球召回近 2 020 万件玩具，全部是中国生产的，其中一个原因是这些玩具"存在磁铁易被孩童吞食隐患和油漆铅超标问题"。

为此，中国玩具制造在世界引发信任危机，中国制造被蒙上巨大阴影，面对由于召回而造成近三亿美元的损失，被勒令暂停出口的广东两家企业中的其中一位副董事长不堪压力自杀身亡……又一起质量夺人性命的事件。

生产芭比娃娃的美泰有着严格的质量管理规范，即便是国内的供应商也必须通过相关的 ISO 质量体系认证。据公开资料显示，为美泰生产玩具的汕头某玩具工艺实业有限公司，1998 年成立，拥有一千多名员工，年生产玩具六百多万套，产值以亿计。该公司严格遵循 ISO 8124、GB 6675（《国家玩具安全技术规范》）等国际、国家标准要求，制定并执行多套相关质量控制程序，通过 3C、ISO 9001、CE、EN 71、EN 50088、EN 62115 等质量认证，对外宣称"产品质量完全满足国际市场的质量标准要求"。

事发前，为美泰生产玩具的佛山某公司拥有十多年良好的生产纪录，产量已居佛山玩具制造业第二，并与美泰建立了 15 年的合作关系，在出事前还被美泰称为"最可信任的供货商之一"。直到港商自杀，该公司关闭，厂房大门外依然醒目地挂着红底黄字的巨大横幅，"全员贯彻和实施 ISO 9001：2000 国际质量管理体系"。

美泰事件的教训有三：一是质量控制不能只靠表面的体系认证，应该加强力度实现实时监测。目前有 5G 网络，又有视频录像，只要软件和生产质量点要素监测融合，完全可以避免绝大部分质量问题。体系评审也应该实行这个办法，结合突击检查，几乎可以说是万无一失的。当然投入是必要的，但比起总是对付体系认证，要节省大量时间、人力、物力。二是要系统加强，源头控制。有部分观点认为质量不是检测出来的，而是制造出来的，而另一部分观点认为质量不是制造出来的，而是设计出来的，这些人都只看到局部。三是中国玩具生产厂商有 8 000 多家，虽然只是个别的现象，但是也足以毁灭中国制造的质量声誉。这些生产厂商同样受到了巨大的损失，监管部门只在口头上表达，真是太轻松了。

质量体系认证更多的已经流于形式，开始变质，原因很简单，因为它有着巨大的经济效益和其他的利益。掺入了这两种因素，质量管理就不可能单纯了。

不少管理者以为严格按照 ISO 的质量管理体系要求就可以了，但是经过一段时间审视，他们发现他们的质量管理其实没有得到根本的改善。

许多企业、厂家都严格遵循 ISO 国际质量管理体系，但是，在许多领域，众多企业甚至是闻名世界的大企业，依然有许多质量问题频发。不同的是，它们有的是主动召回，如一些汽车生产厂家，召回已成为质量纠正良方，损失在可控范围内得到控制；而另一些召回则相当被动，比如前文提到的玩具厂家，召回后的损失无法弥补。

大众、丰田的品牌价值曾经排名汽车界第一，头把交椅的地位却都因被动召回而被迫让出，损失惨重。

丰田由于高田气囊问题，气体发生器出现异常而破裂，被迫在全球实施召回前后历时 6 年多。2012 年 10 月，丰田全球范围内召回 743 万辆汽车，原质检总局对中国相关 34 家汽车生产企业启动了缺陷调查。直至 2017 年，仍有 2 万辆三菱帕杰罗系列因此被召回，再更深一层思考，还有多少相关缺陷的车型没有实施召回？

2013 年，大众 DSG 变速器故障，经原质检总局反复交涉，大众终于被动召回 38 万辆汽车；2014 年速腾断轴门事件，大众被追究，又被动召回 50 多万辆汽车，大众从此让出头把交椅。

与此相反，主动召回造成的不良影响则小得多。2016 年，上汽通用由于新车型自然吸气发动机曲轴箱通风阀膜片出现耐腐蚀弱问题主动召回多达 210 万辆汽车，此次事件保证了后续销售无大不利影响，体现了通用对质量负责任的态度，赢得广大消费者的信任。奔驰更是精于主动召回之道，即便一点点小小故障都非常重视，2017 年，因为某种条件下汽车行驶时刹车可能变硬，8 辆福建奔驰被召回，奔驰声誉没有受到丝毫影响。世界顶级品牌价值取向完全是历史沉淀而成的。

二、美国强生召回 4 300 万件问题产品事件

美国强生公司，早在 1886 年就成立了，身为百年企业，有 250 多家子公司分布在 57 个国家，在全球百多个国家和地区销售，拥有十多万名员工，是世界顶级的巨无霸，曾经年收入达 821 亿美元，其市值在全球排名 20 位之内。强生非常重视与中国合作，早在 1979 年就在中国

成立了首家 GMP（Good Manufacturing Practices，良好生产质量管理规范，由美国坦普尔大学六名教授编写，最早是由美国 FDA 于 1963 年首先颁布，要求所有制药企业必须采用，这是世界上最早的一部 GMP）质量管理体系化工合成药厂。

1994 年，强生在中国又建立了一家独资企业，强生（中国）医疗器材有限公司，由于强生公司高度重视质量体系建设，这家公司是中国首家同时获得 ISO 9002 质量体系和 YY/T 0288 医疗器械应用专用标准双认证企业。

但是，拥有如此良好体系认证纪录的强生，在 2011 年 1 月 14 日，宣布召回包括泰诺、苯海拉明、速达菲等超过 4 500 万件药品，这已经是强生自 2010 年以来第八次大规模召回了。

强生为此损失了近六亿美元，包括整改麦克尼尔公司的厂房和设备，聘任新的管理层，以及聘请新的第三方机构推行新质量管理制度，重新加强质量控制。

同年强生依然是《福布斯》排行榜中的第一位。

为什么如此重视质量管理体系的世界级大品牌、大公司还是一次又一次在质量问题上摔跤呢？难道真的是质量缺陷不能消除，事故无法避免？

为什么那么多玩具厂商通过了质量管理体系认证，还是出现了质量问题？

"汉胜"公司某负责人在接受采访时坦承，在合作中，根据美方要求，由"汉胜"负责采购原材料。通常，油漆供应商每年都必须做一次符合国际标准的第三方检验，如国际认可的公证行、检测机构、国家商检等。"但不能做到每一批油漆都化验，因为费用很高，而且时间要5 天至 10 天"，"质量不达标的产品也有可能被销往海外，包括外商在内，各个环节都有责任"。

当然了，有人认为，只是因为没有严格按照质量体系来做，所以才出事。但认真想想，为什么质量体系实行了那么多年，质量问题依然不少呢？

第五节 机械执行标准与高度符合标准要求的矛盾

上文提及的美泰事件并非那么简单，按照检验检疫机构有关专家说法，由于美国国内相关监管部门改变了玩具的产品标准及检测要求，出问题的两家广东玩具厂是美国玩具商之前认定的合格供应商，完全遵照美方设计、用料生产的要求。因此，这次出大问题，按照某些相关人士的看法，明显是专门针对中国玩具产业的贸易技术壁垒攻势……

严格遵照标准生产也有错，现实很残酷，怎么办？

用错标准还有一个典型的例子。英国海运质量关系到英国"二战"生存，是人类历史上一次重要的运输质量保证。一开始，英国海军统帅部首要考虑的是不惜一切代价让船只能够安全抵达，也就是说，他们认为被德军击沉的船只越少，自己工作的成就越大。用这个标准来衡量，一开始好像是非常正确的。但是，经过一段时间，英国海军统帅部认识到这样的标准实施起来已经不适宜了。唯一衡量的标准，是从各目的地港口安全运抵多少物资，这才真正关系到英国的生存。1941年2月，丘吉尔首相在一封电信中说，"据我了解，今年1月份能够起岸的载货船只，都没有去年1月份的一半多"。

目前，中国绝大多数的企业和质量管理者都认识到严格按照标准的重要性，并一丝不苟地执行。特别在很多钢厂，管理人员都非常清楚即便是推荐性的国家标准都必须严格按照该标准的要求来生产。

要按照标准的要求不折不扣地执行，这是绝大多数管理者和生产者所强调的最基本要求以及最基础的认识。飞行员的基本准则是必须严格地遵守各项安全运行规定、飞行手册规定，因为这些规定每一条都不是凭空臆想出来的，其中包含着多少年的积累，是通过多少生命和多少鲜血总结出来的。遵守规章制度就是对生命的敬畏、对安全的保障，这点是毋庸置疑的。

但是，凡事都有例外。

一是一切的操作、一切的作业，都必须首先考虑标准的使用范围，因为有一些标准其本身对使用范围的理解和规定就不到位。如果忽视了这一个前提，那么，有可能从根本上进行了错误的生产，这其中耗费的不只是时间和成本。

　　某铁矿石采用 ISO 标准制定国家标准 GB，用电感耦合等离子体原子发射光谱法（ICP – AES）测定各种元素，修改采用，主要一个就是溶剂配制方法的修改，ISO 采用的是恒沸盐酸配制，这个方法实际上已经充分考虑到了各国铁矿石具体的不同情况，在世界范围广泛征求了意见，参考了一些国家铁矿石周围的特殊成分来选择。我国考虑的是本国国情，包括进口到我国的铁矿石，采用更为便捷的"直接用盐酸（$\rho =$ 1.19g/mL）"来配制。在标准适用范围也清楚列出"适用于天然铁矿石、铁精矿和块矿，以及烧结矿产品下列元素的测定"及 Al、Ca 等七种元素的测定范围。这个国标由于清晰界定了铁矿石及其元素的测定范围，在多年实际采用中反映良好。但另一个铁矿石相关国标，电感耦合等离子体质谱法（ICP – MS）则有点"杀鸡用牛刀"的味道了。它规定方法适用范围是铬、砷等五种微量元素，首先规定"试料采用高温密闭微波酸消解处理，处理后的溶液用稀硝酸稀释定容"，这便为实际操作提供了很好的指引。但是最后一个待测元素"铅"，含量范围在 $0.3 \sim 3\ 170\mu g/g$，在大多数实际情况中，用稀硝酸稀释定容则需要稀释许多倍才能测量出来。本来这些微量元素实际都可以用 ICP – AES 非常方便测定，但用了 ICP – MS，情况就比较滑稽了，好比牙医拔牙，放着精密、专业的拔牙钳不用，而去用拔铁钉的大铁钳。

　　二是一些行业标准，甚至是个别的国家标准，特别是一些很少用到的标准，可能存在一些缺陷或者不足。如果强调机械无差别按照这样的标准去生产和管理，很可能不可避免地带来一些严重的问题。

　　如有这样一个行业标准，在测定铬矿中的某些元素成分时，要求加盐酸溶解，然后测定。整个标准每一步操作写得清清楚楚，逻辑严密，每一步对应的目标检测元素用什么标准溶液，每一种标准溶液用多少量，然后下一步如何制备；用什么仪器设备，甚至溶液杯的耐压都标注得清清楚楚。其中等离子体原子发射光谱仪的类型、倒数线色散、短期稳定性都列出来了，背景等效浓度和检出限也专门列出一张表，数据严谨清晰；该仪器的校准曲线线性相关系数也列明。以上这些还只是前期准备工作，该行业标准之严谨的确可以作为范本，特别是考虑到其是二十世纪九十年代制定出来的。后面怎么取样、制样，试样怎么准备，分析按照什么步骤和次序，分析结果如何计算，都非常清楚和严谨。最后还给出方法的精密度、室内和室间标准偏差、重复性允许差及再现性允许差等数据，都分列清楚了。

如此"好"的行业标准，颁布后居然发现无法执行，为什么？原因很简单，真实用于检测的铬矿无法用酸来溶解。估计标准制定者当时使用的是铬标准溶液，没有采集到真正的铬矿，更没有咨询相关资深人士或听取相关意见。可惜了这么一个"好"标准！

三是一些标准是直接由外国的标准翻译过来的，暂无法施行，特别是对中国本国的生产状况不适用或者是暂时没有达到适用的条件。如在线检测等国家标准。

四是对于某些检测领域或者商品来说，相关的国外标准可能有类似的要求，但是在国内，情况完全不一样，相关的国家标准或者行业标准没有这方面的要求，甚至连相应的国家标准或者行业标准都没有，比如非正品的鉴定。这个时候应该按照什么样的标准来执行呢？

操作时首先必须考虑标准的适应范围。

2006 年，当时《化妆品卫生标准》参照欧美化妆品法规将含铬和钕的物质列入禁用。9 月 14 日，原质检总局向社会通报，检测 SK－Ⅱ 品牌 9 种化妆品含有禁用物质铬及钕 $0.77 \sim 2\mu g/g$，卫生部同时认可此检验结果，认为其检验依据明确。新华社随即报道，铬、钕对人有伤害。此后，原工商局勒令国内各大商场将 SK－Ⅱ 全部撤出柜台，经营 SK－Ⅱ 的宝洁公司经过一段艰难曲折才同意向国内消费者做出退换货的决定。

但此后，韩国食品药品管理局经过检测认为 SK－Ⅱ 是安全的，中国台湾和中国香港独立抽检后也认为 SK－Ⅱ 是安全的，虽然 9 种 SK－Ⅱ 产品皆含微量重金属铬、钕。

同年 10 月，原质检总局、卫生部发布，认为宝洁公司确认不是在生产过程中有意添加铬、钕，检出的微量是原料带入的。

经业内专家评估（注意，没有提供数字、对比等），"正常使用含微量铬和钕的化妆品对消费者的健康危害风险较低。截至目前，未证实有化妆品因含微量铬和钕而损害消费者健康的情况发生"。允许宝洁公司继续销售 SK－Ⅱ。

怎么会发生这么搞笑的事情呢？也许有人认为这是一个权威机构在自打嘴巴，但实际上背后还有更多别的因素在主导。

质量无小事，如同安全一样，越是小问题，越需要高度重视，同时，社会的关注更是前进与后退的最终决定力量。

这个时候，标准不是唯一的。

广东省玩具协会常务副会长觉得美国人打击中国玩具产品的行为是不理智的："不合格、不符合标准的产品，在哪个国家都有，但不能以偏概全、蓄意扩大化，中国的玩具占美国市场的份额这么大，试问中国玩具产业受损，对美国又有什么好处？中国玩具制造的地位，目前在全球是无可替代的！"

但是，这是中国迈向质量制造强国的借口吗？

如果我们只是制造大国，那无话可说。

非完美性运作或者叫非完全符合。

在按照某个标准，或者按照 ISO 9000 来管理实验室时，管理者总是设想一条非常完美的路线，一个非常好的过程，因为世上已经有这样完善的方式。但是，令一些管理者忽视的是，即便操作规范设定得如此完美，实际中操作总是有出入的，不仅因为操作人的理解问题，还因为客观条件或者必须检测的目标发生了变化，总是不能够与想象完全符合地运行。

管理者应该建立一套完整的标准评估体系，设计并建立一个完善的标准及评估系统，对标准所产生的问题以及一些不同的反对意见进行收集，科学客观分析出可能或已经产生的消极作用，并进行详细的记录，必要的时候，为修订标准做好相关准备。

对于国家强制性标准，尤其需要考虑到这一点，如果不能基于大量的比较客观科学的数据，那么对强制性标准进行各类专家审查是必要的。

专家审查必须区别于一般事实上的权威评估，特别是强制性标准，应该考虑各种不同领域、不同层次专家的客观意见，在真实情况收集基础上，充分考虑一些基层专家的意见。最重要的一条，如果从来没有做过这个事情，请不要自封专家。

标准是对设计、生产、维修等环节的一般规范，执行标准是为了避免产生已知的质量缺陷。标准无法杜绝人们认识以外的缺陷或事故，执行标准也会产生额外的成本开销，但这不应该是批判或放弃标准的理由。应该从缺陷、事故中吸取教训、完善标准，这也是持续改进的思想。

第六节　客户需求与社会需求的矛盾

毋庸置疑的是，质量的要求主要是符合客户的需求。

有这样的一个故事似乎能很好地说明双方的矛盾。

一个家庭中有一位年轻的母亲和她的孩子。如果把家里的小孩当作客户，很显然，母亲在满足这位客户的需求方面做得非常好。某一天，这位生病客户很想喝可乐。这位母亲很快就把可乐带到小孩的面前，小孩很高兴地看到母亲把吸管插进了瓶子里。但是，小孩喝了一口就被苦得皱巴了脸。因为他喝的不是可乐，是中药——他的母亲把吸管插入了被可乐遮住的中药瓶里。

这里如果把母亲的需求当作社会需求，那么小孩的需求是客户的需求，两者明显是非常矛盾的。

但是解决这一对矛盾所采取的哄骗策略则是不倡导的。

不可否认，苹果公司的客服非常优秀，这离不开苹果对消费者需求的高度关注。但是，即使是这样的大公司，也一样存在着一些不容忽视的问题。有用户反映，iPhone手机电量在60%时会突然关机，而售后不承认苹果电池有缺陷，尽管国外市场宣布召回产品，但中国不包括在内。本来坚持客户就是上帝，但由于中国社会在苹果高管意识里"非我族类"，因此产生了"区别对待"。只是后来因中国监管部门介入，中国消费者的需求才得以满足。

然而，在现实社会生产中，有一些客户的要求被满足了，却与社会需求产生了新的矛盾。

对于金属材料的生产技术，原来公认国内的质量差，日本的质量好。后来经过多年实践，国内金属材料的品质上来了，人们也清楚国内的也不差，有些钢材质量甚至更好，凡是出口的都免检了。在国内许多官方背景检测机构都认为国产钢材传统性能的检测基本可以放开的时候，金检在检测将被运用于港珠澳大桥的螺纹钢时，依旧老老实实做好螺纹钢每一个项目的检测，坚守了底线，保证了港珠澳大桥工程材料的质量。港珠澳大桥建设涉及国计民生，其安全性需求一丝也不能放松。

主要的社会需求矛盾，一般是环境保护，或者是涉及国家的机密，人民的生活环境、生命安全、身体健康等方面。

西方发达国家很多企业都把社会责任放在首位，但在满足社会需求的同时，很可能产生新的成本以及造成不必要的时间上的浪费。因此，这是一种令企业在实际中困惑的矛盾，如何解决这样的矛盾也是今后必须研究的一个课题。

但与此同时，很多时候客户的需求同时也是社会的需求。比如飞机的制造，又比如高铁、机场、铁路等基础设施的建设。

中国这些年发生的很多药品事件都彰显了一个主题，就是忽视了客户、消费者真正的利益。有的商家为了攫取利益不择手段，甚至卖假药，完全漠视了消费者的生命安全。

三株口服液在20世纪90年代诞生，很快成为中国保健品的领头羊，在不到10年的时间里，在全国各大中小城市拥有600多家子公司、5万员工，销售额达80亿元，开创中国保健品业新纪录。但是，好景不长。1995年，广东省卫生厅公布《关于吊销三株口服液药品广告批准文号的通知》，对三株口服液"虚假广告"进行处理，央视《焦点访谈》也随后对其进行报道。1996年发生了常德事件，一位消费者因饮用三株口服液死亡，家属把三株口服液告上法庭，一审宣判三株口服液败诉。

就是因为不切实按照社会的需求发展，只顾自己的利益，引发了导火线，庞大的三株帝国瞬间崩溃。

第七节 科学精准管理与缺乏专业素养的矛盾

一、科学精准

什么叫作科学精准呢？姑且举个例子。

千克，是一个很普通的重量单位。它的定义和概念都很清晰，世界上绝大多数人都不会对此有什么质疑。质量单位"千克"是国际单位制中七个基本的单位之一，在很多领域有着非常重要的应用，诸如铁路、飞行器、芯片、化学工业、精密仪器、机械制造等。

两百多年前法国人的一千克定义：一升水在冰点时的质量。早期千克的定义来自商贸需要，人们创造出实化仪，用来专门定义质量水，这并不方便和精准，如1795年制造的千克基准器差了将近0.08%，1799年欧洲科学家测量发现1升水的质量……后来人们用人工金属制品作为质量标准物质。

1799年，纯白金原器，"档案局千克"，一千克即为其质量，这个标准一直到19世纪90年代后才改变。1889年，巴黎国际度量衡局（BIMP）用一个90%铂+10%铱的铂铱合金圆筒重新定义了一千克的质量。

不过，受环境影响，1992年，通过与其他原器比较分析，法国这个实物基准增重了50微克。对于现代迅速发展的高精尖科技测试等需求来说，这明显是个巨大的偏差。

2017年，美国标准技术局（NIST）斯蒂芬·史兰明格团队公布了普朗克常数新的精确数值，将普朗克常数的测量精度提高到1.3×10^{-8}。

2018年11月16日，第26届国际计量大会正式更新国际标准质量单位"千克"的定义。新的"千克"，以普朗克常数为基准，即将机械力（移动1千克质量）换算成电磁力（由普朗克常数表达），再通过质能转换公式计算出来。

二、科学精准管理的现实需求

现代社会化大生产已经离不开科学技术，离不开系统科学的管理。随着中国产业新转移，越来越多的行业迫切需要科学精准管理。

比如疫情就需要高质量的科学精准管控。2021年5月21日以来，广州再次出现较严峻新冠肺炎疫情，虽后又波及佛山、东莞、深圳、湛江、茂名等多个城市，但广州迅速做好流行病学调查，第一时间锁定感染源，分析出病毒株来自印度；第一时间区分出密切接触者150多位，让他们全部多次做核酸检测，精准查清传播链；第一时间隔离一些中高风险地区，严控进出，加强环境病毒消杀和个人防护，联防联控；第一时间严防向省外溢出，要求离省、市都要凭健康绿码及 72 小时核酸检测绿色（阴性）证明，后来在发现阳性患者数量增多时，将 72 小时核酸检测绿色证明进一步改为 48 小时核酸检测紫色证明，甚至是 24 小时蓝色证明。

同时，紧盯重点领域关键环节，如抓好机场、港口、医院、学校等重点人员疫情监测，反复多次按传播链分区分段依次组织全市人员核酸检测。为集中医疗力量，曾一度暂停疫苗接种，改为更频繁、更广泛的核酸检测。

为此，中国工程院医药卫生工程学部院士钟南山感慨万分，高度赞赏广州这轮疫情精准防控成效："德尔塔变异毒株传染性比普通株高 1 倍……要是没有采取有效措施的话，根据模型预测，同一时期内广州大概会有 730 万人被感染。"

针对这次发生的疫情总结经验，同样显示出在钟院士率领下的科学精准：一是不必增加隔离时间，要加强检测频度；二是建立更符合规范的五千个独立空间国际健康驿站。

但是，如果基层工作人员工作不细致、不到位，工作质量有纰漏，那么对人民群众各方面的影响还是很大的，应该有一个及时的跟踪监督机构和及时的纠正措施，包括用于纠正的人力和物力。

三、专业素养的缺乏

在更多领域更广行业，中国在科学精准的普适性要求方面还须向世界管理最先进的国家学习。

美国的高层管理人员通常是一些金融、法律、电子信息等方面的精英，他们接受了高素质的教育，建立起了职业经理人制度。曾有高层人员介绍说他们不管是从常春藤名校毕业还是从普通高校出来，习惯做任何事情都先建立模型，然后精密地计算或精确地仿真，只有通过了模型的检验和预测，才敢放心踏出第一步。但在中国不同，一是中国某些管理层，尤其是中小企业老板，很少具备高深科技、金融、法律等现代先进教育背景；二是没有迫切需要和条件建立现代职业经理人制度，通过个人努力能够拼搏出成果来就很成功了；三是受中国传统思维，着重太极式管理和人际关系能力，意识上没有科学管理的概念，更没有精准、精益求精的探索精神。

也许有不少人会认为，比尔·盖茨和乔布斯年轻的时候都没有从大学正式毕业，但不是同样具有无与伦比的专业素质吗？殊不知专业素质和大学毕业不能画等号，中国个别企业高层管理者有研究生学历，但是其专业素质在实践中自觉应用方面真的不敢恭维。

2008年，全球金融危机爆发，中国也难免受到影响，2008年全国企业有40.6万户注销，46.54万户被吊销；2009年注销也有37.86万户，39.61万户被吊销。遗憾的是，全国破产案件数量却远低于《中华人民共和国企业破产法》出台前，这说明极有可能是很多企业没有依法经营。

从某个角度来说，没有实行破产保护而消亡的企业往往不习惯运用科学思维作科学决策，不实行科学程序，不按法律法规办事，同时也反映了企业缺乏大量的高素质人员，更勿论科学精准。

被视为亚洲暴发户的韩国表面上看一片光鲜，但具有科学素质的国民还是普遍缺乏。韩国由于实行的是国家品牌战略，大企业如三星、现代等固然科学素质很高，但是不代表小企业、广大的国民整体素质达标。

韩国建筑业就暴露出这一严重问题。三丰百货大楼倒塌事件非常恶劣，原因有多方面，其根本原因是大楼随意改动，承重早已出现隐患，长期以来没有任何监管部门发现问题。而直接原因是大楼楼顶空调机的移动压塌了整幢大楼。没有人留意到，更没有人分析考虑三台大型水冷式冷气机注满水重量达80多吨，而大楼设计标准承重不足以负荷其重量的四分之一，建筑时的偷工减料更是让立柱钢筋结构柱子承重能力降低近一半，隐患早已埋下。

当大楼已出现明显的大裂缝，设施经理也留意到裂缝在不断扩大，并且结构工程师分析后建议老板关闭百货大楼马上维修时，完全没有科学素质、没有危险意识的老板坚决不同意。最后，几百条生命丧失了生存的机会。

韩国的圣水大桥，1979年建成通车，是采用了当时最先进工艺建造的大桥，但在1994年，仅仅建成15年之后就断裂，造成1辆面包车、4辆小汽车和1辆公交车掉到江里，32人不幸遇难。这个桥梁经过了周密的计算设计，每一根钢筋的长短粗细甚至是角度都经过了非常精密的计算，误差几乎为零。但是建筑过程中有明显的偷工减料，10毫米规格的钢板有些只用了8毫米；由于工程紧，一些钢筋熔点还没有到就开始连接了；另外大桥的钢材质量也有很多问题，这些都为最终事故的发生埋下了隐患。

四、 科学精准的技术要求是时代发展的大趋势

我国每年向美国出口大量复合木制品，美国人喜欢用木材建造和装修房子，不过需要注意的是，复合木制品对人体健康的安全标准不容忽视。

2017年12月生效的美国《有毒物质控制法》第Ⅵ部分规定了复合木制品的甲醛释放标准。早在2010年，美国就出台了新的《复合木制品甲醛标准法案》，对硬木胶合板中的甲醛释放限量值规定更加精准、更加严格，单板的芯层释放不大于0.05μg/g，而我国相应的强制国际标准GB 18580规定的则比美国的要宽松，普遍在0.08μg/g。别小看这一微小差异的数值，其影响是致命的，对人造板生产技术和质量控制要求非常高。有分析认为，美国2017年12月开始正式实施2010年制定的法案对我国家具出口业可谓雪上加霜。

在化妆品市场，中国和欧美的质量意识差距更加明显。国内许多人对化妆品的要求基本停留在美白、色彩、价格及所谓的品牌上。但是欧美消费者则非常注重化妆品有无添加违禁配方、原料，是否有重金属等有毒有害物质，以及这些有毒有害物质是否在可控范围，等等。发达国家化妆品监管也非常严格，如欧盟修订化妆品法规，将二苯酮-3在防晒化妆品中的最大使用量由10%降低到6%，出入境都必须经过权威机构抽样检验。据美国FDA的统计，中国输美化妆品不合格原因有检出"不安全色素""含有有毒有害物质"，而眼部彩妆检出不安全色素占通报的一半以上。

科学精准还包括技艺精准。我国目前欠缺的是大国工匠精神，在国家政策及相关社会待遇等方面有欠缺。

科学精准还包括管理精准，如疫情管理，要精准到每一个人，充分运用高科技大数据手段，大力发展量子科技。美国科学家评价称美国政

府这次疫情放弃了科学管理，英国更是采用群体免疫，以为可以逃过此劫。事实证明，西方对人的管理精准认识上非常不到位，意识上个人的自由凌驾于社会安全和他人安全之上。

对于商品宏观管理上的精准，目前国内可以通过信息科技来实现。如二维码商品溯源系统、农产品溯源体系、食品精准溯源制度等，让商品信息透明化、可追溯化，让假冒伪劣商品无处容身。

五、 精确测量之精确思想

精确首先源于专业，专业的事情尽量由专业的人员来做，只有越来越专业，精确才能成为可能。

中国历来工匠、艺术家都强调精益求精。检验是保证质量合格的一个重要手段。而如何保证检测质量，测量技术在这方面起到一个至关重要的核心作用。

测量技术的一个最基本的认识论问题就是，测量结果能否达到与真实值一致？人们在很早之前就达成统一的认识，即永远不可能一致，只能无限逼近。早期科学家认为，测量值和真实值有一个测量误差。目前按照国际标准，测量不确定度是测量所必须考虑的一个因素。

测量不确定度的概念目前在中国特别流行，大家都以为这是一个非常科学的概念，也是一个非常时尚的概念。测量不确定度是指表征合理地赋予被测量之值分散性，是与测量结果相联系的参数。

测量不确定度的概念和基本理论承认了测量值具有分散性，不仅仅是和真实值存在不一致，每一个测量值，严格意义上也是不一致的，而它们的分散性值得注意。

虽然测量不确定度很好地表达了被测量值分散性、测量结果稳定程度、测量过程的可控程度，以及测量能力强弱程度，但是，从其根源程度来说，这一理论代表了人类目前对测量不精准、不精确的认识，意味着对每一测量结果都认为是不精准的、对其有效性存在怀疑程度或不确定程度，就是一个说明被测量之值分散性的参量。它并不说明测量结果是否接近真实值，反而肯定认为结果不可能和真实值完全吻合！放大一点来看，它实际上是不可知论披上了一层科学的面纱，和误差理论完全相左，与马克思主义的观点实质上相违背，是不可知论的一种表达方式。

第八节　高成本与安全、效益的矛盾

一、质量与成本是一对冤家吗？

　　欧洲的协和式客机曾经是航空界的"天之骄子"，以速度和高科技著称，平均巡航速度达到了 2 474 公里/小时，即从广州到北京不用 1 个小时，目前中国民航客机则需要 3 个多小时。当年，伦敦飞纽约一般需要 8 个小时，而协和式客机则只需要 3 个多小时，由于有着 6 个小时时差，有乘客玩笑道，"我还没出发，就已经到了"。协和式客机开创了高速飞行的新时代。

　　赢得速度就是赢得时间，从而赢得生命，但失去了质量，一切都不复存在。

　　支撑协和式客机高速飞行的是顶尖的高科技，而领先的技术往往离不开高成本的支撑。

　　尤其是军用转民用，需要更加可靠稳定的质量，而这关键一点又是成本。比如，仿超音速战斗机的三角梯形机翼，4 台和英国皇家空军火神轰炸机同款的奥林巴斯发动机及当时普通客机所没有的碳纤维线控系统。

　　可是，技术的进步并没有进入应用正轨，人类超高速飞行时代很快就夭折了。其中一个主要原因就是高成本，为了保证高速度下的安全，不仅设计要一流，材料的质量也要一流，这样就需要加大很多制造成本和运营成本。投入和产出之间的矛盾使协和式客机最终在现实面前低下了高贵的头颅。

　　而导致这种客机消失的直接导火索是 2000 年 7 月 25 日的法航 AF4590 号协和式客机失事，该飞机的轮胎碾过另一架 DC－10 飞机发动机脱落的金属碎片，而轮胎产生的碎块高速击中飞机的油箱。这是一个偶然事件，但正是这个概率极低的事件造成了严重事故，令机上 109 条生命永远停止在原地，坠机的碎片还造成 25 米外的小旅馆内 4 人死亡，共有 113 名人员不幸遇难。

　　实际上在这之前，协和式客机已经实现了 24 年安全无故障飞行，只是这一次出的事故实在太严重了。

不过，令航空公司不得不放弃协和式客机的真正原因是，为了满足超音速飞行，必须采用当时最先进但又非常耗油的涡喷发动机。每架协和式客机飞行 1 小时，消耗的燃料就有 25 629 升。按从伦敦飞纽约计算，将消耗 89 708 升燃料。同样的飞行，波音 747 只需要 59 500 升燃料，协和式飞客机需要的燃料是波音 747 的 1.5 倍。更别说它的维护成本比普通客机高昂得多。

一流的设计，一流的制造，欧洲人对质量无成本的完美追求却还是挡不住如此重大事故的出现，不能不让人深思。在只有一定的技术和质量控制条件下，过于追求理想的目标是否真的有价值？

但是，追求完美的法国人显然不认同这一点，既要精美小巧，也要艺术奢华。

亮相于 2001 年日内瓦国际车展的法国雷诺威赛帝，其外观设计无与伦比，内饰更是豪华。高科技氛围、无钥匙点火系统、精密的机械感觉、宽大舒适的沙发，两段式靠背，10 向电动调节、电加热功能、前后排 8 个气囊，驾驶座的安全带双预紧器、可监测空气质量又可限制空气污染的单独传感器、可减少车窗雾气形成的智能湿度传感器、自动驻车制动器、可自动调整车速及安全距离的前车雷达系统，还有抗噪音极佳的音响等，能想到能用上的应有尽有，品质非同凡响。

但现实很残酷，此车一共售出 1 404 辆，2009 年停产前，累计亏损 16 亿美元，每卖出一辆车就亏损 2.54 万美元。

经此一役，雷诺只能在中低端乘用车徘徊。

如果要达到超乎寻常的好质量，在一定的社会生产阶段，通常要付出更高的生产成本和必要的社会劳动时间。这就不可避免地产生一对矛盾：高质量的成本控制和经济效益的矛盾。

俗话说，一分钱一分货，什么样的成本生产什么样的质量。

但是眼光放长远一点，好质量必然能够缩小生产的成本，因为随着管理水平的提高，生产的成本是线性递减的。当整个管理水平提高到一个新的高度时，生产的成本有可能比原来的还低，至少在人力资源成本方面会下降。为了控制成本，许多科技方法都必须在管理提高到一个新的水平上才能够发挥出来。

由于质量档次的提升，市场占有率也随之大大提高，这样利润控制比例会相对出色，因此这一对矛盾其实并没有那么难以调和，而是相辅相成、相互促进和提高。

中国最大的两家油企是中石油和中石化，但其产品技术和一些发达国家或者石油输出国还有一定差距，技术领先的国家充分利用技术手段制定标准，对每一桶油的技术指标、品质性能都控制得很严。为了抢占市场，在品质不如别人的情况下，选择单价更低，以量补质，薄利多销，也不失为一个好办法。

质量成本控制的目的既不是单纯提高质量，也不是单纯降低成本提高利润，应该两者最佳结合，实现价值目标最大化。

质量成本包括预防、鉴定、故障处理、质量提高和质量保证等方面的成本。在具体做法上，考虑确立质量成本责任制，分析影响的主要因素和客观条件，可先前期充分认证，再多做一些试验，进行充足的模型计算，最终实现整体最佳把控。

不过现实中也有自作聪明过于计算成本，最终折戟的案例。

福特Pinto平托车，1970年生产，外观出色，耗油少，价格便宜，但因为油箱设计在后轴下方，所以在追尾碰撞后，油箱很容易爆裂甚至爆炸。1978年8月在美国3人因此当场被炸而亡。后来7年间，有50场官司都是因为这一设计缺陷引起的。

但是，令人无法相信的是，当时福特二世采用"会计成本效益分析"计算得出赔偿比改进设计更节省成本的结论，加上没有强制召回，1981年，该车型作为福特臭名昭著的版本被广大消费者扫地下架。如果李·艾柯卡1979年没有被福特二世辞退，那么他绝对不会允许这种事情发生。

没有考虑成本的质量方式难以长久，因为企业的生存和发展首先就必须服从市场、利润及成本等经济运行规律。当然，国内某些企业以此为由在国外特别是非洲等欠发达国家进行质量投机活动，这既可耻也损害了国家的声誉，最终受害的还是国家和企业自身。这是矛盾的一个极端处置方向，正确地考虑质量和成本是企业首先必须考虑的一个基本问题。一般认为好的品质需要更高的成本来保证，利润和质量控制成本的曲线是反比关系，但在实践中，通过技术进步、合理的生产经营、科学的质量控制，利润和质量控制成本的关系有可能变成正比，国外许多知名大企业都在实践中做到了这一点，这个也是企业应当适当投入的一部分。如奔驰，属于最先开展智能驾驶、辅助汽车安全行驶的企业之一，额外的质量成本投入是必需的，也是巨大的，但是因此得到的市场利润是不可估量的，特别是半智能辅助行驶技术不仅减少了汽车行驶故障的问题，而且保证了人员的安全。

为什么奔驰汽车能这么做？不仅是因为要领先市场，还是基于真真正正为人民服务的一代代传承下来的根深蒂固、牢不可破的质量意识。

二、 平衡成本思想

在现在纷繁复杂、快速多变的商品经济中，几乎所有的市场商品生产都需要考虑资源配置、成本价格等因素。在古代，可以不计成本，劳民伤财，大兴土木，为了达到目标，可以采用当时所能提供的一切手段、技术，不惜一切代价。如万里长城、嘉峪关、京杭大运河、金字塔、罗马城等大工程，上千年过去了，经受了多少风吹日晒雨淋，多少战乱摧毁，至今仍然屹立不倒，甚至有些仍有使用价值，工程质量非同凡响！

一些历史学家认为，如果秦朝不修万里长城、隋朝不搞大运河，它们也许不会那么快灭亡。但是历史没有也许，这逃不开人类共同的质量命运：人类的发展必须由一件又一件质量工程构筑，这不是某一个人、某一个时代能够阻止的。但今天不同了，即使是庞大的工程，如中国的大飞机制造、新航线开创、南水北调、三峡大坝、港珠澳大桥、"一带一路"、雄安新区等建设，首先都需要考虑成本，在经济成本基础上实现质量保证，而不是相反。

日本汽车在安全碰撞上总能拿五分，不管是欧洲的碰撞标准，还是美国、中国的碰撞标准，日本汽车普遍表现优秀。

这就提出了一个非常重要的问题，如何在成本一定的条件下保证质优物美？即便是相当有财力的企业，如谷歌，为了自动汽车梦，投入之大，前所未有，但也未能做到。

平衡成本有如下做法：

（1）如建筑设计时充分应用结构力学。结构力学的合理应用是平衡成本的好方法，如果一栋高层建筑不计成本，只要保证质量安全，那么很简单，尽可能地使用钢材，无须结构力学的知识，也无须专业的计算。

（2）裁员。平衡成本一个典型的做法就是裁减人员，减少人员成本。人员的成本通常占相当大比重，特别是一些高新技术企业和工厂。裁员一般不会对质量产生直接影响，但长久来看，还是可能会存在问题。最好的办法是裁减冗员，尤其是一些与质量、生产、管理控制无关的人员，必要的时候考虑提高自动化水平或智能化水平。

（3）提高自动化水平或智能化水平。初始的投入是必要的，增加成本是无法避免的，但如果结合人员相对减少、生产规模有效控制、管理水平大幅提升、生产效率不断提高，整个成本必然会慢慢降低。充分发挥科技力量是一个非常好的既降低成本又提升质量的办法。

（4）增加投入。增加投入和降低成本好像是相互矛盾的两件事。但在实际操作中，与增加科技投入从而最终降低成本类似，在某些方面增加投入，也能起到既提升质量又降低成本的作用。如新加坡航空公司就采取五年淘汰一机型，用投入资金购买新机型的方式保证飞机跟上潮流。这样做的目的一是不需要投入资金用于大维修；二是不需要再投入配套的各种培训；三是由于飞机永远处于崭新状态，能吸引顾客；四是节省了飞机缺勤时间，降低时间成本，还可以将被淘汰的飞机转手卖给别的航空公司从而冲抵支出。经过周密的成本核算，这样的处置方式表面上是增加了投入，实际上则是降低了成本，质量也得到根本的保证。

但并非所有不计成本的做法都可以保证质量。如印度航空母舰，不计成本投入购买了俄罗斯、英国等生产的航空母舰。但是，由于种种原因，这些航空母舰在相当长时间都没有形成有效战斗力，甚至根本难以出海。又如韩国的"日本宙斯盾"等项目，意图监测朝鲜飞弹，但在朝鲜方试射了几次飞弹后，发现其系统起不到一点预警作用。

所以，在平衡成本的前提下，如何保证质量？

首先是要抓住质量点。所谓的质量点，是指在质量管理系统中关键的要素，或者是核心要害部位，一切灾难的发生，都不是偶然因素，而是一系列关键事件协力的结果。

其次是要抓住质量主线。质量点串联起来的每条线都可以看成质量主线，每条主线也有主次之分。如果质量点或质量主线受到负向的影响，则可能直接影响质量，甚至出现质量事故。

最后是要注意质量主线机制和运作方式。抓住质量点和质量主线之后，还必须注意到质量主线机制和运作方式。这个是无形的，包括组织架构运作方式、基层人员习惯作业程序、SOP、质量控制关键处置程序等。如果主线机制和运作方式都受到影响，质量隐患很可能会不可避免地爆发出来。

第九节　美与实用的对立统一

追求美是人类的共同之处。但是如果这种东西既不实用又需要付出不菲的代价，那么就不一定有多少人能够接受。一些怀着设计理想、凝聚着大量心血的车型，如1957年福特推出的EDSEL，仅仅过了四年就不得不停产，该车型不仅外观得不到认可，质量评价也很差，福特公司因此车型损失竟高达3.5亿美元。当时的《时代》周刊评论，这是一个在错误的时间，针对错误的市场，推出错误的汽车的典型。

此外，类似的还有菲亚特Multipla、保时捷C88、奇瑞QQme（出自意大利设计大师Enrico Fumia）、庞蒂亚克AZTEK等。

因此，美观与实用其实在多数情况下，特别在经济还相对落后的环境下，总是让人难以抉择。中国早期生产的汽车，如红旗、东风、解放等品牌，其外观还是相当漂亮且有特色的，但是改革开放引入国外汽车生产线相当长一段时间后，国产汽车的外观反而变得难看了，直到最近几年，国产的吉利、荣威，包括新兴的电动车品牌小鹏等车型，其外观才恢复美观，特别是红旗H9，其外观豪华高贵可堪媲美劳斯莱斯，消费者单从这一点就可以判断，中国汽车的质量上档次了。

一般来说，实用性总是客户首选的要求，但如果是特别喜欢，或是艺术性很强，经济又允许情况下，美的东西则带有令人无法舍弃的非凡吸引力。

在质量管理水平普遍相当高的环境下，实用与美其实可以相互一致，互相统一。比如空客380既拥有美丽的机体形状，又兼具实用性。

产品的质量、艺术和美，催生了一个全新的行业——工业设计。区别于手工业的工艺品,工业设计首先是现代化大生产的需要。产品的实用性、艺术性、环境相关性和消费者心理需求等都是工业设计的基本课题。

什么是工业设计?工业设计的核心是体现质量价值、高端品质。早在1980年,国际工业设计协会就给出了工业设计的概念:"就批量生产的产品而言,凭借训练、技术知识、经验及视觉感受而赋予材料、结构、构造、形态、色彩、表面加工以及装饰以新的品质和资格,这叫作工业设计。"

成功的工业设计是生产方式、科学技术、质量管理、文化艺术和消费者预期、社会自然环境客观需求等多方面的完美结合。工业设计包括功能和外观两大方面,事实上,环境的相关性也需要考虑入内。艺术设计方面更是可以细分为环境艺术、媒体广告、装潢装饰艺术、工艺美术、视觉传达等,日新月异的电脑技术让艺术设计如虎添翼,事半功倍,"让技术达到艺术的标准"。

第十节　极致与结构的对立统一

按照中国当代质量管理的流行观点,服务可以尽可能完善,但产品无须也不可能完美无缺,而且生产完美的产品代价高昂,不符合市场规律。如日本汽车在广东等地有大量市场,是因为广东人普遍较为实际,车是用来开的,不是用来撞的,而日本汽车故障率低,车内环境和座椅相对舒适,务实的广东人特别喜欢日系车,在他们心目中日本制造就是质量的代名词。

有一位朋友,平时十分欣赏美国车,购买的第一辆车是一辆美国原产雪佛兰吉普车。刚开始非常喜欢,但用了几年后,发现受不了它的油耗,而且车有小故障还找不到配件维修或者要等许久,用起来非常不方便,后来换车的时候本来首选红旗,但听说新款红旗SUV十年包修后就不敢买了,最后购买了日本原装进口斯巴鲁。他的观点源于实际教训,认为所谓的十年包修,就是十年内有可能需要修理 n 次,并且可能每次时间都很长。

别小看这种质量意识的影响,山东人和浙江人明显将安全、生命放在比实用舒适更重要的位置，因此在他们心目中欧美系车才是正道，哪怕平时会有些小故障，经常要维修。

就是这么一点普遍质量意识的区别，导致了不同系车在各地的差异化销售情况，即便做了不少广告也影响甚微。

事实上，在经济状况依然较差的地方、在民族工业依然落后的国家，不得不考虑非完美主义。

现实是残酷的，追求完美代价实在太高。极致的追求必然导致整个组织结构、质量工程结构的不适应，在目前整个社会生产还不够科学、技术精度不够高的情况下难以适应其中核心要求。实践中就有不少直接照搬国外先进生产失败的例子。

欧洲许多绿茵遍野的城市景观给国人留下了深刻的印象，他们种的树固然好看，松树居多，但关键一条，总是留出一大片非常美的草地，由山脊、山腰一路引下，到山脚变得豁然开阔，这样看起来，整个环境质量相当好。国内一位小城市管理者对此也颇有同感，下定决心投入经费学习。他引进国外优质草种，在所管辖的城市把许多围墙拆掉，尽可能多地种上草坪。一开始确实相当好看，但后来禁不住人们践踏，维护费用很大，以前围墙还可以遮挡一下，这么一来，遮挡也没有了，由于管理不到位，乱七八糟的问题就出来了。

由此看来，许多美好的事物在中国现阶段不一定就适合。因此，美国人克劳士比鼎力推行的、在美国大受欢迎的零缺陷质量管理方式在中国遭遇意想不到的挫折一点也不奇怪。按照中国人目前的质量哲学，零缺陷的目标暂时无法企及，实践中根本做不到，他们就不再去理解克劳士比的真实意图。

近段时间，森林动物们都在学习达尔文的进化论、爱因斯坦的相对论及时空观和辩证唯物主义。

一天，一只老鼠刚好学习完了达尔文的进化论，它深刻领会了其中的真谛，然后勇敢地跑到一只小猫面前，说："你现在不能吃我了，知道吗？"小猫问："为什么？"老鼠告诉小猫："因为达尔文说了，人类是由动物进化而来的，我们老鼠在人类出现前就已经出现了，所以，我们在人类的进化过程中起到了不可替代的共生作用，是我们陪伴着人类进化。如果你们把我们杀光了，地球上没有老鼠，这个时空的平衡就会被打破，人类也就不会出现，我们就不能为人类提供服务了。"

小猫："好像也对啊，但是如果我现在不把你吃了，我又怎么能够为人类提供服务呢？"话刚说完，就一爪把老鼠逮住，一下子咬死了。

也许有人认为，这只是个虚构的故事，现实中，根本就不可能有类似的事情发生。可是，这个故事在现实中是能找到影子的。如果把老鼠看作质量管理中缺陷的根源，那么在目前中国，不少人对质量缺陷仍存在很宽容的心态，认为质量缺陷是不可能完全消除的，因此，消不消除无所谓，能消除最好，不能消除也不要紧，对质量影响不大，对用户的使用影响不大。如果他们能够有小猫那种绝不留情、毫不容忍的态度不愁质量不提升。

极致与结构矛盾的另一典型表现就是工作周期与工作质量之间的矛盾。这对矛盾实质上是极致完美要求与现实组织结构、组织能力不足之间的矛盾。不管在什么样的场合，这通常都是一对难以调和的矛盾。如果想要保证工作质量，那么往往需要一定的工作时间来保证。如果工作周期短了，就往往容易在实际工作中出现差错，因此在规定的工作周期内，如何保证工作质量通常是一个不容忽视的难题，也是保证整体质量不下滑的一个必须回答的问题。

目前，中国质量管理有一种看不见的趋势，就是结构完善主义，如体系不懈追求完善，组织结构不断更新，决策结构不断适应形势变化，监督体系结构会根据组织需要和技术发展不断调整。从这个角度看，极致和结构达成一种现实的默契，可以预见在不久的将来，极致和结构将高度一致。

第十一节　随意行政命令与体系机制管理的矛盾

大多数企业领导都喜欢个人独断专行、个人说了算。对于很多通过ISO 9000质量管理体系的企业来说，所谓的规章制度只是置身底下人的管理，特别是核心的管理层，虽然表面上也会遵循规章制度，但是实际上决策都是随意的。如果把公司比喻成一个健康人的成长和成熟，那么，这就相当于一个正常人，永远也长不大，永远受制于别人的大脑，没有自己的思维。这样的企业并不利于以后的长期经营，质量问题也会随着时间的推移、生产经营的扩大而不断地扩大，质量不可避免地会出现问题，因为企业真正的体系未能建立。

管理者往往喜欢越过已有的法律规章制度，直接以口头命令或者强制指令，向下属传达自己即时的意图，而不考虑这样的意图是否影响整个作业环节和质量系统。因为管理者本身，或者说其潜意识里就认为自己的想法是正确的，是无可非议的，是不容置疑的。就连一些非常懂经营管理的高层人士，也往往喜欢不通过法律或者规章制度来达到自己的目的。

当然这样有一个好处，如果管理者的决策正确，那么其效率是相当高的，在市场信息瞬息万变的情况下，若决策人能紧跟市场的步伐，随机应变，必能打下一片江山。

但是，作为一套成熟的质量管理体系和质量管理机制，这样人治的结果往往是兴则繁盛一时，败则全盘皆输。

首先要把质量管理看成一个系统，因为必须完成质量这个系统目标或者说达到有质量系统功能的目的，所以系统管理的主要矛盾不仅包括高层管理者和被管理者之间的矛盾，而且包括系统里面的人的关系，这就又回到了之前的一个问题——活系统和死体系运作之间的矛盾。

此外，还有一些常见的矛盾也很值得探究，但由于篇幅有限，这里不再赘述，如遵照体系、教科书执行与机动灵活执行之间的矛盾；完全严格执行标准与有机执行标准之间的矛盾；听命于客户与社会环保之间的矛盾；听命于个人与集体机制之间的矛盾；等等。

第五章　质量互变原理

质量管理中，量不可变成质，但没有量，绝不会有质；质也不能变成量，但没有质，最终量只能归零。

第一节　质量互变的概念

事实上，质量互变定律本身的概念和本书所需要阐述的质量和量变的概念是统一的。质量中的"质"在相当大的程度上包含了质量互变中"质"的意思。质量中的"量"与质量互变中的"量"可以说是概念不同，一个是辅助，另一个是主导，但在一定程度上反映了相同的内涵和意义。

质量管理中的质量互变，主要指的是在质量管理过程中发生的质的变化和量的变化，并非单纯指产品的质和量。在一定管理水平基础上，只有量的变化，比如，企业或工厂的质量管理即使做出了最大的努力，也没有多大的起色，没有根本上的好转。当然，这个根本上首要是指产品质量还是上不去，改变不大。投入不小，效果却微乎其微。这点对于不少热衷于搞体系，搞6S管理甚至10S管理的管理层来说，无疑是难以接受的。他们想当然认为，只要按要求做，质量一定会上一个台阶，但现实很残酷。

由于改革开放中国企业最先学习的是日本模式，因此日本的5S管理到了中国加上了中国人的安全意识后便成为6S管理模式，即整理、整顿、清扫、清洁、素养，再加上安全成为6S。中国企业，特别是有日资背景的企业十分青睐这种管理模式。

实际上，早在1955年，日本的5S管理就已到处宣传："安全始于整理整顿，终于整理整顿。"

当时日本电视台节目常常教导观众收拾房间。如何收拾好房间，其实要说简单也很简单，就是及时把东西清理出去。如果所有东西都清理完毕，一样东西都没有，房间自然是干干净净的。但是日本人不会这样告诉你，因为他知道房间里不可能不留一点东西，他告诉你一个复杂的过程，一个严谨规范的作业流程，最后你还是会把东西扔出去。这就是日本人的高明之处。

"二战"之后，日本集中精力从事企业生产和社会管理的改革。丰田公司的崛起是这个帝国的标杆。由三井财阀控制，总部设在日本爱知县丰田市和东京都文京区的丰田公司从 5S 管理入门，到精益生产；从创造心旷神怡的工作场所，把企业内外形象整洁化，到作业程序化，及时交货、及时出库，降低生产成本；从安全生产到严之又严、精之又精的高度标准化。丰田公司可谓是日系企业的最佳典范，直到现在，其品牌价值依旧高踞全球汽车界前几名。

但这些只是丰田创造神话的一面，其另一面需要全面了解，才能更好接近它的原貌。

1936 年，丰田卡车由于产品质量差而销售不景气，但是随后日本发动了侵华战争，日本的军队大批采购了卡车，丰田所有的库存车当即销售一空。这让丰田大赚了一笔。

但战后的日本经济一片混乱，丰田的损失也很惨重，直到 1949 年，丰田的汽车生产才慢慢进入了一个相对稳定的轨道，但是经营危机也随之出现了。

1950 年，丰田经历了劳资争议、精简职员等经营危机。1950 年下半年朝鲜战争爆发之后，美军为丰田公司提供了 46 亿美元的巨额订单。

虽然 6S 管理与现代先进质量管理方式相差甚远，但不得不承认，简单粗糙的 6S 管理好像还是较适合目前阶段的中国企业。按照 6S 管理的许多企业，工人必须更换拖鞋才能进入车间，车间窗明几净、一尘不染，即便在一些看不见的部位，如一些机器的油箱，也是清澈见底，没有一丝污染。物品摆放得整整有齐，作业井井有条，工人态度一丝不苟，管理严格谨慎、周到细致，横到边，纵到底。丰田也是如此。

量变产生质变，日本人通过长期艰苦的劳动，形成严格的体系后依然执着坚持，持续改进，一步步量变积累到一定程度就变成了质变。日本企业在 20 世纪 80 年代后普遍飞跃，引领世界潮流，与这些量变到质变有着密切的关系。

日系企业许多采用 6S 管理方式，美系企业在 20 世纪则普遍开创体系管理方式。在这两种管理方式刚产生的时候，大家都表示怀疑，但随着时间的推移，两国企业的成功自然而然打破了怀疑，业界更是普遍将其归功于体系管理的成熟，特别是中国的企业管理者、管理专家、检测专家们，20 世纪 90 年代后热衷于引进这些带有科学头衔、理论体系的管理方式。

第二节　正向质量互变

美国企业善于创造标准化的世界。但是如果单纯以为美国企业只是创造标准、制定规则就可以高枕无忧、坐享其成，那这种想法是很片面的。美国企业不仅严格地遵循标准生产，还做到按照自身实力、环境等因素，把标准的执行落实到每一点。标准十分重要，比标准更重要的是执行。不过标准的执行对它们来说，只是很基础的一方面。生产的系统化、科学化和创造性，才是美国企业最主要的特点。

1916 年成立的波音公司可以说是当今世界航空航天业的巨人，特别是在航空领域，几十年来稳执全球航空牛耳，如果它谦逊只认同自己排第二位，估计没有哪家公司敢称第一。

波音公司的客户遍布全球 90 多个国家和地区，其进一步扩张的势头尤为强劲，目前其资产估值超千多亿美元，拥有各国各地区员工总数超过十多万。

波音公司是美国质量标准的标志，也是全球飞机制造标准的标杆，同时也是现代质量管理标准的缔造者和领袖。

这些都源于一点一滴的积累和艰难的质变。

波音和福特都是正向质量互变的典型，一旦确立了体系，生产力马上能得到体现，但是现在的国人往往忽略了关键一点：结合自身质量管理实际情况。

在 20 世纪初的美国，波音只是其中一家最早制造飞机的公司，但是它很快从福特身上学到了标准化生产、系统化质量控制。

标准真正得以实施，不是以标准为终极目标，而是以标准为及格线，管理者应当认识到，标准的要求是基础、必须、必要条件，做的标准是各方面因素系统化构成的最基础体现，而不是最高要求。

标准确立之后，依然保持生产系统化、科学化、创造性，这其实就是高于标准的要求。

波音，并不是第一家生产飞机的公司，也不是第一家生产大型民用客机的公司，但不能否定它是当世最成功的一家。

在早期，能让波音倍感压力的光是在美国本土就有洛克希德马丁、道格拉斯、麦道等航空巨人。它们都从福特生产模式上学习到宝贵的经验，但能把福特移动生产线、系统控制不断开拓提升，成为出类拔萃的佼佼者的只有波音公司。

生产飞机和生产汽车虽然同属交通工具制造业，有异曲同工之处，但其中还是有很大不同的。

一辆汽车，如F1方程式赛车，复杂的可达2万多个零配件，普通汽车的零配件只有1万多个。而商用飞机的零配件要比汽车的复杂得多，即便是宇宙飞船也就十几二十万个零部件，如中国的神舟五号和搭载它的火箭加起来只有十二万多个零配件，尤其航天飞机的零配件有200多万个，但这还是不能和商用飞机的零配件数目相比拟。一般波音的客机零配件就450多万个，波音787的零配件达到600多万个，任何一个零配件的差错都可能导致致命灾难，更遑论还要考虑不同的组合和飞控环境、规则、操作人员素质等。

这些并不是容易解决的问题，福特公司就很能说明这一点。1940年，福特汽车公司按照美国军方的要求制造1 000多架B24轰炸机。由于战争的需要，本来以生产汽车为主的福特公司，也必须生产满足战争需求的飞机，那么汽车公司如何生产飞机就成了当时迫切需要解决的质量管理问题。

将福特的生产线模式套用到飞机的装配线，福特建成一条有1英里长的轰炸机"L"形生产线，有28个站位，飞机的生产力得到了几何级数的提高，为"二战"最终胜利立下了汗马功劳。

但是，这一条装配线也有许多问题，最突出的是由于当时人工生产化高，多名人员同时进行作业，很难保证一致性，特别是接合部需要精准控制，因此如果战后将其直接移植到客机的生产，质量很难得到有效的控制和保证。

鉴于此，波音公司早在波音 717 生产时期就采取了根本性的改革，把福特的这条用于轰炸机的生产线全部摒弃，重新打造全新的移动式装配线。

波音总装配厂房位于西雅图埃弗雷特，占地面积约 40 万平方米，相当于 900 多个篮球场大小，被吉尼斯世界纪录认证为世界最大体积建筑物。这一大块地背后也有故事：当时波音缺乏基金扩建厂房，意图将厂房迁移到硅谷地区，但当地一位土地主人不希望西雅图没有飞机制造产业而将土地以一美元卖给波音公司。由此，开启了波音公司虚心学习福特的移动式生产线以及日本丰田公司的精益生产的历程。

所谓"精益生产"是中文的直译，中国的精益求精和这个"精益"是两个概念，精益求精是指事物已经很出色了，但还要继续追求完美，这里的"益"是指"更加"的意思。但精益生产的"精"实质上是指节约资源，对生产成本精打细算的意思。丰田的精益生产模式其实就是节约资源、精打细算的生产模式。这符合当初波音早期缺乏资金同时需要扩大生产的阶段。

埃弗雷特飞机总装厂有 6 个机库，每一个机库的大门都比半个足球场要大，一个机库可以容纳 12 架飞机同时进行组装，3 万名员工在这里作业却一点嘈杂声都听不到。

移动式装配线的初衷不是为了解决质量问题，它最主要的目的是解决当时福特汽车批量生产的问题。

移动式装配线的应用必然给现代质量管理提出了严峻的挑战。这就是为什么飞机的生产一开始并没有采取这种方式。但是由于市场的需求剧增，大批订单产生，飞机制造公司迫切需要批量生产同时做到质量控制，不得不学习福特的"T"形车生产方式。人们在实践中发现它对质量问题无疑也是一种更好的解决方式。

移动式装配线从学习福特的"T"形装配线到"U"形装配线再到"L"形装配线，站位数从 10 变为 15，然后再回到 10，飞机制造装配线的改进从最早期手工进行各个零件的装配到现在的数字化装配技术，其中根本的变革方式是改变以往飞机从简单的各个零件通过复杂的步骤、流程装配去拼凑起一架飞机的制造方式。

波音所创造的移动式装配线有分析价值流图、平衡生产线、标准化工作、工作地可视化、完全配套、建立配送、突破原有的流程重新设计主装配程序、形成过渡的脉动生产线、形成总装配线的移动式生产线九大步骤。

由于新的飞机装配线固定的作业程序十分有力地拉动了整个生产，并且一直持续提升质量在线控制，在大大缩短了原来的生产周期的同时，还提高了对质量不合格品的控制。2005 年，这条装配线获得了被视为"制造业诺贝尔奖"的新乡奖。

波音通过不断技术创新，精益求精，实现数字化及系统模块化并创造和成熟应用移动式装配线，让全世界 1 500 多家大企业和 15 万家中小企业都可以严格按照统一的标准，生产完全合乎规范的波音客机零部件。

波音公司在其官网和总部现场都公开过这条生产线，波音 777 是第一架完全建立起数字化预装的商业大飞机。波音充分应用计算机辅助设计和制造技术，采用 3D 计算机图形处理，通过数字化建模改革了以前成本高、时间长的实体建模等问题。完美的数字化装配技术和柔性装配工艺是波音全新巨大型飞机质量控制的重要保证。

移动式生产线的另一优势就是迫使各子系统、各零部件依照主装配线的标准不断地进行技术创新和成本的进一步降低。

飞机最核心部件当属飞机的心脏——发动机。波音飞机的发动机主要制造商之一就是英国的劳斯莱斯公司。波音 787 采用的就是通用电气公司的 GEnx 发动机与劳斯莱斯公司的遄达 1 000 发动机，其涵道比比一般商用飞机涵道比高出一倍，这样发动机的噪音更小、油耗更低，既降低了成本，又减少了对环境的污染，而且给乘客更静谧、更舒适的乘坐体验。

超低能耗、超低排放、超舒适度的"梦想飞机"波音 787 是波音公司执行副总裁穆拉利主导的杰作，一开始，订单就达上千架，令其摆脱了"9·11"对波音近乎毁灭性的一击，完胜当时欧洲的空中巴士。

不仅是核心部件技术的进一步提升，其他方面也体现了这条生产线的优越性，基于计算机流体力学的专有技术，波音优化了发动机以及机身的整合，飞机的干扰阻力大为减少。在生产波音 777 机翼的车间，工人们利用本已废弃的漆工铲刀处理密封剂，居然可以减少近 90% 的有毒有害废液。

波音的成功给空客、庞巴迪、巴西航空带来了全新启迪。

当年虽然国内媒体大肆宣扬 C919，但作为一架刚刚出道的大飞机，我国很多技术还是相对落后的，比如装配方法仍基于固定型架。装配质量和效率的提升已经成为制约我国大飞机研发的主要技术障碍。

汽车的总装配线由于发展更早一步以及需要处理的子系统更为简约，因此总是能在宏观生产管理方面领先一步。但是飞机有其自身具体需要解决的问题，不可相提并论，飞机的总装配线需要体现更复杂的系统质量控制能力和结合部柔性处理能力。

从福特量产汽车的"T"形生产线到波音的飞机移动式装配线，这是一个量变到质变的飞跃；从波音早期的移动式装配线到现代数字化、智能化加柔性技术的移动式装配线，这又是一个量变到质变的飞跃。第一个质变带来了现代化飞机制造，第二个质变让波音公司起死回生，击败所有竞争对手，成为航空界的最杰出者。两个量变到质变的过程，都凝聚了许多工程师、管理者大量的心血和智慧。

2015 年，《中国制造 2025》出台，以智能制造为制造业发展主方向，构建以智造为重点的新型制造体系。

任何体系、任何高明管理药方，都必须适应实际企业的发展，适应实际工作的现实条件，如果一味追求所谓表面量变，永远不可能达到质变，因为这些条条框框只能起到一定的参考作用。

按照质量互变原理，没有一定的量变是不可能有质变的，特别是在质量管理上，这可以说是真理！

因此，任何管理方法都不可能代替量的积累，必须循序渐进、扎扎实实、一步一步地工作，从系统各个方面入手，对各个要素进行分析，每个环节、每个层次都要深入，形成适应的结构和机制，才可能达到质变。那些试图以体系的认证认可、监督审查来代替艰苦的质量控制，周而复始严肃认真的工作态度，每一个环节、每一个零配件、每一种材料周到细致的检查，稳妥可靠一步一个脚印的制作过程，而幻想着一步登天一劳永逸就能解决所有质量问题、达成质量最高境界，纯粹是痴心妄想，到头来只能是竹篮打水一场空。

英国的《自然》杂志曾经有一则报道说，美国哥伦比亚大学科学家霍德·利普森及其团队研发出一款新型的机器人，能够模拟生物细胞集体的迁移，实现移动物体、搬运物体，以及感触光刺激并作出反应。

传统的机器人，如果有一个小零件出现故障，可能导致整个机器人都出现故障。因此，目前的机器人制造采取的是集中控制方式避免这种情况的出现，但是这样会限制系统的可拓展能力和应变能力。

哥伦比亚大学教授创新了这种机器人的组成方式，用简单的盘状结构来构成机器人，"单个机器人'粒子'并不能移动，只能像相机光圈那样伸缩；但当它们松散聚集在一起后，程序就能让它们对单梯度信号（如光线）作出响应，并按照偏移模式振荡，集体朝着刺激源移动"。

而单是表明系统具有可扩展性的模拟实验，就需要10万个"粒子"。

不过若是采取这一模式的机器人制造会变得尤为简单，也具有更强大的应变能力和拓展性。

这种模式体现了一个相当典型的量变到质变的过程。因为单个的"粒子"在系统中似乎并没有起到多大的作用。但是，质变却是匪夷所思的，按照研究团队的试验，即便有20%的"粒子"发生故障，系统依然可以正常运作，这就是与以往智能机器人完全不同的质变。德国马克斯普朗克智能研究所分析认为，该系统表现出来的抗干扰参数就是关键，保证系统在各种复杂而又困难的环境下依然能正常运行。

第三节　反向质量互变

进入21世纪，先是日系企业频发质量事故，后是美系企业的神话破灭。毕竟神话是创造出来的，真正的生存和发展植根于艰难的工作，容不得半点的松懈！即便是拥有最高明的管理体系和最高明的管理方式，只要有了干扰、有了松懈，质量问题随时可能乘虚而入。

反方向的量变到质变过程在日美企业开始爆发。确立一个品牌、一个质量的标杆非常不容易，需要长期一步一步的量变过程。同样，要毁掉一个品牌、一个质量的标杆，也需要一个过程、一个量变的过程，但是这个过程短得多。

美国波音737-8 Max在2019年连续发生两次空难，凸显了这个问题的严重性。

波音的质量管理体系可谓是世界顶级的，后面还有美国联邦航空管理局（FAA）非常严格的审核、从不留情面的监督检查。人命关天，航空的相关审核非常严谨认真。有许多审核内容远比其他产品严苛得多，例如，机上仪器设备试验，仪器设备往往被要求测试在零上70度、零下55度、潮湿（湿度90%～100%）、震动、爆炸、海水腐蚀、雷击、静电等各种可能环境条件下的影响。

波音公司创立的"先进质量体系"（AQS）DI-9000经FAA批准，是航空业绝对权威的质量标准体系。全球范围内，波音的直接供货商都必须获得其认证。并且波音都会对这些供应商进行年度审查，包括装配、喷丸、阳极化处理、无损检测生产线等。

但即便如此，突破标准的缺陷部件仍时有发生。如某架波音767飞机上两个螺栓紧固不牢，燃油箱发现铆接残余物，波音787飞机某些在南卡罗来纳州生产的零件不符合标准，等等。

"二战"后，质量管理优秀的日本企业连美国也要向其学习，近年来却"创造"出一个又一个反向的质量"神话"，不得不让人们惊叹反向质量互变来得如此之快。

日本的三洋曾经是韩国、中国许多家电企业争相模仿的行业巨头。三洋的创始人井值岁男，原来是松下公司的行政管理主任，由于替松下幸之助承担被驻日盟军总司令追究的责任而被迫离开松下另起炉灶。因而，松下幸之助回到松下公司后为报答这一恩情，让出了汽车车灯生产业务给井值岁男。

三洋的主要特点就是代工。由于它特有的精细质量控制能力、完备的零配件，三洋为越来越多的企业所推崇。

早在20世纪80年代，三洋公司就进入了中国，广东三洋冷气机有限公司当时威名显赫。2002年，三洋公司销售额就已达到152亿美元，在全球有158家公司，拥有300多家办公室，近10万名雇员。

但是几十年辛辛苦苦的积累，从鼎盛时期到一朝崩溃只需短短几年时间。

据相关报道，三洋由于电池的质量问题连续栽跟斗，2006年宣布召回130万块手机电池，2007年在美国宣布召回20万块笔记本电脑锂电池。

2007 年 1 月，中国国内媒体纷纷报道，三洋电机在日本总部宣称对 16 万台有质量缺陷、易于引起火灾的洗衣机召回处理，但在中国的洗衣机只上门维修不予召回。

三洋的决堤始于对质量的漠视，无法及时堵住的后果便是一溃千里。

甚至到了 2013 年，在中国仍出现有人使用三洋的洗衣机发生爆炸的事故，"除洗衣机本体爆炸损坏外，衣物已经破损，爆炸的碎片威力巨大，导致冰箱门变形，且墙体瓷砖震碎，电脑由于保护器动作失电导致蓝屏故障和硬件损坏"。

2007 年 5 月，通用电气获得了三洋电机信贷公司的全部股份。

2008 年 11 月，松下开始收购三洋，2011 年 3 月，三洋电机从东京证券交易所市场正式退市。

2011 年 7 月 29 日，海尔集团收购日本松下电器旗下三洋电机在日本及东南亚等 5 国家用电器业务，约投入人民币 8.37 亿元。

2013 年 4 月，因三洋已被松下收购，最后的产品"爱乐普"氢电池全部停止使用三洋品牌销售，改用回松下品牌，三洋所有的产品在日本停售。60 年的辉煌顷刻崩溃。

三洋由小范围的质量缺陷，处置不当后慢慢转变为大范围的质量事故，最后被收购吞并直到彻底崩溃，是典型的量变到质变案例。

日本的东芝、松下、索尼、丰田等大企业的严重质量问题连连曝光，但奇怪的是，这些质量问题，往往不是在销售巨大的中国市场首先被"发现"。

6S 管理的失败，一些专家认为并不是 6S 管理本身不好，而是归因于领导不重视、员工素质太低或是未听从管理。另外一个重要原因就是坚持不了，或者是坚持不够。反正不是 6S 管理不好，而是做得不符合要求。

甚至已经有相当多企业或工厂管理者意识到这一点，所谓的体系管理、体系认证认可在他们实际操作中都成了临时加班做功课，对付一下即可解决的名头上的问题。量变是有的，名头上的质变也是有的，但真正意义上的质量起色、真正的质变始终遥不可及。

凡事变坏容易，这也适用于质量管理中的"坏质"。在这一过程中，虽不能否认"坏量"首先变化，然后才能达到"坏质"。但是，这个"坏量"可以说是极短的，在极短时间范围，在极少的条件下可以迅速达到，从而形成难以逆转的"坏质"。

好的质量形成需要日积月累的努力，需要多方面、多层次、多角度的大量工作，没有量的积累，根本就谈不上质变。因此，期盼一朝一夕通过体系认证认可，时不时内部审核、期间核查一下就可以了，这样的机械作业要达到真正意义上的高层次质量水平，是不切实际的。所谓"成也体系，败也体系"就是这个道理。

第四节　度

质量互变，最重要的还有一点，就是"度"。"度"的问题非常重要，也往往在实际工作中被忽视。如果说一线操作者还有可能亲身体验意识到这一点，那么不深入一线又与最终用户缺乏直接接触的管理层就很可能难以把握这个"度"了。

比如飞利浦小家电，早期进入中国的时候实际上代表了世界级质量。飞利浦电动刮胡刀，虽其电池在充电时容易出故障，但其刀具所用的钢材和生产工艺仍然无敌。它的贴面感很好，刮的时候很舒服，但后来不知道什么原因，也出现了其他刮胡刀一样的典型毛病，而且还容易生锈！据说是由别的生产商代工所致，飞利浦品牌的质量及口碑由此大受影响。

度，是质的规定性、量的界限。通常来说，比较难把握。但质量管理中的"度"，相对来说比较清晰，它可以理解为标准。这样的度，是质量管理中经常面对的问题。在我国，通常最低要求的度是企业或工厂内部标准，其次是行业标准，最高的是国家推荐标准或强制标准。度，在某种意义上，既体现了技术能力尚有欠缺，又反映了质量水平有限。

"选口罩要看口罩上面有没有打上欧洲 EN149 或者盖美国 NIOSH，选净水器要有美国 NSF 认证，空气净化器必须是美国 CADR 认证的。"北京一位女士有自己一套选购标准，一定程度上代表了许多人的认识。对于国内企业，生产能力是不容怀疑的，但对于中国标准，不少人认为，为了照顾国内实际情况，中国国家标准普遍都较欧美的宽松。

　　特别是在食品药品方面，欧洲对食品要求非常严格，美国对药品要求则更为严酷，它们的标准所体现出的技术水平代表着世界顶尖。

　　但是，中国标准的度，真的比世界的度低很多吗？

　　其实，这要看是在哪个领域、哪些方面。在食品等传统领域，中国的确在追赶。一位国家标准化管理委员会领导介绍，我们也大量参与或承担主持制定国际标准，包括在家庭服务机器人、纺织服装、家用电器、烟花爆竹、玩具等领域，在国际标准化组织、国际电工委员会下属10个技术机构担任主席、副主席或秘书处、联合秘书处等工作。

　　中国标准总体水平已经基本和国际标准接轨，在家用电器、照明、纺织、服装等3 816项消费品安全技术指标中有728项与国际一致，有2 299项更严，529项稍松，260项存在差异，74%的指标严于或与美国一致，90%的指标严于或与日本一致。

　　中国并没有因此停下脚步，而是继续向前进，近年出台了标准化改革新方案，鼓励社会组织、民间团体、产业联盟等技术学会、协会根据市场和创新发展要求制定标准，并自主发布。如中国玩具和婴童用品协会新近发布的儿童安全座椅标准，增加了邻苯二甲酸酯、阻燃剂等新的限量要求。更令人欣慰的是，有十多家企业相互认同并执行的标准，在好些指标、项目比目前国家标准更严。

　　没有参与制定标准就没有技术的优势、没有技术的话语权、没有相应的权威和声誉。度，基本一条就是标准。能否制定标准，是度的高境界，是技术的入门槛。

　　移动通信的概念和理论最初可以追溯到20世纪60年代美国贝尔实验室。70年代后硬件发展跟上，美欧日几乎同时起步发展蜂窝无线电话，均以模拟技术为基础，采用频分多址（FDMA）方式，将300～3 400Hz的低频（语音）转换到高频载波频率（150MHz以上）。

　　1971年，AT&T提出了蜂窝移动服务提案。

　　1976年，美国摩托罗拉公司率先成功将无线电应用于移动通信；后来在高级移动电话系统（AMPS）基础上完善为全入网通信系统（TACS）：总接入通信系统，运行于900MHz频带，分为ETACS（欧洲）和JTACS（日本）两种版本，中国1987年接入。

　　此后，陆续出现了日本电报电话公司NTT系统，瑞典的北欧移动电话（NMT）系统，英国的 TACS，德国的 C - 450 系统，西德、葡萄牙及奥地利的 C - Netz 系统，法国的 RC2000 系统，意大利的 RTMS，等等。

1G 时代，大家采用的方法方式不同，标准也不同。1G 时代最大的问题在于只能语音，加上带宽受限，不能通信、不能上网，容量小、频率利用率低，几乎无秘密可言，并且局限于一定区域，长途漫游是梦想。

因而这个时候，衡量各国各地区的技术和质量水平的标准难以设立。度，更多地体现在它们与世界其他地方的差距，本身行业圈内难以"度"量谁优谁劣。

由于开展早，摩托罗拉经验丰富，独领风骚。

2G 标准，欧洲在时分多址（TDMA）基础上发展成统治全球的全球移动通信系统（GSM），使用 GSN 处理器，插入 SIM 卡来识别用户。

基于 TDMA 的还有美国电信系统商 Nextell 使用的 IDEN，美洲的 IS - 136（D - AMPS）、日本的 PDC。基于码分多址（CDMA）的有在美洲和亚洲一些国家和地区使用的 IS - 95（CDMAOne）。

2G 时代，基本上由两种形式垄断：GSM（基于 TDMA）与 CDMA。

这个时代，使用 GSM 的诺基亚击败了摩托罗拉，实现领导全球十多年的宏图霸业。一个小国家的企业居然能击败世界第一强国的众多超级企业，并且是在它们如日中天的时候，这不能不说是人类历史上的奇迹！没有强大的质量保证和过硬的产品，诺基亚帝国的鼎盛怎能持续如此之久！诺基亚的手机，摔了一次又一次，拾起来照样能打电话，而且使用如故；放进洗衣机里洗一个小时，用吹风机吹干后，照旧能忠诚服务。

但美国高通公司很早就察觉依赖 TDMA 有致命弱点，这种大力压缩信道带宽的模式不利于不断增加用户数，这个弊端将会随着用户数的日益增多而加剧。因而，高通投入巨资专业研究容量潜力巨大、抗干扰性能强悍的 CDMA 模式。

从 2G 时代开始研发，到 3G、4G，高通的这一步潜力巨大的芯片棋子不断攻城略地，其后几乎主导世界移动通信全部市场。

3G 特指高速 IP 数据网络在数据传输中使用分组交换技术取代了原

来的电路交换技术。

3G 虽由美国开创研发，但在日韩应用迅速。特别是韩国，在美欧还在 3G 上拼得你死我活时，2011 年，韩国就开始部署 LTE 4G 网络。

以此为"度"，三星开始挤压诺基亚的市场份额。

虽然 4G 推广应用迅猛发展，但是其有一个致命障碍——频段不统一。为此，美国高通公司再次显示出其超人一等的前瞻能力，顺应市场需求推出高度集成、强大数据处理能力与多媒体应用的多模多频芯片。虽然曾经以芯片领导世界的英特尔也大力投入研发，但终不及高通。

凭借其拳头产品——4G 基带芯片，高通占领此"度"，在世界已经完全占据主导地位。

源自美国人与生俱来的强大创新精神、独有的优势核心技术和质量管理，苹果手机推出后马上全面击溃了忽略用户最佳体验的诺基亚和只优先专利和市场、不重视质量的三星，一举拿下全球销售冠军，雄踞世界领导地位。

从"度"的世界性切入，这一次，该轮到我们了。

2012 年 1 月 18 日，由我国主持制定的两个 LTE 技术规范成为国际电信联盟的 IMT – Advanced 国际标准，俗称 4G。

在以中国国内行业规模高达千亿元为基础的 5G 千呼万唤下，中国将在 5G 标准制定和产业主导方面向世界强国发起最强劲的挑战。

2016 年 11 月 17 日，华为主导的极化码 PolarCode 成为在美国内华达州国际移动通信标准化组织 3GPPRAN1 87 次会议最终确定的 5GeMBB（增强移动宽带）场景的信道编码技术方案。

虽然最终中国意图主导 5G 标准失利，但失败不可怕，短码的参与依旧让中国积累了经验。

相信在不久的将来，中国将主导量子通信国际标准，这个时候中国通信才真正领导世界潮流。但目前还有很多工作需要做，任何一个疏忽和松懈，都可能会被超越。

中国准确把握好未来发展的趋势，紧锣密鼓跟随科技领先强国的步伐，狠下决心抓好技术和质量两个方面，相信不久将来在量子通信领域，中国将全面为世界制定"度"。

如果说 3G 是"高速公路"，4G 则是"高速铁路"，那么 5G 就是

"磁悬浮"，而量子通讯就是未来的空中列车。

中国的目标，绝对不会停留在"磁悬浮"。

这些"度"，标志着中国在移动通信方面大踏步走在世界领先的行列，未来不久，不知道是西方哪个发达国家，会成为与中国叫板的力量？

实际上，许多国际标准在发达国家可以说是其本国最低的一类标准要求。不客气地说，为了照顾第三世界国家的贸易以及某些行业或协会成员，发达国家或优秀企业才屈尊而就达成统一的国际标准。

上面的度，要在质量管理过程中较好地体现出来，必须对应于管理过程中的质量标准。如《良好规范实验室》、ISO 17025 等，这与产品等其他标准还是有区别的，典型一个就是难以用数据表示，难以量化。因此，从这个角度来说，质量管理中的"度"，更加注重一种服务，一种能力，这是需要灵活把握的。

中国的"度"已经开始在世界舞台上独领风骚，但光有这样的"度"还远远不够……

第五节　量变到质变的飞跃基石：创新与创造

创新与创造，是量变飞跃到质变的基石。

美国企业拥有惊人的创新精神和创造力，加上市场化程度完备，因而，创新与创造转化为生产力的程度非常高，企业或行业标准总是处于领先水平。

波音飞机的制造由人工到全自动化、全智能化，离不开设计上的创新，而设计上的创新又离不开生产设备、生产工艺的高水平基础。

一、3D 打印创新了飞机机翼加工技术

3D 打印技术这种新生产工艺一经面市，马上让波音公司推广应用到人类历史上最复杂的巨大飞行工具的生产制造中。

世界上最大的实心 3D 打印模具，创造了新的吉尼斯世界纪录，是美国能源部下属的位于田纳西州克林顿小镇的橡树岭国家实验室依照波音设计飞机的需求开发的，长度为 5.33 米，宽度为 1.68 米，高度为

0.46 米，重量达 784 公斤，被用于波音 777 系列机翼部件的钻孔和修边。这种大幅面增材制造设备主要是 ABS 塑料成分，混合 20% 碳纤维，传统金属模具制成需要至少 3 个月，它仅需 30 个小时！

目前波音 3D 打印已经成为波音飞机生产标准化的一部分，为加速解决复杂问题提供现实能力。相信在不久的将来，3D 打印技术在波音飞机制造中将占有越来越高的比重。

二、 波音机翼部件全自动铺放工艺，创造性实现高质量精细化要求

波音在全世界率先大规模自动化利用复合材料制造大型客机，这种创新性技术要求非常苛刻，其中一些软材料（预浸料，用树脂基体在严格控制的条件下浸渍连续纤维或织物，制成树脂基体与增强体的组合物）纤维带宽度有 3.175mm、6.35mm、12.7mm，偏差不能大于 0.125mm，并且是批量作业，实现难度可想而知。碳纤维复合材料具备许多优点，可有效减轻飞机的重量，提高飞机的强度和可靠性，并且在飞机的生产中达成结构功能一体化、设计制造一体化的目的。目前波音 787 复合材料的使用已超过 50%。

复合材料在飞机制造过程中离不开自动铺带、铺丝技术。前者针对的是飞机翼面类，如小曲率机翼、尾翼等；后者针对的是复杂的机身结构，如大曲率的机头、机身。所谓的铺放工艺，或称自动丝束铺放成型技术，是在计算机规划控制下，铺丝头把数束或多束丝束，在柔性压辊下集束成带，可单独控制、自行转弯，曲面适应能力强，凹凸面、开口、补强等都可实现，偏差小、效率高，能应对需求更为苛刻、功能更为强大的大客机生产，甚至军机生产。

三、 创新的年轻团队克服世界难题

预浸纱的制备效率取决于纤维的牵引速率，速率越高，效率越快。但是，过大的纤维牵引速率会影响展纱宽度，使宽度不稳定，波动大，甚至出现劈裂现象。

Electroimpact 公司，总部设在西雅图，距离波音大工厂所在地埃弗里特不足三英里，它专注于为航空产品提供钻、铆接系统，包括自动钻

铆及电磁铆接。为提升创造性，Electroimpact 公司大胆启用年轻人，创造了自动化纤维铺放（AFP）系统，其机床结构设计首席工程师 35 岁，铺丝头首席工程师 31 岁，而首席工艺工程师仅 30 岁。

AFP 系统最大的难题在于检测。丝束末端精度是否达到要求，是实现全自动化控制的瓶颈。之前靠人工检查，每铺一层要停机让检查人员通过放大镜来扫描是否存在缺陷，要特别仔细，对比投射在模具表面的激光轮廓和铺层状况变化。相比之前波音多年巨大的投入、工艺改进、技术的精益求精、一体化生产、自动化铺放、最尖端计算机质量控制来说，使用这样的原始检测手段来检测铺放丝带相当落后。因此，这样的检测和返工时间占生产周期的 60% 以上，又费时又费力，错漏率更难以控制。

Electroimpact 公司开发的自动化原位检测系统则很好地解决了这一世界级难题，为后来航空制造业高速优质发展奠定了无以估量的重要基础。

自动化原位检测系统安装在与主龙门独立操作的另一条龙门梁上。在上面安装有 3 个投影盒装置，每个装置配备一个激光投影仪和一个高分辨率高速摄像机，还有一个安装在 AFP 系统模块化铺丝头上的激光轮廓曲线仪，这样的好处是激光器和待检部位距离足够小，减小了入射角。三大装置输出的观测结果由专门软件根据数理公式计算模型，得出直观的数据，并在用户界面显示出来。

中国工程技术人员近几年快速追赶国外的自动铺带、铺丝先进技术，为国内 C919 等大飞机研制打下了坚实的材料和工艺技术基础。各专业人士在设备结构适用性、材料工艺、计算机自动铺丝轨迹软件设计几大领域的各种参数选择和优化等方面突破了多个关键技术并创新了路径优化模式，确保了未来大飞机和各类战斗机的制件、工艺高质量、高效率铺放。

第六节　正向质变需要量变的积累，反向则不然

事态正向发展通常需要积累一定的量，才能发生质变。有的甚至经过几十年的努力，才取得一点点的进步。国产战斗机的制造就是如此，

经过一代又一代科学家、工程师的无私奉献，是一次又一次失败和血的教训的积累。

早在 1965 年 4 月，三机部 601 所开展歼 9 飞机方案设计，最终以失败告终，1980 年取消计划。

其中最难的一个问题就是涡扇发动机。

涡扇发动机，俄罗斯苏－57 战斗机的 AL－41 发动机，涡轮直径不到 300 毫米，风扇直径不到 900 毫米，但是能够提供 12.5 吨的推力，还能承受超过 200 摄氏度的高温，对材料及制造工艺要求极高。

直到最近几年，国产歼击机研制才出现了转机。据公开媒体报道，中国目前已成功研制出峨眉涡扇－15，这种新型的小涵道大推力发动机预计很快能应用在歼击机上。

而这些仅是万里长征的第一步，维修、使用寿命及油耗更具技术挑战。美俄的发动机使用寿命基本都在 2 000 个小时以上，美国涡扇－15 发动机已达 8 000 多个小时，中国还有巨大差距，还有很长一段路要赶。

量变往往是一个相对漫长的过程，需要一点点取得成绩，有时候甚至要重新回头失去很多东西，但每一次失去可能就是质变的开始。

一、 袁隆平的杂交水稻改变世界

质量的量变与质变：袁隆平的杂交水稻，产量不断增加到最终质量发生了质的飞跃。

没有对比，就揭示不出量变到质变的艰难，也无法显示中国袁隆平院士的韧性与伟大。早在 1963 年，美国人亨利·比切尔在印尼就设想完成杂交水稻，但方案存在缺陷，无法大规模推广。日本地少人多，基于现实迫切需要，对杂交水稻也进行了长期研究，但还是没能成功。袁隆平突破了早期科学家对水稻无性杂交的认识，成功发现了雄性不育株。他于 1971 年调入湖南省农科院，专门从事杂交水稻研究，1973 年成功选育了"南优 2 号"。这是世界上第一个高产实用的杂交水稻品种，从雄性不育株到恢复系，再到保持系，三系水稻杂交后就能成为非常优质的种子。

20 世纪 60 年代初的三年困难时期历历在目，历史证明了粮食安全至关重要。袁隆平及其团队日复一日，年复一年，硬是一步步把杂交水稻从增产 20% 到亩产 700 公斤、800 公斤、900 公斤到第四期超级稻亩产 1 000 公斤，平均单产每公顷 17 吨，创造了新的世界纪录。美国也购买相关专利种植杂交水稻，该杂交水稻种植面积目前已占美国水稻种植面积的 60% 以上。

二、 污水是如何再利用的

北京的槐房再生水厂，是目前亚洲最大的地下再生水厂。

污水处理经过 9 道工序后到达极为重要的一道：过滤膜生物反应器。它的主要材料是一种新型的过滤膜丝，布满了直径 20 纳米的微小型小孔，大概是头发丝的千分之一，可以把水中的大部分细菌、病毒过滤掉。再经过臭氧脱色、紫外线消毒，整套自动调节系统实质上是通过一道道工序逐步改变污水水质的过程。没有这一点一滴的量变，质变不可能发生，水质达不到饮用水标准。

三、 量变到质变， 苗头很关键

反复巡检、维护很重要。如南水北调的超级工程，在北京的水管直径达到 5 米，需要经常巡查，发现水生物也要特别留意，及时清除。

量变会产生质变，如果对细小的质量事故苗头不重视，将来出了大事故就很难收拾了。

当时质检总局发文强调，要加强事后监管，这是一些欧美发达国家的常用做法，把事情发酵到质变的程度，然后再推行非常严苛的惩罚措施。如美国惩罚丰田公司，实质上在丰田汽车出现大量故障的五年之前，美国当局已经派人打进了丰田公司的总部，甚至当上了副总裁这样的高级职位，其目的是收集足够的证据从而彻底给日本汽车业致命的一击。如果中国的监管部门一味推行这种做法，无疑把一些致命的伤害留给消费者，留给广大的普通群众。监管机构对于事故出现才严加监管的这种做法，有待商榷。

第六章　质量否定之否定原理

没有关键的否定，一切的肯定都无助质量的提高；要么在否定之否定中生存或者发展，要么在否定之否定后沉沦或者消失。

第一节　质量管理的否定之否定规律

质量管理中的否定之否定规律揭示了在质量管理中的一个必经阶段，一个正常的发展过程及趋势，同时也揭示了管理层、质量工作人员在肯定和否定过程中不断深化认识、在曲折中前进的辩证关系。

此规律定义：质量管理由于内部肯定因素与否定因素的矛盾而自我发展，由肯定到否定。

质量管理否定之否定规律，可以从三个方面来分析：一是管理过程本身否定之否定，主要体现在质量体系评审时发现了不符合项，发现不符合项或观察项后采取了纠正措施。这个过程实质上是一个否定之否定过程，通过这个过程，质量管理有了进一步的改善和提高。二是对产品或服务本身否定之否定，如汽车缺陷产品的召回，召回后再解决问题。这也是一个否定之否定过程，通过这样的召回和改进，汽车产品的安全性有了明显改善和保障。三是事故灾难，通过本身引发的事故灾难或同类产品引发的事故灾难，分析原因，吸取教训，提出改正措施或预防措施。这也是一个否定（事故灾难是对产品或服务的否定）之否定（分析原因并改正或预防是对事故灾难的否定）过程。

质量管理的否定之否定规律：

（1）否定本身也许不是件坏事，可能是好事……

（2）产品质量往往要经历否定之否定过程才能获得提高，即否定之否定过程是产品质量改善或提升的必经阶段。

（3）产品质量的否定不一定和管理过程的否定相关，管理过程的否定也不一定和产品质量的否定相关。但是，事故灾难肯定和产品质量及管理过程有关。

第二节　质量管理的否定之否定过程

质量管理的否定之否定过程，体现在质量体系评审时发现了不符合项。

通常，现代企业或工厂在质量体系认证之前，要先通过肯定这一过程。对于用什么体系来管理，管理层要有一个选择的过程，通过选择做出肯定。ISO 9000 体系等认证也存在着一个先被评审然后被肯定的过程。

体系通过评审后，即肯定后，还将有一个被发现或者内部评审发现问题、不符合项的过程，这其实是一个否定的过程。通过对问题的纠正，对观察项或者不符合项的整改，重新得到肯定，这就是一个典型的质量管理的否定之否定过程。

一些国家及重点的实验室在历次的评审过程中都得到了充分的肯定。但在继续前行时，由于骄傲自满或者松懈，有可能重新出现刚开始建立实验室时纠正过的错误、不符合标准规定的操作。但是令人遗憾的是，由于其品牌效应，这些个别的不符合项没有得到正式的指出，没有引起应有的重视。日积月累，这种情况越来越严重，整个实验室建立起来的规范行为准则、体系管理被破坏得荡然无存，在内部的运作中流于形式，表面上外人依然看不出半点问题，但是这种表面上完美无缺的光环掩盖之下是"败絮其中"，要重新恢复真正有效的质量管理机制简直难上加难。

检测实验室时，经常会进行一些能力验证方面的工作。但是，目前能力验证出现的问题有点奇怪，如有一例子，在同一个液态样品下取 10 个混合小样做双杯，居然 20 个结果一模一样，精确到小数点后面 5 位，精确度比标准要求的 4 位更高。

但不同地区不同部门，有些结果差异性特别大，少数结果离群。这本来属于正常的现象，如果忽略外在因素的干扰，正好是否定之否定的一个最好的技术提升，但是实质上由于过多的行政因素或外在的影响，这些离群的少数结果都被赋予为一种特殊的、不应该有的存在。因此，这样的结果往往被忽略掉，技术的进步就这样被扼杀了。

即便是品牌实验室，也往往会出现一些常见的问题，如某些有经验的高层管理者和关键技术岗位审核者，可能并非经常面对检测一线甚至和一线完全脱节。还有就是质量管理体系，只是作为一个必需的评审项目，各层次各岗位的核心人员在评审的时候出来应付一下，但实际上他们往往把注意力转移到其他非质量、非技术方面。也有一些人特别是一些总工程师、总检验师，习惯于自身过去的辉煌经历，但实质上其精力无法满足本职业工作岗位的需求甚至有些业务素质已经远远落后于时代的要求，其长期不在实验的岗位上，又缺乏有效的培训和监督考核。

检测实验室时，通常在仪器设备管理要求、量值溯源、环境的条件以及标准物质、试剂耗材等会有一些严格的体系要求（如 ISO 17025），这些要求如果只是为了单纯地应付评审，虽然有困难，但凭着经验还是比较容易通过的。在日常繁重的检测任务中，往往更容易重新犯曾经否定并纠正的错误。否定之否定在实践中并不容易做到，需要不断地坚持，不断地审核，不断地提高。在当前的检测界能够充分地利用计算机软件手段，利用系统分析、自动警告等先进的手段的还是比较少的。计算机系统能有效地执行体系的要求做到自动化，能提前警示不符合项，这系统才能更好为检测界服务。

以上是宏观上的质量管理否定之否定过程的主要内容，在具体的方法和方式上，质量管理还有很多方面存在着否定之否定定律的应用。

比如对于商品的检验，第一步就是选择恰当的检验标准，包括抽样的标准、制样的标准、试验的方法等，这是肯定的过程。如果选择好检验标准之后出现某些特殊情况，如抽取的样品不能够完全按照标准的要求来进行，这时候就必须有折中的方案，这是否定的过程。对标准按照等价原则来执行，探究其是否符合作业的规范，是否能够被相关方所接纳，这又是一个肯定的过程。制好样品后，按照规定的方法来做检测，如果检测的结果出现异常或者明确检验结果是不合格的，必须分析其中的原因，这样的过程是否定的过程。如果再通过扩大抽样，发现新的不合格，从而对整批商品做出不合格的判定，这又是一个否定的过程。

《中华人民共和国食品安全法》第八十一条规定：婴幼儿配方食品生产企业应当实施从原料进厂到成品出厂的全过程质量控制，对出厂的婴幼儿配方食品实施逐批检验，保证食品安全。

这个法律的规定之所以无争议执行，就是因为婴幼儿配方食品实在太重要了，要执行"逐批检验"，才能保证食品安全。

《中华人民共和国食品安全法》从法律层面精神意义上否定了某权威机构近十年来认为风险监控就可以了的主导思想。说明风险监控存在漏洞，只不过目前技术和管理上未能达到对所有商品实行"逐批检验"，因此风险监控才有生存空间。反过来思考一下，长期实行风险监控后有多少漏洞出现？有多少问题潜伏下来？特别是表面上不涉及风险安全但实际上对国计民生有重大影响的商品。对风险监控出现的这些问题有没有进行风险跟踪？

风险监控是把双刃剑，我们不应该忽视这点。

第三节　否定之否定案例

汽车维护保养实际上是一个否定之否定的例子。没有保养，即使再好的汽车在使用一定的时间后也会出现或多或少的故障，质量的问题贯穿着汽车使用的全过程。

质量管理否定之否定规律的主要内涵，"产品—生产管理—质量"概念构成了一个否定之否定的辩证运动过程。

否定，其实是关键。可以说，如果没有否定，就没有质量的提升，这点在实践工作中尤其值得注意。不管在质量管理哪个环节、哪个因素，找到了问题是件好事，这是否定过程的开始。出现问题，解决问题，纠正错误，消除潜在的大隐患，这是否定之否定的过程，即重新肯定。

一、召回事件，否定之否定

2012 年 10 月 10 日，继 2009 年的大规模召回后，丰田公司再一次宣布在全世界召回涉及高田气囊的 743 万辆汽车，是汽车企业全球单次召回第二大事件，仅次于 1996 年福特召回事件，当时有 790 万辆汽车被召回。在中国，这次事件涉及 139 万辆汽车，又一次创纪录。

2013 年 3 月 16 日，原质检总局下令大众召回 38 万辆汽车，原因在于其 DSG 变速器故障。这是国内又一次大规模召回，在中国的质量史上，具有里程碑式的意义，因为是中国官方主动调查、主动强制召回的。滑稽的是，这件事竟然与以严谨高品质生产著称的德国制造相关。

质量，没有妥协的余地。无论是皇亲国戚还是普罗大众，它都是铁面无私的。否定之后才可能进步。

2014 年，大众速腾断轴门又引发新一轮的大规模召回，中国汽车界再次引发地震，国人对德国质量打了大大的问号，却忽略了产地的主导因素。

不仅仅是汽车界，众多的召回事件一方面彰显质量问题的严重性，另一方面是对缺陷产品不妥协的进步，对质量控制提出新高度。

二、航天灾难的否定之否定

宇宙飞船像直升机一样着陆，无须采用降落伞方式，也是一个典型的否定之否定从而进步的例子。

1967 年 4 月 23 日，苏联"联盟 - 1"号宇航员科马洛夫在着陆时壮烈牺牲。原因是返回时主降落伞由于飞船旋转发生扭曲张不开，而备用伞与主伞相缠无法打开！

虽然苏联不复存在，但人类科学家没有忘记这起事故。彻底否定降落伞这种降落方式之后，2016 年 1 月，美国马斯克旗下太空探索技术公司 SpaceX 成功实现了推进悬浮原型试验，发动机释放出 3.3 万磅的强大推力，SuperDraco 推进器让"龙"飞船可以空中悬停。据最新消息，马斯克的火箭回收已经能够让发射架像筷子一样原地夹住返回的火箭了。

得克萨斯州的麦格雷戈进行空中悬停试验的 SpaceX 飞船重 6 000 公斤，一旦起飞或降落出现问题，八台推力引擎马上可以把宇航员送出危险的境地，避开爆炸，实现如同直升机一样的精准着陆。这样的着陆方式将对宇宙飞船重复利用及登上火星等星球表面起到至关重要的作用。

20 世纪 60 年代，苏联飞船硬着陆并非单一事件。1974 年，中国发射长征 2 号火箭的首次飞行任务就是携带返回式 1 - 01 号（FSW - 1）卫星，由于长征 2 号第 2 级出现故障，入轨失败，之后减速伞也发生故障未能开启，卫星发生硬着陆。

　　经过多次失败，降落伞着陆被一再否定，美国人终于尝试成功新的着陆高招，人类航天的进步就是一次又一次否定的过程。

　　反思之，如果当初哥伦比亚号航天飞机在挑战者号航天飞机出事后，没有那么大的来自非系统内阻力，可能会调查得更彻底，就可能发现潜在的隐患，最终可避免七位航天员的牺牲。没有否定之否定，灾难不可避免，只是时间问题。

　　中国第一位航天英雄杨利伟公开谈及自身遇到的先是否定自己，然后再否定的事件，中国航天通过这一否定之否定取得了进步，避免了潜在的重大危险。

　　2003 年，杨利伟成功降落地面的时候，没有人知道当时他差点就踏进了鬼门关。飞船上升约 30 公里高度时产生一个奇怪的共振，在 5 到 6 个 G 的过载中又叠加了 8Hz 低频，共振之下人几乎散架，差点无法再坚持下去。

　　事后，杨利伟先否定自己，认为是自己身体素质不行，他并不知道这实际上是一个非常不一般的情况，是之前科学家、工程师们没有考虑和分析到的问题。

　　"飞行回来后我详细描述了这个难受的过程。经过研究，我们的工作人员了解到，飞船的共振主要来自火箭的振动。之后改进了技术工艺，解决了这个问题。在神舟六号飞行时得到了改善，在神舟七号飞行中航天员几乎感觉不到振动。"直到杨利伟回来和工程师交流之后，才重新否定自己之前对自己的否定，知道这种共振是不正常的。工程师在后来的任务中避开了这个频率，避免了将来可能发生的灾难。

　　火箭的 POGO 振动，即纵向耦合振动，当推进剂管路液流压力脉动与全箭固有频率相同时就会出现，是一种自激振动，和共振不同，它与结构系统运动息息相关。

　　NASA 工程师们早在 1963 年就注意到了 POGO 振动的危害，轻则损害仪器设备，重则发射任务失败。振动量级 2G 就会让宇航员相当痛苦难受，5G 已是人体能够承受的最大极限了。

　　1969 年 4 月 4 日，阿波罗 6 号发射时一子级火箭就出现 POGO 振动问题。3 个月后，科学家们想到了解决方法，就是在火箭的液氧输送管中增加注入氦气的管路。

后来在阿波罗8号二子级火箭出现POGO振动时，提前关闭中心发动机是工程师们当时所能找到的最简单的办法，问题在于如何把握其精确时间。

杨利伟飞行中遇到的POGO振动现象如何有效抑制，需确定其出现的时间、量级及找到其变化规律。

传统理论以傅立叶变换为基础，信号从时域切换频域，只能给出概观特性，无法精确提取特征频率。1998年，黄锷（Norden E. Huang）等人提出的HHT方法，在理论上开创性地解决了这一问题，可以直观描述POGO振动频率的持续时间和量级的变化，从而找到其中的规律，预测控制下一步作业。

实际上，这起事故不仅促进了科学技术的进步，而且科学理论的改进也得到了宝贵实例的证实。在信号处理上，科学界一直把傅立叶变换作为经典的理论，把傅立叶变换所指导的模型作为正确的指导思想。这是一个非常典型的由实例否定理论应用缺陷，又由新理论修复完善之前理论的质量管理否定之否定案例，并且将永远载入中国航天史册。

杨利伟在后来的采访中，谈到自己用生命实践与科学理论及千百万工程师、研制者的努力相结合促进航天科技进步的功绩时，很感慨地说了一句："如果说当时我的飞行相当于坐绿皮火车，现在宇航员的飞行肯定就是坐高铁了。"

能够否定，其实是一种进步。质量管理体系是对之前杂乱、无章法、随意的凭感觉、凭经验的质量管理方式的一种全新否定。中国企业和管理层在这一进程中不断精益求精。但是，如果仅仅满足于这一阶段，没法进行新的否定。按照辩证唯物主义观点，新的肯定到来前需要新的否定，如果没有，质量管理的进步将无限期推迟。

三、 航空灾难的否定之否定

1. 日本航空123号航班空难事件
时间：1985年8月12日。
地点：日本群马县的高天原山。
飞机：东京至大阪日本航空123号航班，波音747-100SR飞机。

人物：日航董事长，公司的维修部经理，波音公司的一名工程师。

事件：从东京起飞后不久，机舱内发生爆炸性减压，机尾天花板崩塌及液压系统发生故障，此时飞机垂直尾翼有一大半损毁脱离，飞机失控，起伏飘摆不定，舱内失压，不久，飞机在关东地专区的高天原山坠毁。

结果：4名女性奇迹生还，其余520人死亡；此事后，面对巨大的压力，当时日航董事长辞职，公司的维修部经理及波音公司的一名工程师自杀。

原因分析：这架飞机由于7年前的维修缺陷存在潜在安全隐患，在原损伤处的金属蒙皮由于铆钉安装不当，经一万多次高空飞行累积出现金属疲劳，机舱内发生的爆炸性减压使高压空气进入致使尾翼撕裂脱落，管线受损，从而导致液压控制失效，飞机最终失控坠毁。加上雨后及山区的因素导致日本方面救援贻误，不然可能会有更多生还者。

吸取教训后：

(1) 日本重新反省搜救工作的不足。

(2) 波音在每架747客机的升降舵和下方向舵加装液压阀。

(3) 航空界从此高度重视液压控制系统失灵之后的应变补救措施，并且取得了积极成效。1989年苏城空难有过半乘客得以生还；2003年一架隶属于欧洲航空运输公司DHL空中客车A300B4-203F型双引擎货机被伊拉克民兵导弹击中，在液压控制完全失灵情况下成功迫降。

2. 1988年阿罗哈航空公司空中事故

时间：1988年4月28日。

地点：夏威夷希洛国际机场起飞，往檀香山国际机场。

飞机：阿罗哈航空公司243号航班，波音737-200飞机。

人物：阿罗哈航空公司机组人员，89名乘客。

事件：飞机航行至六七千米高空时，飞机前部的左侧，靠近头等舱部位，突发爆裂性失压，上半部外壳脱离飞机，一名空姐当场被吸出机外。后机长沉着应对，飞机成功迫降在茂宜岛的卡富鲁伊机场。

结果：安全迫降，但不幸的是在空中有一名空姐被吸出机舱而死亡。

原因分析：由于严重的腐蚀和金属疲劳，舱口盖的强度降低。

吸取教训后：

（1）安检等工作不可大意，不可继续使用超过服役期的飞机进行运载服务。

（2）飞机材料故障和跟踪处理不可忽视，提高飞机可靠性促使航空界始终如一地进行新材料、新工艺的变革。

3. 大西洋东南航空 529 号航班事故

时间：1995 年 8 月 21 日。

地点：美国亚特兰大哈茨菲尔德—杰克逊机场起飞，往美国密西西比州格尔夫波特—比洛克西机场。

飞机：大西洋东南航空 529 号航班，巴西航空工业公司生产的 EMB－120 双螺旋桨引擎支线客机。

人物：大西洋东南航空机组人员。

事件：单一引擎发生故障，螺旋桨一部分叶片失效，整个装置变形，引擎舱与机翼侧面出现扭曲，但飞机仍然飞行，最后快速下降，在卡洛尔县附近紧急迫降，1 分钟后起火。

结果：机长受到撞击死亡，9 人（一说 10 人）丧生，8 人轻伤。

原因分析：飞机螺旋桨叶片被氯渣长期侵蚀，出现金属疲劳并导致最终断裂，因而左发动机舱和机翼侧面出现扭曲变形，导致飞机失事。

吸取教训后：

螺旋桨制造商汉密尔顿标准（Hamilton Standard）成为此次事故重点被关注公司，美国国家运输安全委员会（NTSB）对汉密尔顿标准提出严厉批评，认为该公司螺旋桨维护保养工作做得不够好，并且，在训练、使用说明、信息沟通以及检测、修复等方面没有效率，因为在之前同样的故障出现过至少两次，但由于飞机仍能安全着陆，没有引起重视。汉密尔顿标准与美国联邦航空局在"要求定期对螺旋桨进行 on-wing 超音波检测工作上失职"。

金属材料疲劳在这两起事故之后，才得到相当程度的重视和采取恰当的措施防止类似问题出现。飞机制造材料的要求也由于一次又一次质量否定，人们才吸取血的教训，进步得相当艰难。这方面，战斗机由于特殊需要走在民航客机前面。飞机设计制造初期，人们只认识到材料强度要求，而刚度要求则经过一次又一次的教训才深入认识到。早在 20

世纪 30 年代，英国的蛾式战斗机在 9 次高亚音速飞行中解体，40 年代，英国台风歼击机也发生 20 起空中解体事故。事后人们才发现蛾式战斗机机翼颤振、台风歼击机升降舵振动导致的水平尾翼颤振是事故原因，仅靠增加强度无法避免，飞机的刚度要求因而被提高。

早期飞机材料材质的要求是主要的安全故障因素，但随着技术成熟和电子信息革命，引发巨大灾难的飞行控制系统故障开始引起人们的关注。

4. 美国西北航空 85 号航班事故

时间：2002 年 10 月 9 日。

地点：美国底特律国际机场起飞，大约 7 小时后，在白令海峡上空 3.5 千英尺处。

飞机：西北航空公司 85 号班机。

人物：机长约翰·汉森，第二机长法兰克·盖特。

事件：飞机突然奇怪地急速偏转 17 度并卡死，好在第二机长法兰克·盖特反应迅速，立刻关掉自动驾驶系统，然后在机长约翰·汉森等几名机组人员共同努力下，飞机平安降落在阿拉斯加安克雷奇国际机场。

结果：飞机方向舵故障，所有人员平安。

原因分析：发动机控制模块 PCM 损毁，导致机尾内动力控制模块内部活塞移动距离超出设计范围。事后调查发现 PCM 故障是由于 N 盖破裂脱落，但根源未能查明。

吸取教训后：

波音公司因此在 4 年后的法国航空公司 747－400 货机出现了几乎同样的故障之后，在控制模块里加装了特制的闩，以防止 N 盖脱落后方向舵大角度偏转。另外，波音 747 的双方向舵设计亦为飞机能够安全降落的重要原因。

综观整个质量管理活动的历史，都贯穿着否定之否定规律。

第四节 否定之否定规律亦体现在执行效果上

首先是对旧的管理制度、管理机制以及政策习惯进行一定程度否定制度的完善，让执行形式和内部检查更加规范，更加完善，这些都是对以前做法的一种否定。但往往在实践中隐藏着另外一种对此"否定"的一种否定，那就是打了折扣的执行效果，这种情形并不少见。

航空业往往不是一次否定就能吸取教训，重复出现的事故原因让生命变得无比沉重。截至目前，对于波音 737 – 8MAX 飞机的处置，媒体也不能不公开质疑美国官方声明。据媒体报道，印尼坠机事故的遇难者家属对美国官方 2020 年 11 月 18 日取消波音 737MAX 客机禁飞令提出强烈抗议。

否定之后理应认真寻找出事原因，分析各种潜在的安全隐患，但在实际执行中，由于经济或者技术水平等种种因素，效果不得不打个折扣。

如上文提及的 1985 年日航 123 号航班事件中，其实早在 1978 年 6 月 2 日，这架飞机在伊丹机场降落时机尾受损，所幸当时没有任何人员伤亡。但是，必须使用三排铆钉固定来修补压力壁面板，维修工程师本应该严格执行作业要求却分开了两块接合板，其中一块只有一排铆钉，另一块则有两排，并且铆钉是直接钉上去的，这其实已经是非常严重的执行失误。按照事后的测试和计算，这样的维修使得铆钉附近金属蒙皮应力增加，金属疲劳不断累积，通常只能承受一万次左右的飞行，但这架失事飞机居然在潜在危险不断扩大的情况下，飞行了 12 319 次也没有再次检测出隐患。

纵使政策再完善，即便执行形式和内部检查表面上也是完善的，但如果执行实际效果打折扣，灾难迟早会降临，只是时间问题罢了。

第七章　质量认识论原理

> 转眼之间，我发现自己失去了职务，失去了党派，失去了席位，甚至还失去了阑尾。
>
> ——丘吉尔

1922年丘吉尔竞选失败后，发现自己又一次不得不承受失去的痛苦，但他刚强的意志起了作用。宁可失去一切外在的表面上重要的东西，他也要割掉身体内部的"小缺陷"。只有这样，他才能重新夺回失去的一切，否则将永远站不起来。

第一节　认识论的三个问题和重大意义

如果只抱怨自己的损失和痛苦，那么真的可能永远无法再站起来。

如果只是一味看到自己的厉害，那么真的不可能持续改进。

如果忽略整个社会管理质量还多么需要重视和自我完善，那么就是对生命和社会的不负责任。

远的不说，仅仅2021年就发生了甘肃白银景泰"5·22"黄河石林百公里越野赛事件、"6·13"湖北十堰市某社区集贸市场燃气爆炸事件、"6·13"四川某食品有限公司在停产检修期间的生产安全事件，这些事故的发生令人震惊和痛心。如果社会管理服务质量提高，这些事故可以避免。

这些事故有没有引起每一位管理者的反思？我们的社会治理能力和救援能力有没有不足？这些事故突显了我们的社会管理水平、企业管理水平、服务意识还处于亟待极大提高的阶段。中央提醒各地必须全面排查各安全隐患，举一反三、压实责任。

认识的问题是最根本的问题。

质量认识论主要包括三个问题，即对有关质量问题或者质量管理相关问题认识的本质、过程和结果（最佳结果是真理）。质量认识论的本质是质量主体对质量客体的能动反映。质量认识论的过程是从质量实践到质量认识、从质量认识到质量实践的无限发展。质量认识论的最佳结果是真理，真理是人们对客观事物及其规律的正确认识。

质量管理认识论首先要解决的问题是对质量管理本质的认识。而认识质量管理本质，首先要回答的问题是对质量本质的认识。

没有正确的认识，特别是社会群体的正确认识，很难实现制造强国、质量强国的战略梦想。

前面章节对质量及其管理的本质已有详细的论述，这里不再赘述。下面从误区的角度深入剖析。

第二节 质量管理认识误区

一、 纠正认识误区的必要性

认识论要解决的一个重大问题，就是认识误区的问题，要纠正认识误区，才有进一步实践的意义。

所谓的认识误区，是指认识上存在的一些似是而非的观点。如果按照这样的观点，不仅不能正确地指导实践，还有可能误导许多人走向一条错误的道路。例如，无知无畏，不知道危险，实质上就是傻，并不是无畏。这个"无知无畏"，偷换了无畏的概念，并不是一种值得人们佩服的英勇行为，甚至可以说是对真正无畏的人的一种侮辱。怎么才知道自己是无畏的呢？明知山有虎偏向虎山行。是什么原因让他做出这样的行为？无私才是真无畏——没有私心杂念，为了一个理想，为了一个伟大的目标，这种人才是无畏，才是我们说的真正意义上的大无畏。又如古人云，"女子无才便是德""无毒不丈夫""无我""无念""人不为己，天诛地灭"等，这些话长期以来常引起后人误解，可想而知认识的误区有多无奈。

有这么一件事情，一个伊朗的客户在中国定制了一批酒店用的门把手，是浙江的一家工厂生产的。伊朗客户的要求非常高，门把手必须没有半点肉眼看得出来的瑕疵。完美的质量认识是伊朗方面的基本观点，但是对于浙江生产厂商来说，他们并不是这么认为，他们觉得只需要补偿10%左右的由于质量问题产生的损失就可以了。

从打官司到法院要求出具检测报告，法官和双方都在协商在什么范围内给这个产品做出补偿，也就是不合格率应该是多少才算整批产品不合格。

要纠正这样的认识误区是极其重要的，因为它指导人们的下一步行动，如果这样的因素仍存在，人类的质量管理永远不能前进。

人无定人，法无定法，方无定方。

人，认为每位基层职员、工人严格执行要求即可。

法，认为严格按照法律、法规、体系、标准办事就绝对不会有差错。

方，认为严格遵循别人成功的方式就能解决自己的质量问题，严格控制落实，照搬照抄别人的模式和方法，如果不行，那就是执行有问题，没有从根本上认识到客观环境和自身条件的差异。

二、质量管理认识疑问

有一些常见的质量管理认识疑问，比如：

（1）体系能解决质量问题吗？这是个评审怪圈。

（2）误差问题，测量不确定度问题。

（3）质量成本和质量优劣成正比吗？这是有关控制成本的问题。

（4）零缺陷做得到吗？

（5）现代质量管理需不需要自力更生、艰苦奋斗？没有自力更生就没有真正意义上的原创，没有实践就没有创新及创新的价值和能力。

（6）是事后监管重要还是事前设计重要？

（7）谁该为质量低下买单？

（8）为什么说存在高阶质量？

（9）质量大环境污染与防治问题。

（10）体系要强调，标准也要遵照执行，但关键是如何执行好。

（11）严格按照标准作业，是必需的，但是要明白标准，往往是最低的要求。标准还有一个幅度问题，比如日本人的汽车生产幅度就很大。

目前中国质量界专业人士主流的质量管理观，其中一个是体系万能论，虽然从来没有明确提出，但是事实上基本都这样做，总以为一旦搞好体系，通过了评审，质量就没有什么问题了。

三、质量管理认识三大误区

质量管理认识有三大误区：一是对质量主客体的认识误区，二是对体系、标准的认识误区，三是对各种质量大奖、质量管理模式的认识误区。

（一）对质量主客体的认识误区

各级人员，特别是基层职员和工人、基层综合技术管理人员，其责任意识、荣誉意识及潜能意识应该是具有主动积极性还是被动服从性？

误区：认为基层只要严格按照要求做就可以了，不必动脑也不必承担其他责任。各自按要求做好，不要干涉或者分心别的事情。这实际上就是一种机器人干活更符合质量要求的思想，在很多情况下有它存在的道理，但不利于进一步的创新，以及更好地体现人类客户的需求。缺乏人性的质量最终只会走向崩溃。

在历史上，质量往往与工匠密切相关，即使是在现代化大生产过程中，不管自动化率多高，工匠的作用依然至关重要。

往往是小人物，在质量管理中起到主导作用。

有这样一个真实的大国工匠例子：张兆明级完全无允差制样。

20世纪80年代，金检参与一起要和日本公司打官司的案件，当时我们发现从日本进口的冷轧板其抗拉强度、延伸率都有问题。但日本公司代表很傲慢，因为他们的产品质量历来过硬（近年情况不同，日本第三大钢铁企业——神户制钢由于检测数据作假已经臭名昭著），当时日本钢材质量的确非常好，我们的钢厂和他们有很大差距。两个日本人要求参观我们的实验室，名为参观，实是不相信我们的检测结果，他们要在检测过程中发现我们的漏洞。当时，中心总工程师，一位留美回来的教授级高级工程师带着他们参观力学室、金相室、化学分析室、电镜室等。参观完毕后，他们找不到任何可以挑刺的地方。这时，他们中的一位提出要求，让我们按照他们指定的尺寸大小当场制备一块冷轧板。

我们的制样人员在黄民光（牛哥）和张兆明（大象）两位顶级大师带领下，群策群力，很快就制好了，日本人用千分尺、螺旋测微器反复测算，"公差"对零，完全吻合！

因为公差是允许有"上限和下限"的，公差尺寸是大家公认的一个尺寸，无细分误差。但机械加工中存在加工设备和夹具的误差及加工人员的工作误差，导致加工出来的工件尺寸很难保证与设计者设想的理论尺寸一致，因此向来设定一个公差带，这就是公差尺寸。"公差"对零是一个通俗说法，严格意义是不存在的，机件加工，即便是最先进的切割工具，也必然有公差尺寸，可能是微米级，也可能是纳米级、皮米级。

这两个日本人不相信我们能做出"对零"杰作，当即要求我们再做一块，并且提出要亲自到制样室观摩。我们制样组人员面对外方亲临现场的压力，胸有成竹，娴熟操作，干练利落，用时比第一块还缩短了一半。又是一次绝对标准的"公差"对零！看到我们用的机床等工具如此普通，两个日本人呆若木鸡，竖起了大拇指："服！"

正是这位不知名的小人物张兆明，创造了完全无允差制样的奇迹（或称为"张兆明级"），让日本人大开眼界，佩服得五体投地。

质量管理往往与安全联系在一起，质量安全更离不开日常的监管和维护。广州市作为中国的现代化大都市，在许多方面都走在全国前列，尤其是在城市建设和相关的配套基础设施建设方面，不管是质量还是服务各方面都比20多年前有了很大的改善。20多年前珠江新城刚开始建设的时候，很多沙井盖都莫名其妙地被掀开了，人或车辆一不小心就会陷进去，而且在相当长的时间内都找不到解决这个问题的办法，对晚上出行的人和机动车更是有很多的安全隐患。后来通过科学的安装和加强相关的管理措施，情况有了根本的改善。但是作为一个现代化的大都市，广州市的电线线路铺设还有许多问题，很多电线随时可能掉下来，也可能漏电，在监管质量方面仍然有很多需要提升的地方，而在欧洲瑞士许多城市看不到一根电线杆，更不用说裸露在外面的电线了。某天清早，广州闹市区一条马路的电线掉了下来，刚好悬挂在头顶的位置，有许多人骑车、开车经过，这其实是很危险的，因为汽车完全可能把电线刮破。幸好后来有一个人用绿色的小塑料袋把电线包裹住，才避免了事故的发生。

管理者应该身先士卒、深入基层而不是坐在办公室遥控指挥。

曾经的通用总裁刚上任就采取了一个行动，把所有管理层的办公室门全部拆掉。

无独有偶，2009 年 4 月，美国在线 AOL 刚上任 CEO 蒂姆·阿姆斯特朗拆下了刚接手的办公室大门，他决定彻底改变高层管理者与普通员工分隔开来的管理模式。

10 年后，中国重汽集团董事长谭旭光要求所有领导办公室改装透明玻璃门，"让大家在阳光下透明工作、接受监督"。

正如杰克·韦尔奇说："我们推翻了老旧的品管组织，因为它们已经过时了。现代的品管属于领导者，属于经理人员，也属于员工——每一位公司成员的工作。"

（二）对体系、标准的认识误区

活系统，即体系管理要做活，一是科学正确理解标准、体系的精神，体系要活，而不是简单地执行内审、监督评审等；二是监控更多体现在线和即时反馈，期间核查、监督反馈要活；三是系统整个架构、信息交流、网络执行、节点响应、存储分析、预测预防等方面要活。

误区：认为不折不扣、机械执行各种体系和标准的要求就可以达到完美的质量。这其实是一种死执行，后果可能很严重。现实中，这种体系被执行得相当广泛，但是质量灾难依然层出不穷。

前面提到体系、标准与实际出现的质量灾难相互矛盾，其根源在于改革开放以来中国学习国际先进理念所出现的认识误区。

质量系统管理过程化、操作体系化对于习惯严明纪律的国人来说非常适用，不管是管理层还是被管理层。操作层面严格按照标准作业已深入人心，几乎每个企业、每家工厂的员工都对 ISO 9000 耳熟能详，这个在 20 世纪 90 年代中国普通社会人士几乎从未耳闻的"新事物"在短短 30 多年就已成了质量高大上的代名词。我国质量界绝大多数学者往往潜意识认为 ISO 等国际标准就是最好的，达到了 ISO 的要求就意味着世界级品质，好像有了 ISO 9000 的认可认证，质量就有了保证，生产经营活动就完全进入了国际先进行列一样。

　　其实国际标准、体系只是一些最基本的要求，质量管理的目标实际远远不止于此。

　　国际品质管理体系认证产生的一个基本原因在于，军用品往往是一次性的，任何一发哑弹、一颗哑炮或者出现炸膛，或者一张打不开的降落伞，影响的也许不仅是一两条生命，还有可能是整个战场的胜负、整个国家的安危。品质管理体系认证应运而生，保证最基本的产品合格率。

　　甲午战争中，"致远"舰携带的一枚152毫米哑弹直到2016年考古才被国家文物局水下文化遗产保护中心发现。试想如果这枚炮弹没有哑掉，也许这场战争会变成另一种结果。在此之前，日本福田海神社一直保存着一枚260毫米的"平远"舰炮弹，如果它当时爆炸了，日本"西京丸"命运可能就不一样了。

　　"二战"期间英军著名的司登冲锋枪，价格便宜，结构也简单，但是其弹夹和供弹装置经常会卡壳。最要命的是，它的保险装置一点都不可靠，盟军的士兵有不少就被自己手中的冲锋枪所伤甚至毙命。

　　具有先进管理经验的美军同样遇到过武器生产缺陷造成的巨大灾难。1916年，美国海军一艘战列舰突然炸膛，但没有人员伤亡。密歇根号二号炮塔主炮有12寸（304毫米），属于早期炮管制造工艺故障，此类事故时有发生。1943年，美国海军战列舰密西西比号在战斗中发生了严重的炮管炸膛，43名船员因此壮烈牺牲，还有多人负伤，差点影响了攻克日本占领岛屿的战斗任务。不过令人宽慰的是，这艘巨舰质量一流，不仅经受住这次爆炸的考验，还在后来的战斗中经受了两次日本神风突击队飞机的直接撞击，始终傲然不沉，坚持到"二战"的最后胜利。

　　军用品必须做到零缺陷，绝对不允许有任何差错。首先要经过相当艰难的设计和复杂的审核，相比民用品，由于特殊的使用环境，军用品要更加注重技术指标、可靠性、精度等。因而，多数情况下是无法再进行破坏检验，军用品讲究的是件件合格、个个优良，任何一个误差都可能造成无法估量的后果，因此，民用品的抽样检查以保证整批质量的思维不适用军用品的生产和制造。

　　1989年4月19日，美国战列舰"衣阿华"号在大西洋参加联合军事演习时，二号炮塔在准备发射时突然剧烈爆炸，据相关报道，47 名官兵当场死亡，受伤人数超过 2 000 人。事件的原因是发射的弹药包过期，自动装弹机力量又过大，从而引爆待发射的弹药包。而当时主炮炮膛还处于未锁闭状态，弹药包爆炸产生的火焰使得炮塔内的另外 2 000 磅弹药包再次爆炸。这是继 1916 年、1943 年以后大型军舰发生的又一严重弹药包爆炸灾难事故。

我们必须树立绝不容许任何可能造成灾祸的零缺陷意识。而这种意识不会因为体系、标准存在而变得可有可无，或者因有资本而疏忽大意，恰恰相反，正是由于体系和标准的存在，我们必须特别留心事物的本质和质量控制上的盲区。

在中国，开展得较早、较好和最严格的也许是食品、药品等的行业认证认可了。比如 GMP 认证，早在 1995 年 7 月 11 日，中国卫生部（卫药发〔1995〕第 35 号）就发布了《关于开展药品 GMP 认证工作的通知》。1998 年 7 月 1 日后，GMP 在中国是强制的，卫生部不予受理未取得药品 GMP 认证证书的企业，对未取得药品 GMP 认证证书的新开办药品生产企业，不得给予《药品生产企业许可证》。

GMP 强调生产过程的控制，企业要改善环境，有完善的质量管理体系，有非常严格的检测系统，最终生产出的产品其质量要符合 GMP 法规要求。

正如上文所说，这些体系通常是发达国家科学总结出来的，具有通用性和指导性，但 ISO 为了照顾第三世界国家的实际操作能力，不得不采取第三世界可理解及可实行的规范要求。

中国三大行业，食品、药品、建筑，几乎所有的大企业都通过 ISO 等各种体系评审认证，特别是药品，还必须通过 GMP 等认证，不可谓不严格，不可谓不努力。但是，恰恰是这三大行业，对比二十世纪五六十年代，甚至是七八十年代的行业状况，虽说经济发展飞跃，但无法掩盖事故、灾难频频发生的窘境。

在质量管理体系中最严格、要求最高的就是食品行业和药品行业，特别是药品的 GMP 体系。但是这两个行业都出现了巨大的问题，已经不是偶然事件，必须做出深刻的反思。

CFDA 2015 年度国家医疗器械不良事件监测报告，在全国上报的可疑医疗器械不良事件报告中，使用单位上报 259 219 份，占总报告数的 80.6%；生产企业上报 5 352 份，占总报告数的 1.7%；经营企业上报 56 315 份，占总报告数的 17.5%；还有 364 份报告来自个人，占总报告数的 0.1%。由此可见，不良事件上报依然高度依赖于使用单位。而在美国，不良事件的上报通常不由医疗服务提供者上报，大部分来自制造商及其经营单位。这说明我国制造商及其经营单位在主动进行安全质量管理方面还有待提高。

　　之后，我国在这方面坚持用最严格的要求进行监测。根据国家药品不良反应监测中心《国家医疗器械不良事件监测年度报告（2020年）》，2020 年，系统共收到医疗器械不良事件报告 536 055 份，比 2019 年增加 35.25%，报告死亡的有 218 份，严重伤害有 32 874 份（见图 7 - 1）。

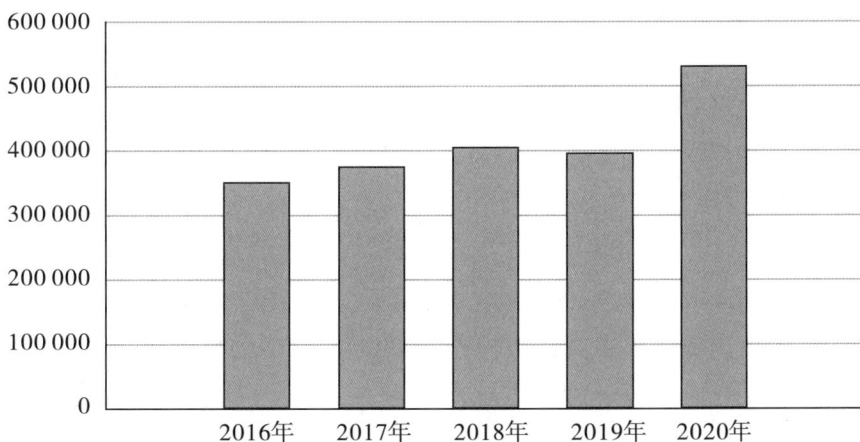

图 7 - 1　2016—2020 年全国医疗器械不良事件报告数量

　　近十多年来，食品行业灾难性事件也不少，比较出名的有以下一些案例。

　　2005 年，中国查出海鲜产品类含有孔雀石绿。"孔雀石绿"最大的危害就是在人体内致癌、致畸。2005 年 6 月，《河南商报》《华商晨报》通过对湖北、河南、辽宁等地的养鱼场和水产品批发市场、商店等的调查，发现孔雀石绿普遍用于鱼的养殖中，能预防鱼的小瓜虫病、水霉病、鳃霉病，延长鱼的存活率。7月7日，农业部下发《关于组织查处"孔雀石绿"等禁用兽药的紧急通知》，在全国范围内严查非法使用孔雀石绿行为。但是在几个月后，几大品牌的豆豉鲮鱼罐头就被香港食物环境卫生署查出同样含有致癌物"孔雀石绿"。1年后，山东多宝鱼药残超标被上海媒体报道，据悉是由于某著名企业一家子公司生产的饲料含有"孔雀石绿"。

"苏丹红"事件。同样被不法的商人用于食物的，还有一种著名的致癌物"苏丹红一号"。2006年，中国鸭蛋有一些呈现十分诱人的鲜艳红心，经查，是养殖户喂鸭子吃"红药"造成的。而这种被河北石家庄某禽蛋加工厂使用的"红药"，经中国检验检疫科学研究院食品安全研究所检测表明含有偶氮染料——"苏丹红四号"，被国际癌症研究机构列为三类致癌物。

2011年央视3·15曝光某集团的"瘦肉精"事件。拥有国家级技术中心、国家认可实验室和博士后工作站的某著名集团在1994年引入ISO 9000质量体系，建立了一套完整的质量保证体系，1997年7月通过了ISO 9002质量认证体系，还先后通过了ISO 14001、ISO 22000和HACCP认证以及对日本、新加坡等国的出口认证，是质检总局授予的"国家质量管理卓越企业"。1999年12月，该集团名称商标被认定为"中国驰名商标"；2000年10月，该集团被农业部等八部委认定为首批"农业产业化国家重点龙头企业"。但就是这样一家企业，在央视曝光后，该公司采购部业务主管不得不承认，他们厂的确收购了添加"瘦肉精"的养殖猪。河南孟州等地添加"瘦肉精"养殖的有毒生猪，居然顺利卖到该集团旗下公司，然后畅通无阻进入消费者市场。"瘦肉精"属于肾上腺类神经兴奋剂一类，添加到饲料中，可以增加动物的瘦肉量。有勇气向公众承认错误的企业是了不起的，而敢于采取切实的措施改正错误的企业更是了不起！痛定思痛之余，该集团决定把以往的荣誉放在一边，采取五大实际行动给广大消费者真正质量保证和放心：一是每头生猪都100%检验，确保100%安全；二是引入中国检验认证集团这个第三方检测机构，公开透明地接受监督，开创了一种新的食品界模式；三是建立源头溯源机制；四是完善自己的产业链，发展养殖业；五是把3·15当作企业的安全日。2013年9月，该集团重新崛起，以 71 亿美元收购世界最大生猪养殖企业——美国的史密斯菲尔德集团，成为全世界最大的肉类加工企业。

2011 年 4 月，《消费主张》节目曝光了上海某食品公司在馒头中加入色素的过期"染色馒头"事件。2011 年 8 月，浙江工商局发现抽到的 3 万只血燕窝，其亚硝酸盐全部严重超标，怀疑是劣质白燕窝制成的。同年同月，重庆工商部门查处某一著名品牌超市发现其用普通冷鲜猪肉冒充绿色猪肉。同年 11 月，发生了几个著名速冻食品品牌的"细菌门"事件，其产品被检出的"金黄色葡萄球菌"有可能导致腹泻或者肺炎，加热不足 30 分钟，该细菌很难杀灭干净。

2013 年 1 月发生了杭州市质监局的稽查队员在某加工点内查获了××牌腊鸭舌和鸡腿的甜蜜素和亚硝酸钠包装箱事件，此事件涉及珍珠奶茶。添加了甜蜜素的珍珠奶茶香味更诱人，但人体如果过量摄入甜蜜素，可能对肝脏或神经系统造成危害，甚至有致癌、致畸风险。

面对需严格遵守的质量体系和执行标准，质量灾难一次又一次突破底线，这是为什么呢？

许多人认为，这是因为他们没有真正认真按照体系要求去做，如果严格按照规定执行，是不会出现这些问题的。

果真如此吗？

再完美的体系也是死的，如果没有良好的机制运行，没有主动认真的态度与行动，只为体系而体系，只为标准而标准，一切可能发生的缺陷或者质量上的问题都还是会发生。

那么究竟 ISO 体系有没有用呢？

参考或者按照体系来管理只不过是质量管理的第一步，迈出这一步是为了更好地建立有效的机制、良好的管理环境，激发被管理者与管理者之间的完美沟通，从而保证共同、有效的质量管理目标的实现。

但如果只是单纯考虑体系，忽略了整个系统的活性以及人性，那么这样的系统管理实际上存在着致命缺陷，因为人是至关重要的因素，不重视被管理人员的尊严和技术人员的积极性，在日益剧烈竞争的社会中是很难长久保持良好质量态势的。

特别是一些中小企业、小微企业，往往不得不为了社会上的认可认证，为了商业的竞争优势，建立所谓的符合要求的体系。但是它们往往会出现两种情况：一是疲于应对体系日常条条框框管理；二是疲于应对认可认证，虚与委蛇，甚至做假。有一种说法就是不做假难以通过，如很多原始记录的更改，很多环境因素或者标样问题影响到的曲线，都可能为了通过评审或者复评而不得不做假以达成，因为这貌似是最省成本的方法。在质量管理中的不诚信，是一种迫于机械认可认证而做出的妥协，但是这样的妥协必然带来企业在生产中的不诚信，这样无形中体系就培养了一批不得不做假、又善于做假的质量与技术管理人员。打一个比喻，只有体系也许就像人类只有皮囊，没有血液和骨肉，更谈不上灵魂。

国内推行质量管理体系存在三大致命问题：一是引以为荣，只在意体系认证证书、评审，在意的更多是声誉、利益而不是质量本身；二是认为体系包治百病，只要按照体系来做就不会出错，即使错了也是体系的错，或者是理解的错，或者是没有严格按照体系去做的错，根本就不管客观事实和实际条件情况，更不从经济和人性来探索解决之道；三是只注重所谓的结果，即体系所谓要求高不高，技术水平高不高，不合格项多不多，有没有不应该出现的灰尘，有没有不应该张贴的标识，以及什么期间检查、内部评审、专项审核、每周及每月工作质量检查等，各部门疲于应付，无法集中注意于工作细节上，无法静下心留意生产服务过程细节。落实质量一定要脚踏实地、一步一个脚印。在整个追求体系完美执行的表面下没有人注意到，或者没有人有精力去避免：任何一步虚浮都会带来致命缺陷、致命事故。通过认证后以为可以高枕无忧却出现质量事故的情况不在少数。认证本应该是万里长征的第一步，却普遍被误以为达标了就是终点，质量在他们眼里只是一种水平、一种高层次，忽视了质量是一个过程，是一辆不会停止、永远向前飞驰的列车，一旦疏忽就会掉下去。

并且，质量问题总体来说是一个系统问题，很多事情只有社会特殊用户以及生产商设计制造专业人士比较清楚，如果这种直接相关的质量方没有主导权，而是由所谓的第三方机构主导，这本身就违背了管理最根本的一个原则，就是熟能生巧，"熟"才能发现问题，控制问题；对产品的质量管理而言，则忽略了千锤百炼。这两条，质量体系都不涉及。

中国很多人做事情不是不努力，而是没有动脑子思考：有没有找到正确的方法，或是事半功倍的方法？

只有良好机制才能够保证系统活性。只拘泥于体系的完备，最后很难避免质量上的踏步不前，或者虚于形式。

体系认证是否廉颇老矣，尚能饭否？

（三）对各种质量大奖、质量管理模式的认识误区

我们一直以来认为，只要按照成功的方法、模式去做，我们自己也能取得成功。

成功是不可克隆的，每个人、每家企业有自己的特点，有自身不同的出发点和目标，所处的环境和条件也不尽相同，客观和主观上都决定了成功从来只能作为参考，不分具体生搬硬套，不分场合生吞硬咽，最后都不会成功，质量的苦果只能自己来品尝。

中国曾一段时间以拿奖为荣，如果一家企业拿到了鲁班奖、中国质量奖等，产品宣传就会反复强调，走在哪里都可以趾高气扬。殊不知下一个产品和下一次服务与这个奖并无任何逻辑关系。但国人的思维和质量意识就是这样，一次杰出好像代表了永恒。

1. 被辱没的鲁班奖

河北某烟塔工程有限公司所承建的河南沁北电厂8 500平方米冷却塔工程、河北国华定州电厂8 500平方米冷却塔工程，均获得过"鲁班奖"，在2016年却发生了"11·24丰城电厂施工平台倒塌事故"，有68人遇难。

曾荣获1991年国优特别鲁班奖的某体育博物馆，建成10年，地基不均匀下沉，承重钢梁断裂，大部分墙体及地板出现贯通性裂纹。

2. 国家质量奖的尴尬

中国国家质量大奖原是荣耀，分两个，一个是2001年中国质量协会设立的全国质量奖，原名叫"全国质量管理奖"，一年评一次；另一个是原国家质量监督检验检疫总局设立的中国质量奖，两年评一次。第三届中国质量奖有一位国务委员出席，强调要深入推进质量改革，加快质量强国建设。

这可以说基本上是中国质量界当前的一个主流认识，也是对我国目前质量管理方面一些短板的认识。但是，现实往往和设想有差距。

2019 年北京市市场监管总局办公厅发函（市监质函〔2019〕310号），撤销中国××××（集团）有限责任公司中国质量奖称号，收回证书和奖杯，原因是"有限责任公司下属的北京×××蜂业有限公司因更换标签虚假标注生产日期和使用回收蜂蜜作为原料生产蜂蜜受到行政处罚"。这个可谓是第一家官方承认的中国质量奖获奖又被撤奖的单位。

2017 年，国内某一大城市宣布称当年唯一一家全国质量奖获得者是某市地铁，11 月 29 日获奖。该市地铁立马大力宣传，到 2020 年，该市地铁网络将超过 800 公里，而"安全质量第一"是该市地铁集团有限公司标榜的最重要的一条核心价值观。"安全第一、预防为主、综合治理"，要抓手"安全标准化"，建立十大方面的全过程安全质量管控体系：责任落实、分级管控、监督检查、风险评估、隐患整改、设备保障、科技支撑、教育培训、应急处置、奖惩考核。

但是，说话再响也无法避免现实的残酷。

2018 年 12 月 26 日，微博上流传该市地铁三号线有乘客死亡，地铁在官方微博上回应，全文如下："12 月 25 日 18 时 55 分，3 号线 344 号列车进站时，司机发现站台末端有乘客擅自翻越电动栏杆，立即紧急制动，列车越过该乘客约 2 节车厢后停下……因乘客被电动栏杆防夹挡板和车体夹住腰部，液压扩张器使用后仍无法搬出。值班站长遂使用螺丝刀卸下电动栏杆防夹挡板后，将伤者移出。19 时 16 分，120 到场宣布该名乘客死亡。"

任何所谓先进的体系、质量管理方法，任何响彻大江南北的宣言都无法挽回这些因质量事故、质量管理失误而消失的健康和生命，钱没了还可以再赚，奖没了还可以再赢，但是，那些消失的生命呢？

3. 质量管理首先是一个活系统管理

质量管理会面临新的时期、新的特点，企业应根据所在的环境条件、自身所拥有的资源等不同因素而做出适当的改变。如果无视客观因素的变化，一味强调不折不扣的遵从，即使百分百按照别人的体系、别人的方法去做，这样的质量所能达到的结果也是不容乐观的。即便是被奉为经典的 ISO 体系，如 ISO 17025 等，CNAS 认可时对所使用的标准和方法也要求一定要做方法验证。

例如某检测实验室的 ICP – AEC 炬管问题。单纯按照操作规程依然可能发生检测质量事故。这台 ICP 其实隐含了两套不同的炬管,各有着不同的操作注意事项。一套是垂直的,适用于所检测的目标元素是高含量的;另一套是水平的,适用于所检测的目标元素是低含量的。如果用错炬管,用水平的来测高含量的目标元素,虽然肯定能测出来,但首先要稀释,稀释多少倍视情况而定。如果用垂直的来测低含量的目标元素,是测不出来的,反而可能会让检验员做出误判。比如要检测铁铬矿的主成分,如果该矿铬(Cr)含量较低,没有相关经验的检验员用垂直炬管来检测,则可能认为该矿连铬矿都不是,做出完全错误的结论。

如果在执行过程中必须考虑灵活性,那么如何做到正确的灵活,则需要对相关的标准、相关的操作流程和各种方法都非常熟悉,熟能生巧。如果说工厂、实验室标准、体系的执行适当与否缺乏灵活性,那么下面的例子相信大多数人都能明白个中道理。

电影《萨利机长》源于一起真实的航空事件,于纽约哈德逊河迫降成功,透露了当时萨利机长紧急关头中完全违反了标准操作规程,只凭自己的经验和反应,完成了模拟机试飞十多次也不能成功一次的降落壮举,创造了航空史上的奇迹。

当你渴望活着的时候,你的机动将比任何标准更有效!

第三节 发达国家质量意识思想及其层次结构

环境意识、严惩体系、企业质量文化、内部质量管理、工匠权威、科技与人性化、创新与主控力、集中精神与排除干扰、责任与荣誉构成一个复杂的质量管理系统,如果其中一两个关键环节缺失或故障,都有可能出现致命的、无法挽回的结局。

一、发达国家的质量意识

ISO 国际标准化组织的质量意识,其实是一种最低层次的要求,完全不代表目前世界先进国家民众普遍的质量文化意识。

某种意义来说,质量文化非常重要,如何保证这种文化不仅存在于每个人的意识中，而且让它能够发挥实质作用。如果只是沉迷于体系和标准，我们下一步是不可能取得进步的。当然，目前这一步必须经过严格的标准和体系。

诚信、严谨、创新、科技化、系统化、主动性、自力更生、艰苦奋斗、不屈不挠、千锤百炼、服务意识，这些才真正是质量的代名词，而这些都是 ISO 没有告诉你我的。

诚信是企业和社会沟通的桥梁；诚信是人类前行、维护社会和谐的纽带；诚信是企业生存、发展、壮大的基石；诚信是促进企业进步的动力，是助力企业走向巅峰、取得成功的关键。诚信无论对个人还是企业来说都是至关重要的。

中国二十世纪五六十年代的产品质量品质非常好，如凤凰、永久、飞鸽等品牌自行车。诚信、一丝不苟、自力更生是那个时代厂家和产品的代名词。

里根总统在他的最后一次以总统身份演讲时就很动情地谈道，"因为我们相信，一个社会之所以伟大，并不在于其政府做出多少许诺，而仅仅在于其人民取得了进步，这就是我们进行的改革"，"在这个国家里崇尚正直、宽容、慷慨、忠实、勇敢、知识、公正和虔诚"。

这其实也可以视为我们企业质量文化的价值观和认识观。

正直，不仅个人如此，企业更应如此，唯正直才能生存长久，一味搞歪门邪道走不远，即使一时独霸，终究也会被众人淘汰。质量之源就在于此，没有了正直，假货泛滥，谈何质量？

宽容，不是社会和企业对产品质量采取宽容的态度，而是提供给工人、生产者一个宽容的环境，一个适合创新创造的环境。这个意义上的宽容，绝不是没有边界的对坏的纵容。但没有宽容，严管严控，怎谈创新，怎谈跨越？

慷慨，企业的发展需要员工拥有主动性和忠诚度，其前提是企业的高层管理者有慷慨大度的气场，社会的进步也有赖于此。慷慨是对辛勤劳动者的褒奖，是对创新创业者的爱护和保证。没有慷慨，质量无法持续，更无法持久。

忠实，不仅是指员工对企业的忠实，而且还指企业对社会、对国家的忠实。没有忠实服务的思想，这样的产品和服务绝非一流。没有忠实的拥趸，质量最终还是昙花一现。

勇敢，是企业生存和发展必须具备的最基本条件，即便遇到挫折，也要勇敢面对，勇于担责，勇于开拓。只有这样，真正的品质才能被勇敢者赢取，才能让社会各界满意。没有勇敢，质量就没有持续改进的可能。

知识、公正和虔诚，更是现代质量管理最基本的要求。

二、发达国家的质量意识层次结构

综观国外质量管理各种思想、理论、方法，先进国家质量管理主流意识可以概括为：两大基础，一个核心；三个层面，两大动力，多点开花。

两大基础：一是以人性化、自主化管理为基础，二是以数理逻辑、科学技术为基础。这两方面的发展几乎是同时进行的。

一个核心：服务。中国当前最先进的质量管理思想，即管理就是服务质量管理，就是有质量的服务，这是社会主义中国区别于其他西方发达国家最根本的质量管理理念。邓小平曾经在不同的场合都表述过管理就是服务。

社会管理的本身就是服务人民大众，虽然在私有制国家根本利益上有所不同，但是不管在名义上还是在实践中，许多现代西方的管理同样体现出一种服务思想。

三个层面：一是宏观层面，包括系统与系统科学思想、法律法规思想、制度条令思想、责任与荣誉思想、质量监督和保障思想、严惩和重罚思想等，如戴明质量管理法、朱兰质量管理法、森口体系、田口质量管理工程法、8D、全面质量管理思想、精益质量管理、ISO/IEC 17025等；二是微观层面，主要是指各种技术、标准、方法，如质量预先试验设计 DOE、平衡成本思想、精确测量之精确思想、程序化思想、标准化思想、过程管理、流程再造、缺陷间断点思想、缺陷提取技术、排除干扰思想、认可认证、能力验证、水平测试等；三是附着层面，既可以是宏观的也可以是微观的，或者是介于两者之间的思想意识，这方面的典型是系统零缺陷（SZD）思想、六西格玛（6σ）管理理念等。

两大动力：一是主控—统治力，二是自由创新。两大动力实际也是互有关联的。乔布斯认为，是具有统治力的领袖，还是跟随者，由创造力决定。创造力是无限的，限制创造力的是人的想象力。乔布斯进一步阐述怎样做才能创新，那就是把所有相关的事物连接起来。

多点开花：让各种思想形成适合自身的理论或者方法而创造成绩，不拘一格。

一些容易理解的思想前文已经比较详细阐述过了，这里最主要是挖掘出一些被忽视但起重要作用的思想意识。

三、 主控—统治力思想

所谓质量管理的主控思想，其实和企业在国内外所在行业或相关行业的主导控制（或称为统治力）相呼应。比如，当年诺基亚占据早期手机统治地位长达十年之久，过硬的质量声名远播，其手机即便是摔在地上多次或者淋湿了，也依旧可以使用。但是，苹果在乔布斯的领导下，短短几年间就完全击败了诺基亚和其他数字手机，占据新的领导地位。

乔布斯是个把质量等同于完美的主控者，他的完美主义闻名世界。他始终坚持主控思想，认为完美的质量没有捷径，必须关注所有的细节，生产出能统治行业的产品，并始终如一坚持下去。因此，乔布斯自称从不做市场调查，因为他只创造统治市场的完美无瑕的艺术品。

这与企业质量主控思想有着非常重要的关系，要做就做行业的领袖！只有这样，质量才能真正立于不败之地！顶尖的质量与主控相辅相成，这是具有国际级统治力企业的传统。

"市场调研没有用，因为消费者根本不知道他要什么。"乔布斯统治力的特质以及主控产品世界的自信成就了苹果的辉煌。

同样英雄所见略同的认识出自亨利·福特："如果我问人们需要什么，他们只会告诉我想要一匹更快的马。"

而杰克·韦尔奇更直接简单，就是"数一数二"原则。韦尔奇上任伊始，立马裁减业务、部门和人员，唯一的标准就是"数一数二"原则，业务必须要能在市场上完全占据头两把交椅，否则就要被砍掉——整顿、关闭或出售。

什么是统治力？数一数二，这就是韦尔奇带给通用统治世界的统治力。

没有主控思想，没有统治力，这就是国内大企业和世界顶级企业之区别，也是国内质量管理和国外质量管理的主要区别！主控—统治力是与生俱来的底气，也是高屋建瓴的源泉！

主控—统治力的思想某种意义上可以和一流的质量画等号。

四、 附着层理论

质量管理主控思想和服务思想是两套并行的质量管理思想和实践。主控思想是质量管理区别于其他无质量管理的主要标志之一，服务则是管理的终极目标和新的出发点。

质量管理体系还有诸多理论和尝试，其中最具吸引力的是附着层理论中的 6σ 管理理念和最具潜力的系统零缺陷理论。具体内容已有相关书籍作了详细介绍，这里不再阐述。

此外，先进质量管理意识还包括：社会环境质量意识、法律严惩体系、企业质量文化、内部质量管理、工匠权威、科技与人性化、自由与创新、主控与统治力、集中精神与排除干扰、责任与荣誉，它们构成一个复杂的质量管理巨系统。致命的、造成重大损失的灾难性事故，往往在质量管理过程中有多个利害环节同时缺位，这也是先兆，任何造成灾难性事故的单点故障都有先兆，建立质量管理巨系统、强化可靠性设计目标之一就是把握好"先兆"，消除故障。这必须经过艰苦细致的工作、坚持不懈的努力、时时刻刻毫不松懈的注意力，系统如果有一两个关键环节缺失或故障，就有可能出现致命的、无法挽回的结局。

先兆性质量管理巨系统出现故障、事故、灾难后再处理也是为下一个先兆性质量管理巨系统服务。这就是全部质量问题的根本解决方案。

第八章　质量管理方法论原理

不讲方法的质量管理就好比再好的刀不磨，再幼的枝条也难斩断。

先进的方法往往来自质量管理哲学思想，又反过来指导质量管理。巨蜥怎么能进化出对毒蛇的免疫功能？

对于解决问题的能力，有专家做过相关的测试，发现一些红毛猩猩基本上都能够利用工具来解决各种各样的问题，很多人类的幼儿反倒没有这种能力，但是猩猩不会制造工具。因此，人类的集体智慧文化传承非常重要，不仅仅体现在工具的测试中。

第一节　绕不开的方法论

夜鹭是夏威夷一家酒店的宠物，虽然在抢食物方面不如体型较大的天鹅，但它会用面包当诱饵来捕鱼。鲸鱼是能够集体捕食的动物，能够通过集体一起反复拍打海浪、击碎冰川来捕捉大冰川上的海豹。对于生物来说，捕食方法决定了它们今后的生存。

在质量世界中，实际上也类似。

质量管理方法论，就是人们在质量管理的过程中认识质量世界、改造质量世界的根本方法。

它是人们用什么样的方式方法来观察质量管理中的人和事物、处理质量方面的相关问题。概括地说，方法论主要解决"如何提升质量"的问题。

前文提到某国家级检测机构表面上运行 ISO 质量体系，但实际上内部只采用一些粗糙简单的质量管理方法进行质量管控，与高速发展需求、质量智能化控制背道而驰，造成的质量问题层出不穷，甚至反复出现。

与此相反的则是通用电气，用正确的方法打造了全球一流的品牌，用科学的管理创造了世界一流的企业。

在世界质量史上，绕不过一位质量管理界的实践大师——杰克·韦尔奇。在他的回忆录及几本著作中，这位曾经居功至伟，被认为是美国当代最伟大、最成功企业家之一的杰克·韦尔奇，从来没提及ISO 9000和日本质量管控。

韦尔奇在1996年通用年会上发表了激情四射的演讲："我们有一项重大科技含量的品管任务，这项品管任务会在4年内将我们的生产方式引至一个卓越的层次，使我们无论是在产品制造还是在服务方面的缺陷或瑕疵都低于百万分之四。这是我们通用电气前所未有的大挑战。"

20世纪末，当时世人都以为通用遇到了前所未有的挑战，这源于竞争对手摩托罗拉、惠普、德州仪器等。

但是，韦尔奇选择了主动出击，主动选择另一种挑战方式。韦尔奇的质量管理模式是杰出且无与伦比的，因为其他的模式，对于他来说已经过时了。面对竞争对手的围剿，他已经别无退路，必须采用一种全新的、独一无二的方法，那就是6σ质量管理法。

"我们要改变我们的竞争能力，所依恃的是将自己的品质提升至一个全新的境界。我们要使自己的品质让消费者觉得极为特殊而有价值，并且对他们来说是相当重要的成功因素。如此一来，我们自然就会成为他们最有价值的唯一选择。"杰克·韦尔奇这样说了，同时也这样做了。

1999年的通用在杰克·韦尔奇的领导下成了世界第一大集团。而杰克·韦尔奇本人，从此也有了世界第一CEO的头衔。

第二节　方法论概要

一、方法论的重要意义

适合自己的先进质量管理方法往往能够起到关键作用。

在质量管理中使用正确的方法很重要，事关结果，也事关数据的正确取舍，特别是在如今如此纷繁复杂、来源众多的大数据中，如何选择有效的数据的确是一门决定成功的学问。

2020年，国内几家ISO制标单位向ISO标准组织的官网提交送审稿时，只有一家单位通过。由于数据真实性存疑，其他单位提交的支持数据全部被系统自动拦截。在国内，目前普遍缺乏使用对科研等数据真实性进行自动识别的系统软件，即使能识别出来，许多心照不宣的潜规则及国人的宽容通常会滋生他们继续的胆量。

又比如关于汽车质量的好坏之争，北方人普遍认为日本车日常不怎么出问题，但是不经碰，而广东人则多喜爱日本车，认为车子舒适度更重要，汽车又不是拿来撞的，只是个代步工具而已，而且日本车平时不用怎么打理，又省油。公有公理，婆有婆理，究竟是日本车值得购买还是德国车或美国车值得购买？

2016 年，有一个关于中国豪华车的统计数字，很有意思，奔驰、宝马、奥迪 BBA 德系在华总销售 1 580 753 辆，而雷克萨斯、讴歌、英菲尼迪总销量为 158 883 辆，只是 BBA 的十分之一，但召回只比 BBA 少了 7 个百分点。

生产奔驰的德国人质量意识独具智慧，他们认为，机器可以改变世界，但是人还是这个世界的主宰者，一切工作的出发点都离不开人本身。

辛德尔芬根工厂副总裁艾克·勃姆博士（Dr. Eike Boehm）坦言，百年奔驰最值得人们骄傲的就是品质。

而品质，分为两层，一是客户眼里的；二是内在的质量。

在早期的质量管理，管理人员基本上没有任何合适的现代方法来进行商品生产和生产管理。这个时候商品质量的唯一保障源于人们的经验和汗水。

进入了大工业大机器生产的时代，人们发现如果不使用一些方法、一些管理上的技巧，就越来越难保证大批量商品生产过程中的质量。

科学的质量管理方法能够深刻揭示质量管理各要素与质量管理意识之间的关系，以特定角度反映当前阶段宏观社会生产力、生产关系和上层建筑在商品生产、社会服务和质量管理中的相互作用，体现了当代社会各界对质量管理发展规律的普遍认识，对社会生活、社会生产、社会服务等各个领域的质量管理都具有普遍的思想上和方法方式上的指导意义。质量管理及生产过程只有遵循这些基本的方法论内容和要素，才能得到正确的顺应社会发展的结果。

二、 方法论的主要内容和要素

20 世纪以来，出现了许多新的质量管理理论、方法。在质量管理的各种理论和方法中具有较高实用价值的有系统论、系统动力学、控制、决策、博弈、信息分析及各种预测方法等。

质量管理的方法涉及系统科学、系统工程理论、数学理论，尤其是统计学、管理学、人文教育心理学等方面。还有很多方法应用在质量管理上，包括物理、化学分析方法，商品检验的各种专业，如生物学、农业科学、动植物学定性定量分析方法，以及计算机应用、计算机网络等。

信息科学技术、计算机网络技术以及人工智能技术的发展，从根本上改变了质量管理方法，改变了质量管理的质量和发展进程。

三、 科学质量管理方法种类

1. 按照科学质量管理进展分类

从目前科学质量管理进展来看，科学质量管理方法可以分为三大类：

一是宏观质量管理方法，如全面质量管理法、系统分析法、系统控制论、系统零缺陷方法、6σ 管理法等。

二是微观质量管理方法，具体又可细分为：①数据统计法，②语言描述法，③图表控制法，④过程能力法，⑤动态控制法，⑥合格控制法，⑦反馈纠正法，⑧状态转移控制法，⑨外部监督法，等等。

三是其他模糊界限或混合方法，如 ISO 质量体系认证、宏观质量管理手段结合计算机程序科学统筹等。

宏观质量管理手段结合计算机程序科学统筹的一个典型的例子就是快递。现时快递业务迅猛发展，经普通工人实践与总结，创造了许多优质服务方法。如物流分拣系统，许多快件能实现上午购买下午送达，这是由于自动化分拣系统起到了关键的作用。事先已做好分类、贴了标签的货物来到分拣系统，第一步就是将货物分配到流水线某个指定的小车上，小车顺次经过时，自动扫描蕴含目的地信息的条形码以录入数据。当这个小车经过目的地邮包的时候，货物便会自动甩入邮包。分拣系统的速度大约是手工分拣的 6 倍。每天都有海量的订单，仅仅一家公司就为北京配备 17 个同等规模的分拣中心。

2. 按照各种方法的性质和特点分类

质量管理的方法主要可以归纳为以下几种。

（1）法律条文方法。

法律条文方法是指企业或工厂根据广大客户、企业组织者或管理者和生产工作者的根本利益，通过依照当前社会各种法律法规、规章制度、条例条文，以及相关司法、协议、仲裁、奖惩等工作，调整质量管理及其相关各方面人和事物在其中所发生的相关关系或者解决出现的各种问题的质量管理方法。法律条文方法具有严肃性、规范性和强制性的特点。

（2）行政命令方法。

行政命令方法是指依靠企业或者工厂的正式组织权威，运用各种口头或书面行政手段，管理者要求或强制被管理者服从或者要求组织所管理的人直接指挥下属工作的质量管理方法。行政命令方法具有权威性、强制性、垂直性、具体性、无偿性的特点。

（3）人文教育方法。

质量管理的关键因素是人，人的素质具有决定性。人的意识教育是决定未来质量方向的最具有决定性的力量，因此人文教育不是可有可无的问题，而是最重要的一环。人文教育方法有多种，如参加社会教育和获取各种资格证。又如行业协会之间的技术交流与问题探讨，企业内部的培训，头脑风暴，等等，不一而足。

另外，还有科学技术方法、经济效益方法、系统分析方法及各种方法灵活运用的混合方法，这些方法在质量管理中都比较常用，这里不再详细介绍。

四、 一些常用方法的优劣对比

ISO 9001 是通用的，几乎任何行业不管规模大小都可以适用，但其致命缺点也在此，唯其通用，唯其失真，总与真正有效解决质量问题差之毫厘。

如汽车行业的 ISO/TS 16949，与 ISO 9001 比起来，更加着重供应链管理，注重质量管理五大工具，即统计过程控制（Statistical Process Control，SPC）、测量系统分析（Measure System Analyze，MSA）、失效模式和效果分析（Failure Mode & Effect Analyze，FMEA）、产品质量先期策划（Advanced Product Quality Planning，APQP）、生产件批准程序（Production Part Approval Process，PPAP）。

再如，目前流行的所谓全面质量管理（TQM），指的就是面向经营主体的经营全过程，它有四个主要指导原则，分别是全面性、全员参与、以预防为主的控制以及以服务用户为主导。

除"4E（和1P）"计划之外，还有更早期日本人总结出来的QC（品管）新旧七大工具、五常法（5S）、7M1E（人、机、料、法、管理、测量、市场、环境）、改善IE［IE就是指Industrial（工业），Engineering（工程）］七大手法等。

质量管理的方法从二十世纪八九十年代的全面质量管理方法、ISO等，到8D、5Y、5C、FMEA、APQP、6σ、零缺陷、精益生产，再到卓越绩效评价、系统零缺陷，这些都围绕着质量"适用性""符合性"，以及为达到这两大目标所需要的能力及环境。

中国主推的质量管理方法有两种，一种是ISO，ISO强调对质量管理过程的合格评定，衡量达到规定要求的能力，重在纠偏；另一种是卓越绩效评价，主要衡量管理效率，注重的是结果，重点在于激励优秀企业，展示最优秀的地方及关注需要改进的方面，引导企业和社会获得更加全面、更加良好的经营绩效。两大方法的优点是突出专注执行，同时也是缺点，过于注重流程与效率。

系统零缺陷管理方法则在企业真正解决问题中提供可行性思路，虽然具体方法必须根据实际需要进行调整和变化，但是系统化的思想、零缺陷要求及对问题不妥协，被越来越多先进企业重视并自动自觉应用，中国制造与中国质量走上这条康庄大道后将飞速向前。

质量管理的方法五花八门，但是离不开两个特别要素，一是人的特性，二是物的相互联系因素，在系统科学上叫作耦合点或关联点；在军事科学领域叫作接合部。对这两个要素把握得越好，方法的可行性就越好。反之，方法无效性就越大。

第三节　质量控制技术未来的发展趋势

质量控制技术未来发展预期主要依靠新科技手段，如 5G 网络甚至是未来的量子通讯，更加着重预先控制与在线分析。这些方法无一不是基于系统设计理念和零缺陷的不妥协要求。

一、质量在线控制技术

在许多现代化大型工厂，质量在线控制技术已经相当成熟。比如金属材料热处理工艺，目前最基本的在线控制参数是温度、时间、炉气成分。温度方面，结合 PID 仪表的可控硅技术能把温度控制得非常精确，大型热处理过程配合可编程控制系统及电子计算机可轻易按照工艺要求变化温度，在工艺过程中实时监控温度变化情况。利用氧探头作传感器可以在温度及炉气得到良好控制的情况下，实现表面碳含量、渗层深度等质量关键控制点的在线控制。

华晨引入宝马现代化生产与质量管控一体化先进理念，2017 年扩建的新大东工厂采用的是"工业 4.0"的先进整体设计理念和物联网以及大数据分析等科学应用方式，包括 PGA 第三代控制系统冲压机，其精度可达 0.02mm，拥有大数据积累的智能学习能力，装备 800 多台智能机器人的全集成自动化技术。除了高速热熔自攻螺丝技术、数字化模拟调试技术、每秒可扫描车身 2 万多个点的智能扫描技术、实现精确控温的三段降温烘干炉技术、可令车身原位旋转 360 度无死角的 RoDip 旋转浸涂设备、可增加车身密封程度降低噪音又能提高防腐能力的 PVC 焊缝涂胶工艺外，还有全自动化的焊装车间，里面 95% 以上实现自动化控制，完全保证了质量的稳定性和可靠性。其中由瑞士 ABB 提供的机械臂，能完成多工序、焊接、拍摄、检测、搬东西等功能，特别全能。而"安灯"系统，能够即时显示整车 2 万多颗螺栓是否打紧等数据，使生产实时状况清楚透明，质量信息详尽明晰。

宝马新厂非常好地体现了人性化管理与创造力，确保汽车符合德国宝马集团全球一致的顶级质量标准。

二、无损检测与评价技术

宝马工厂还可对零部件缺陷进行无损探伤，采用电子透射照相法、X射线法、红外、微波、全息法等无损检测与评价技术，还有剩磁法、涡流法、高次谐波法等。如 $\Phi 2 \sim 30mm$ 管板材涡流自动检测系统，由德国 FORSTER 研究所开发，最高检测速度达 4m/s，最大灵敏度达 $30\mu m$，还有一系列旋转式和穿过式探头产品。

宝马新工厂在生产车间现场进行的无损检测不是传统意义上的无损检测，而是在线作业的一部分。生产线上的无损检测，主要靠在线的机械臂拍照检测，以及对每个零部件三坐标进行检测，同时对比标准数据库，分析是否符合标准。

奔驰作为汽车界的老大，历来不断追求创新与卓越，在质量管理方面更是行业翘楚。北京奔驰的许多技术人员、质量控制人员，都是从德国引进的顶级人才。结合中国本土化市场需求，生产的梅赛德斯各类型汽车，采用的是全球领先的工艺技术。

在北京奔驰生产车间，应用先进的高效 RGV 运行控制体系，有16个"质量门"全程监控整个生产过程，采用的是全世界最先进全伺服冲压自动线，运用国内首台冲压件表面缺陷光学检测设备，使 E 级车身精度的公差在3根头发丝以内。完备的智能电器检测系统则可在线完成全车所有零配件装配前后质量自检，同时完成线上质量检测及下线前考核等工作。

三、统计过程控制、精密传感、精确模拟仿真

钢材热处理方面同样创新发展了许多新的质量控制技术，包括渗碳淬火、压铸精锻、精密成型等工艺技术，广泛应用 SPC，即过程控制技术，充分融合现代智能计算机网络技术、现代科学管理方法、现代先进生产技术。典型代表是美国的 FORD 公司及 DONA 公司，英国的 BLANDBURGH NENO 热处理厂。

钢材热处理方面还有在高温、特殊环境下的温度传感器、电磁感应器、发射超高频声波且具有高灵敏接收能力的探头等精密传感技术。

而某汽车界第一品牌大公司更是财大气粗、高人一等，每年要用上

百辆汽车进行诸如 35 英里时速冲撞混凝土墙等全真破坏性模拟试验，比欧洲新车安全评鉴协会（Euro - NCAP）及美国公路安全保险协会等的测试更具真实性和可靠性。当金检向该公司反馈其使用的某型号刹车片可能存在某些问题的时候，公司总部立马派出高级技术工程师从德国飞来广州，探究交流双方测试不同的标准。

这种不惜成本重视质量和安全的态度，值得国内同行的反思。

四、 无限深入并影响整体行动能力

2019 年，全国玉米栽培学组组长、中国农业大学作物遗传育种专业的赵久然博士，率农林科学院玉米研究中心团队研究发现，已发布的 6 个玉米材料基因组中，形成中国核心玉米种质 264 个黄早四特有基因家族的重要原因是串联重复事件，由 638 个基因聚类，富集分布在产量性状相关基因组区域中，并非均匀分布。

这个发现对中国的优质玉米选种有着重大的贡献，说明了中国的科学家通过 denovo 测序和基因组解析可以影响着广大范围食物品质与粮食安全。该发现在期刊 *Molecular Plant* 上在线发表。

五、 柔性生产、 自动控制、 智能化大生产已成为趋势

10 多年前，欧美一些发达国家出现了一些全自动化无人生产人工智能加工工厂，如 2008 年瑞士高端木门制造商 Riwag 的生产车间就是由德国人帮助完成的一个全自动化无人柔性生产项目，令人十分惊叹。现在的无人驾驶、无人商场、无人车间、无人地铁越来越普遍。美国疫情之下的一些超市曾经一段时间难觅中国制造，虽然很快就恢复正常，物产依然丰富，但价格略贵。考虑到发达国家柔性生产已达工业 4.0 阶段，大数据生产经营决策、调动运输方面的迅猛发展和实际应用不无可能。我国一方面面临东南亚、东欧、非洲有更便宜人工的巨大挑战，另一方面面临许多发达国家生产回流的巨大压力。如果还停留在给什么钱就生产什么货，或者只强调非质量式的品牌战略，那么可能很快中国制造出了国门后就难觅踪影了。

德国奔驰斯图加特市西部的拉斯塔特工厂总装车间拥有 1 300 多个身价百万欧元的机器人，它们高质，从不犯错；高效，24 小时就可生

产一辆奔驰车。这些高身价机器人每时每刻都严密地监测着全车数千个连接点的精度和强度。一旦出现一丁点偏差，立即自动停止工作。

这些智能控制不是简单拍拍脑袋、动动手指就可以出来的。实现智能监控同样需要科学的方法，比如根据以前的数据进行智能分析和决策、神经网络的学习等。因此，在拉斯塔特工厂总装车间，你可看到一边机器人在跳舞，另一边完美的汽车在源源不断下线，而与此同时，富有经验的工程师则在监控整个状况。

六、 质量测试方法论

如何测试质量呢？很有可能涉及计算机软件行业的质量测试，甚至其难度超过技术的测试，即如何迅速发现生产问题，又应该采取什么措施解决问题，如何设置预防生产事故的多重防线，或如何在出现问题苗头时及时调整，如何落实相关责任等。

测试方法对应质量方面可以分为需求与技术分析、线上线下测试、线上线下监控等阶段。比如线上测试，主要是为了确保代码部署、生产配置、生产环境对质量的影响，包括新功能测试、回归测试、性能测试。线下测试则通过各种测试设计的充分准备，及时发现和迅速解决生产实践活动中出现的主要问题，包括接口测试、单点覆盖、横向覆盖、纵向覆盖及探索性测试、回归测试等。

此外，还需要建立强有效的线上监控，作为质量补偿主要措施，线上监控必须达成快速响应和解决问题方案，从源头上把好关，切实保障零缺陷要求。

人民，也只有人民，才是质量的最后审判者。

第四节 方法的选择

实际上，采用什么具体方法可能并不是最重要的，适合自己的能够解决问题的方案才是最好的。这就需要确立一些基本选择原则，而不是照搬照抄。

以曹博士为首的金检科研团队，为了改善国产金属材料质量状况，既做到快速检测，又做到火眼金睛深入洞察，结合老一辈金检人（包括曾经以黄民光、张兆明为首的抽样外观小组和以俞老高工、陈工负责的验残小组）三十多年的艰苦探索，系统总结了金属材料外观、残损检验中的大量案例与相关理论知识，建立了金属材料外观缺陷与残损检验的专家诊断系统并成功获得专利授权。该系统是利用计算机语言及人工智能技术，根据所输入的某些特征参数，运用日积月累的金属材料相关检验知识库中的知识、各主要国家标准库、金检三十多年实践积累的案例照片及判定结论形成的推理机制，对钢材的外观缺陷和残损的类型做出科学的判断。该系统理论知识丰富、实践性强，使进出口钢材外观缺陷及残损检验更加科学、高效。

硫酸—硫酸铜腐蚀试验是不锈钢产品检测常见试验，衡量不锈钢品质的重要指标就是耐腐蚀性，但是传统试验方法对检测人员、检测设备存在一定危险性。根据 GB/T 4334.5、JIS G 0575、ASTM A262 - 02a 及 GOST 6032 等标准要求，检查试样表面是否有裂纹出现必须在一种特定条件下进行：在微沸腾的硫酸—硫酸铜溶液中浸蚀约 24 小时，然后进行弯曲观察。在试验过程中若温度过低，达不到腐蚀试验的目的；若温度过高，溶液又容易溢出损坏设备。如果冷却水突然停止供应，试验人员未及时切断电源，极易发生爆炸事件。

为了提供一种工作效率高、试验质量良好、试验稳定性高、安全可靠的方案，曹博士的科研团队虚心在老一辈金检人，尤其是俞老高工的丰富经验指导下，主力干将陈、谭两位研究员及大强、细强等几位师傅一起奋战了大半年，终于成功发明了测试不锈钢抗腐蚀性能的硫酸—硫酸铜腐蚀自动控制的试验系统，并获得了国家发明专利权。

用人策略是不是利于质量的持续改进和未来发展，将决定方法的选择正确与否、合适与否。曾任福特和克莱斯勒两大集团 CEO、福特野马主创者李艾柯卡回忆说自己曾经做了六百多场演讲，反复讲的一个主旨就是，人才和重点发展方向的选择至关重要。

第九章 质量管理系统论原理

质量的结果是不讲中间过程的,对于不幸的结果而言,一切努力的过程都是零。系统观表明,质量,始于零(什么也没有)也终于零(没有缺陷)。

1955 年,美国总统艾森豪威尔宣布实施"先驱者"号地球卫星计划,进行的 11 次飞行试验有 8 次是失败的。后来经过系统反思,用系统的思维审查失败的原因,对环境验收、工艺质量、故障问题报告、纠正措施、导航及供电等关键系统采用双余度的方法,在后来的 14 次飞行试验中仅失败 2 次。

系统理论应用到航天实践中取得了大量的经验。

第一节 质量管理系统论基本原理

西方世界一般认为,系统思维最早是 1921 年的格式塔理论,属于心理学范畴,1925 年英国人认为要解释生命现象,必须把生命体看成有机的整体。之后奥地利贝塔朗菲提出一般系统论,他被公认为系统论和系统科学的创始人。

系统思想一是把特定研究对象系统化、整体化,二是如何达成系统最优。一般而言,系统论有八大原理,包括整体性原理、层次性原理、开放性原理、目的性原理、突变性原理、稳定性原理、相似性原理及自组织原理。其与质量管理关联性尤其突出,可以进一步总结为突现与整体性、层级性原理;通讯与控制原理;进化与自组织原理;突出部与接合部原理。按照此四个基本原理可以把质量管理组织及其相关活动作为系统来考察,由此推理出质量管理系统论的几大基本原理,深刻揭示了质量管理系统论原理的基本思想。

一、 突现与整体性、层级性原理

系统整体性原理是指，"系统是由若干要素组成的具有独立要素所没有的性质和功能的有机整体，表现出整体的性质和功能不等于各个要素性质和功能的简单叠加"。

这里有一个基本点，整体不是简单的叠加。

系统的层级性原理是指，"由于组成系统的各个要素存在各种差异，系统组织在地位和作用，结构和功能上表现出具有质的差异的等级秩序性即层次性"。

这里也有一个基本点，各个要素存在差异。

突现三个最基本的特征就是整体性、新颖性、不可预测性。结合突现与整体性、层级性原理，非常清晰地揭示了：严格的过程控制未必就能得到理想的结果。

质量管理系统论原理一：事先设计好的严格的质量体系管理未必能致质量系统零缺陷。

这也解释了前面所说的一个奇怪而又普遍的现象，就是不管你多么忠诚质量体系，多么认真按照质量体系严格执行，质量的问题依然存在。

二、 通讯与控制原理

系统论的通讯与控制原理有三方面基本内容。

（1）控制从本质上说就是对抗干扰的过程，质量管理基于控制，而控制则需要消灭干扰。

由此可得到，质量管理系统论原理二：质量管理的关键在于消除不适当的干扰。

这个基本原理同样揭开了质量体系这张遮丑布无能为力的根本原因。

（2）按照必要变异度定律，控制器行动的变异度越大，它就越能抵偿需要控制的干扰，只有用变异度才能消灭变异度，干扰必须用干扰来对抗。

结论：①预先设计好的过程管理或者体系认证并不能有效对抗突现

的干扰；②对抗干扰唯一的办法是提高变异度，即提高自组织或者个体的灵活性、主动性。

质量管理系统论原理三：对抗质量干扰唯一有效的方法不是预先设计，而是提高质量系统变异度。

（3）建立集中控制与分布式控制相结合的双轨控制机制。

分布式控制是一种基于神经网络研究而发展起来的非线性控制方式。集中控制则以金检为例，金检在建立全国重点实验室过程中，在组织高层领导下，由专业质量管理部门或专门质量小组负责，对金检实验室质量相关方面的各种问题，包括体系建立、评审、复评等活动进行监督控制、跟踪反馈。

针对平常工作中出现的各种问题，可能不一定与质量直接相关，金检人为了金检健康发展自然而然产生一种特定的处理，即为一种对外界环境或内部变动而自发出现的应激反应或控制活动，也可称为分布式控制。在当时的扦制样科，往往面临复杂多变的外界环境，如果每一步都要请示或者上报，等候中心领导批准，无疑既耽误工作，又不现实，甚至领导可能因不在现场而做出错误的决定。扦制样科在黄民光和张兆明的直接临场指挥下，总能第一时间作出指令、控制、协调，机动灵活又坚持原则的工作方式体现了为人民服务的意识，急客户之所急，为国门把好第一道质量关。

几十年来，扦制样科从来没有发生一起因抽样不当导致检测质量及工程材料把关质量不合格的事故。许多客户、码头监管人员、工厂管理人员多年后一提到黄民光，都不禁竖起大拇指。

质量管理系统论原理四：实现质量目标的最有效管理方式是集中控制与分布式控制有机结合。

三、进化与自组织原理

自组织原理——在一定条件下，复杂系统是如何自动地由无序走向有序，由低级有序走向高级有序的关键核心就是形成了自组织，并且发展了自组织，确立了自组织机制。

按照该原理，最先进的管理方式就是自组织，建立自组织机制。所有环节都体现服务原则，制订最优服务方案，而非居高临下的管制，以科学的自我管理控制为主导。

通常，检测过程中可以考虑以下关键控制点：不合格测试、不合格结果、可疑结果、外界质疑、结果更改；新手、新项目、新方法、新商品、新设备、维修设备、设备状态、计量修正、环境变化等；控制了关键控制点，即控制了过程，控制了质量的核心要素。

质量管理系统论原理五：实现自组织主动机制是质量系统可靠、创新、发展、持久的关键。

四、 突出部与接合部原理

1986年，美国卡纳维拉尔角，"挑战者"号航天飞机在升空的第73秒时，突然解体，让人异常震惊和悲痛。后来调查显示，灾难的来源是一个小小的接合处密封圈的问题。

问题往往存在于突出部，故障往往出现在接合部。

系统突出部：系统状态变化产生有别于其他要素性质和功能的部分或子系统，这一部分或子系统在结构和功能上依然体现系统的一致性，但与外系统相连于突出位置。

系统接合部：系统与外界或外系统之间的耦合处或者关联重叠部分。

系统突出部原理：任何系统的突出部由于异于其他要素和功能，往往是问题集聚最多、状况最复杂、最容易出现问题的地方。

系统接合部原理：由于系统的接合部是与外系统关联而形成的交接或重叠部分，接合部具有双方的部分性质或功能，往往是系统最薄弱的环节，也是最容易出现问题的地方。

突出部加强检查：通常而言，突出部往往容易出现问题，虽易于被检查出来，但也易于熟视无睹，疏忽了某一突出部。为了避免这种情况的出现，最好能有一个清晰的列表。实验室评审时，有经验的评审员很容易对常出现的不符合项做出判断。

接合部加严：属于第一类间断点质量问题。波音737-Max飞机出事其中一个主要原因就是软件使用不当，飞行员在软件操作无法起作用的时候，无法手动掌控飞机，这种情况是一种非常典型的隐藏着的接合部问题。

对于金属材料来说，接合部的问题往往体现在具体材质添加方面导致的性能下降，从而影响最终使用。前文提到的航空灾难原因，也有机壳金属疲劳导致维修，但维修不正确的情况，比如有的需要并列两排铆钉，有的需要补上一块超过问题部件百分之几的部件等，这都是接合部问题。

1997 年，广东某发电厂从意大利进口的发电机组在安装使用不久后，进气阀发生断裂造成重大损失。进气阀实际上是一个关键的接合部件。金检检验人员从材质、力学性能及显微组织等多方面对断裂原因展开了检测分析。结果表明，进气阀材质存在严重的冶金质量缺陷是导致断裂的主要原因，检测结果为企业对外成功索赔约 30 万美元提供了坚实的技术依据。

2008 年 5 月，江西某工程用的钢管在焊接过程中多次发生焊缝开裂现象，经工艺改进仍无明显效果。后来，材料供应商某贸易有限公司委托金检进行原因分析。经金检实验室人员检测分析，钢管材料接近 20Mn，与要求 20 钢不符。由于材料合金元素增多，钢管焊接性能下降。

2009 年 10 月，中国石化国际事业有限公司广东分公司代理中国石油化工股份有限公司茂名分公司从法国进口了一批阀门，委托茂名市一家检测技术有限公司进行无损检测，经检测，发现阀门存在质量问题。中国石油化工股份有限公司茂名分公司要求法国某公司对该批阀门（共 4 个）退货或更换，但遭到法国公司的拒绝。后双方同意由第三方权威检测机构检验。金检接受任务后，采用无损探伤对该批阀门实施检测。检测结果显示该批阀门确实存在材质与设计不符、缩孔、裂纹等缺陷。经分析试验确认后，实验室出具不合格检测报告。法国公司承认金检的检测结果，对该批阀门做退货处理。

某年，海南某物流公司的 13 台叉车陆续发生"夹臂开裂"的现象，严重影响到运营。该公司与河南的生产厂家交涉，要求对方赔偿，但厂家认为"夹臂开裂"是公司叉车使用不当造成的。后联系金检并送来断裂样品，要求进行断裂原因分析。金检工程师经现场取证调查，对样品进行多种检验分析。查找的裂纹表明，接合部（即焊缝）就是缺陷集聚处。对断裂的叉车夹臂进行金相、化学成分及断口分析，结果表明，工件表面存在严重脱碳现象，焊缝中存在夹渣。在应力作用下，两缺陷区域形成裂纹源，产生疲劳裂纹，并且快速断裂，最后导致夹臂的开裂。在看了失效分析报告后，生产厂家承认了叉车夹臂存在的质量问题，并向物流公司承诺全部更换叉车夹臂。

这些都是接合部发生缺陷从而导致的严重质量问题。

以下是一宗典型的出口摩托车排气管失效分析案，反映了接合部就是质量问题的关键，必须首先重点关注。

2006 年，广州某摩托车有限公司生产 2 000 辆越野摩托车出口伊朗，在使用过程中排气管出现早期断裂。由于产品出口国外，质量问题不仅关系企业的声誉，还关系我国的国际形象。金检实验室在接到工作任务后，高度重视，从摩托车排气管结构、材料要求、制作工艺等入手，对失效原因进行严谨细致的分析，最后发现是焊接质量不良导致排气管断裂。本次检查带来直接经济效益近 600 万元，更重要的是为中国制造挽回声誉。

直升机桨毂是钛合金材质，必须承载桨叶给予的巨大离心力，同时又必须承载起机体重量、巨大载荷，实质上是桨叶和机身的一个关键连接部位。桨毂中心件必须经受住单纯三个月疲劳试验，具有非常高的技术难度，是我国研制直升机必须要攻克的关键技术之一。但当我们花了数百万元科研经费研制出第一个桨毂中心件的时候，却发现一天疲劳试验都没能通过。后来经过了多方的反复测试，检查分析出现的一道轻微裂纹，最后反推发现是材料的一个高温熔点导致这个裂纹的出现。

奔驰非常注重接合部生产和质量把控。北京奔驰长轴距 E 级车车身的连接体现了世界级高标准，包括精度和强度两大方面。长轴距 E 级车全车超过了 6 500 个接合点，涂胶量超过 184 米，在减震、隔音、气流扰动等方面在同级中表现突出。

而系统质量管理历史上最成功、贡献巨大的一次应用则在抗美援朝中。单一的掩体根本难以对抗现代化攻击武器，但是，如果是一项有效的系统工程，那么其所发挥的作用是巨大的。朝鲜战争迫使美军司令官克拉克在一场美国历史上首次没有取得胜利的战争上签字，这与缺少高科技武器的志愿军有质量的坑道作业系统工程密不可分。

据统计，整个朝鲜战争期间，中国人民志愿军构筑了总长超过一千公里的大小坑道，挖的堑壕和交通壕超过六千公里，比万里长城还要长。开挖土石方六千万立方米，如以一立方米排列，能绕地球一周半，成为人类战争史上的奇迹！正是这样高质量的系统工程，成为阻拦拥有世界最先进武器的美军的最佳方式。

第二节　熵与质量管理有效程度

熵原来是热力学的一个物理概念，在系统科学中，也是一个基本概念。熵，最早是一个用来反映热动力学状态的参量，其基本含义是指体系混乱程度。

$$dS = \left(\frac{dQ}{T}\right)_r$$

其中：T 是物质的热力学温度；dQ 是熵增过程中加入物质的热量；r 是英文单词"reversible"的缩写，表示加热过程中所引起的变化过程是可逆的。

克劳修斯定理：

$$\oint \frac{\delta_q}{T} \leqslant 0$$

其中：δ_q 是系统热的变化，吸热为正，放热为负；T 是系统的绝对温度。

克劳修斯认为，"热力学循环中所有转换的代数和只能是正值，在一些特殊的情形下会是零"。一个系统的熵等于该系统在一定过程中所吸收（或耗散）的热量与其绝对温度的比值。而热量从高温物体流向低温物体是不可逆的。

熵，最先提出实际上是热力学统计意义上的一个概念，如果只有几十、几百个分子，谈熵是没有意义的，但如果把熵所表达的基本原理应用在系统质量管理上，可以考虑宏观要素的运行规律。如果用函数 F

来表示系统质量管理有效程度，则：

$$F(X_i, Y_j) = S/K$$

其中：X_i是指影响系统的内部要素，包括各种有形物质、能量、信息等；Y_j是指影响系统的外部要素，包括各种有形物质、能量、信息等；S是指系统熵；K是一个常数。

该式表明，系统越混乱，质量管理有效程度越小。因此，必须充分认识到熵增规律在质量管理中的作用。正是基于熵增定律，诺贝尔奖获得者普里高津（I. Prigogine）、艾根（M. Eigen）等人提出了远离平衡态的自组织理论。一个系统通过与外界交换物质、能量、信息，不断地降低系统熵含量，提高有序程度。组织结构和运行模式不断克服各种阻力进行自我完善，这一过程可以称为"自组织"。

第三节　系统如何控制

一、分析影响控制的因素

影响控制结果的原因有很多。首先，要分清内因、外因及内、外因里面的主要因素和次要因素。其次，把握好两个原则：一是对于不利的外因，必须增强抗干扰的决心和能力；二是对于不利的内因，必须果断地通过适当的手段调节或者清除。三峡工程的建设和 C919 申请适航证就是两个典型的例子。

三峡工程作为世界上罕见的水利工程，其上马相当艰难，虽然1919 年孙中山在《建国方略之二——实业计划》就提出建设三峡工程的设想，但从 1983 年提交工程可行性研究报告伊始，该工程就备受各方争议。1985 年全国政协会议上许多科学家、专业泰斗强烈反对，有对经济支持的担忧，对技术的疑问，对人文、地质、地理、动植物、气候、环境等方面综合的权衡。将无数的妨碍因素、无数的专家质疑等不利的外部因素一个个消除，并且把相当大部分转化为世纪质量工程的良好控制要求，曾经在能源部担任水电总工，并担任三峡工程论证领导小组副组长、技术总负责人的潘家铮院士后来非常感慨地说，对三峡工程贡献最大的人就是那些反对者。"正是他们的追问、疑问甚至是质问，逼着你把每个问题都弄得更清楚，方案做得更理想、更完整，质量一期比一期好。"

为了人类文明进步的同一个目标，反对者的意见成为建设者的质量标杆和驱动力。不断的意见传送和不断的行动纠正，不光是中国人的努力，德国伏伊特公司、美国通用电气公司、德国西门子公司组成的 VGS 联营体，法国阿尔斯通公司、瑞士 ABB 公司组成的 ALSTOM 联营体等国外专业巨头同样为三峡工程呕心沥血。伟大的工程需要许多伟大的普通人齐心协力参与，直至 2012 年 5 月，三峡电站 27 号机组首次启动成功，世界级长江三峡水利枢纽工程终于完全胜利建成。

二、 根据不同的因素采用不同的方法

1. 事前控制

如何控制飞机上天？如何保证飞机质量？如何保证飞机安全、可靠飞行？

适航证，即航空器适航证，是由适航当局颁发的一种证件，用于证明民用航空器处于安全可用状态。颁证依据是民用航空器产品和零件合格审定相关规定，这其中由美国航空管理局（FAA）和欧洲航空安全局（EASA）颁发的适航证最为权威和最难获得。

适航证不失为一种很好的事前控制策略和方式，中国大飞机 C919 设计制造成功后，如果没有取得欧美市场的适航证，就没有资格走向国际。

但是，光有适航证还是远远不够的。

美国国家运输安全委员会（NTSB）把 1988 年阿罗哈 243 号航班事故归咎于飞机外壳裂缝氧化导致的金属疲劳，而这些裂缝产生的根源是高达近 9 万次飞行中反复加压循环导致铝片间的黏合剂失效，水分进入机体后，出现氧化。1989 年美联航 232 号航班，一架道格拉斯 DC-10 型飞机迫降，造成上百人遇难，NTSB 调查认为事故的原因是未能在起飞前检测到飞机钛合金材料最初制造工艺缺陷而造成扇形盘出现裂缝。

美国人迅速吸取教训，不但下令修改道格拉斯 DC－10 型飞机的液压系统，而且要求在新飞机上配备冗余安全系统，对发动机的检查方式也发生了质变。

1991 年，美国"国家老化飞机研究计划"开始执行，其目的是提高事前控制能力和效率。

2005 年太阳神航空发生的"幽灵"航班灾难（据调查，直接原因是起飞前维修检查无问题后，忘记把增压开关调为自动模式，导致灾难中正、副机长及百多名乘客无一幸免），以及 2002 年中华航空公司 611 号航班空中解体，225 人遇难，都是令人痛心疾首的事前控制失败事故。

一次又一次类似的空难，几乎每一次都与事前控制失效有或多或少的关系。

只有到了一定的阶段，整个质量管理控制的机制形成了，各方面体系及环节应对已经成熟，这时才能慢慢看到转变的效果。

2. 事中控制

对于这个阶段先进的科技研发，在线自动控制、精密加工技术以及全方位的监控检测是主要特点。比如，HCW 的数控落地铣镗床和 HCW-series 钻孔机床是 SKODA 公司生产的拳头产品，比同类产品更为先进，也更为复杂，它具有恒等稳定的加工精度，特别适合在高速和高精度大型、异形的工件加工上使用，如发电机转子轴、船用螺旋推进器和大型舰船曲轴等。而数控重型及超重型落地铣镗床，在加工过程中的位移及温度变化引起的滑枕和主轴长度误差，可以在线自动检测及补偿，从而保证加工精度。更难能可贵的是，机床柔性化作业，即使面对复杂多变的加工环境也得心应手，原因在于模块化设计的机床以及各相配套的部件。

而著名的英国伦敦帕丁顿列车相撞就是一起非常典型的事中控制失利事故。

3. 事后控制

也许有人会说事情都已经发生了，事后还有什么必要控制呢？

还真不是这样的，现实中有很多事件是事后的控制对将来事态发展具有决定性的作用。

比如京九铁轨与加拿大方面索赔案例，事后控制很关键。

为使不合格钢轨能够重新达到使用标准，钢厂必须对钢轨进行高温回火热处理，使马氏体、贝氏体等组织转变为珠光体类组织，以确保钢轨有足够的强度、硬度等性能；同时又能消除钢轨中残余内应力，保证钢轨的使用性能和寿命。回火热处理在上海和贵阳两地进行并严格实施处理，取得了显著的效果。整批不符合要求的钢轨的回火热处理工艺、过程和质量控制全部由金检进行监控和检测。

事后分析往往是判定责任方的必备手段，也是事后控制的基础。

2007 年 4 月，广东某企业用 10 吨链条葫芦起吊汽轮机外缸时，链条发生断裂，造成巨大损失，由于断裂原因不明，相关方都不愿承担责任。针对这一情况，广东出入境化矿金实验室利用雄厚的技术实力和先进的测试手段，通过认真细致的检测分析，指出链条固定销材质中存在的微裂纹是导致链条葫芦断裂的主要原因。检测结果为准确判别事故责任方、顺利解决经济纠纷提供了有力的技术支持，产生了良好的社会效益。

如果不重视事后分析、事后的纠正措施、事后的控制努力，可能会有更坏的结果发生。

车主开车前检查电池，保证电池有电，保证汽车在正常状态下行驶，属于事前控制，既要重视定期保养，又要注意出车前仔细检查。

经验总结和教训吸取则属于事后控制的主要考虑，如前所述的杨利伟承受了几乎超出人体极限的共振经历。作为中国航天的首位宇航员，杨利伟必然要承受很多工程师考虑不周的"待遇"，为后续航天员的安全舒适创造条件。

某次杨利伟着陆时满脸鲜血的画面其实是脸被麦克风棱角割伤，这些微不足道的地方却差点让中国第一位宇航员付出生命的代价，的确可说是蝴蝶积累效应的一个真实事例了。

重新总结了许多经验教训后，后来的火箭系统再也没有发生过类似的事故，这就是非常好的事后控制。

2019 年底新冠肺炎疫情暴发后，我国开始了旷日持久的抗疫行动，我们从中得到了许多宝贵的经验，由此建立起更加严密的卫生措施，如个人出入公共场合需佩戴口罩、注意洗手消毒等，另外，隔离病毒的阳性感染者、跟踪监控病毒的潜在感染者、追踪控制重点人群等一套严密防控体系已经日益成熟。但在防疫过程中也反映出不少问题，比如一部分人打疫苗的积极性不高，隔离医院附近酒店消毒不彻底，需隔离人员所隔离时间是否足够，有患者核酸检测几次后才检出阳性，社区如果隐蔽传播应如何及时查控等，都是事后控制所必须认真思考的。

第十章 系统零缺陷原理

同样一条裂缝，出现在汽车车身，也许只是几十年无关痛痒的点缀；如果出现在飞机上，也许能经过几年上百次飞行的生死考验；但如果出现在航天飞机或者宇宙飞船上，那就只有 73 秒。

第一节 质量管理的蚁穴溃堤

一、灾难，源于微小

1979 年 5 月 25 日，芝加哥欧海尔国际机场，美国航空公司一架刚起飞不久的 DC-10 巨型三引擎客机突然起火，随即爆炸坠毁，机上的 277 名乘客全部罹难。事后分析表明，事故起因于连接引擎与机翼的一颗小小的螺栓，因金属疲劳折断导致引擎坠落而最终酿成惨剧。

1985 年 8 月 12 日，日本发生世界民航史上最惨烈的飞机坠毁事件，520 人不幸罹难，原因是飞机机尾维修时技术人员没有按照规定安装足够数量的紧固铆钉。

人们并没有从灾难中吸取教训。1991 年和 1992 年，三架波音 747 货机坠毁，调查表明事故原因还是在于螺丝，中心梁固定螺丝断裂，导致两台发动机坠落并拉低机翼。

2007 年 8 月 20 日，在冲绳那霸机场，一架波音 737-800 型客机刚着陆就起火爆炸。经事后调查发现，飞机在起降时前缘襟翼的内部螺丝出现松动，刺穿了油箱，燃料从破裂缝隙处大量流出，随后被引擎的高温引燃。

1999 年，西南航空公司一架图-154 客机在温州坠毁，60 多人不幸遇难。后续调查显示，原因是飞机维修的时候，一颗不符合规定的自锁螺母代替了用开口销保险的花螺母，其尺寸差 1mm。事后对分管安全的领导和维修厂长等众多相关责任人进行处理。

小小的螺钉如此重要，对质量的影响犹如蚁穴溃堤。平时日常生活中，由螺钉引发质量问题的例子还真不少。如固定音箱喇叭的螺钉在运输过程中断裂，用于家用电器零件的紧固螺钉在安装一天后发生断裂，工业紧固件螺栓断裂，高强度螺钉在电梯安装 2 个月后出现批量断裂现象，甚至舰船柴油机活塞螺钉出现断裂等，都需要引起人们的高度重视。

金检曾几次对镀锌螺钉出现的问题进行失效分析。工程师采用断口分析、化学成分、硬度检测等手段对裂纹产生原因进行分析。结果表明，两种镀锌螺钉均因在不同的热处理工序中控制不当，导致氢过多地滞留在金属内部，引起不同程度的氢损伤，最终在服役过程中发生氢致断裂。

金属疲劳导致的灾难也有许多。1988 年，阿罗哈航空公司波音 737-200 航班，从希洛飞往檀香山上空时，机舱天花板突然撕拉开，一名空姐当即被吸出飞机。虽然飞机后来奇迹般安全降落，没有其他人员伤亡，但造成的影响还是很大的。调查表明，舱口盖由于严重腐蚀和疲劳，其抗拉强度降低导致事故的发生。与此类似的还有 2002 年 5 月 25 日华航 CI611 航班灾难，机上 225 人全部不幸遇难。调查结果显示，机尾蒙皮有严重金属疲劳，但没按照波音公司的维修指引把整块蒙皮换掉，多次飞行后累积到一定程度的金属疲劳终于导致致命的结果。

1995 年，巴西航空工业公司的一架支线客机 EMB-120，在飞往美国格尔夫波特—比洛克西机场的过程中，由于氯渣对螺旋桨叶片腐蚀，金属件疲劳断裂，左发动机舱和机翼侧面严重变形，最后飞机着陆失败，有 9 人不幸丧生。

金检曾经对一因断裂失效的汽车变速箱壳体进行原因分析，通过断口形貌的观察与分析、化学成分和物理性能检测，以及显微组织分析，表明零件承受过高的载荷作用，同时铸造缺陷的存在降低了该壳体的实际承载能力，导致早期断裂发生。还有一起是汽车发动机缸套断裂事故，金检工程师运用宏观分析、显微组织检查、断口分析、化学成分与硬度测试等手段对此发动机缸套进行了失效分析，正是其中的微裂纹导致零部件早期疲劳断裂。

质量的所有环节都是非常重要的，哪怕是再微小的细节或工艺。

口罩，许多人认为是生产工艺比较简单的产品，对国内厂家的生产能力来说是完全没有问题的，但是撇开一些不必要的外部因素不谈，为什么国外即便是在最需要的时候，也一度把中国捐赠的许多口罩退掉呢？关键就是生产的标准问题。制作一个普通口罩需要纺黏无纺布层、熔喷无纺布层、耳带线、鼻梁金属条，涉及机械、电子、冶金、纺织、化工等领域。

系统零缺陷（Systems Zero Defect，SZD）理论的现实应用：基本评判标准上达到零的数量级，如航天飞机、火箭发射，不是达到零缺陷的标准或者 6σ 标准才质量可靠能发射；而是在历史数据基础上，进一步评估而采用零量级标准。

对民航客机来说，如何强调安全都不过分。要完全取消大众对国产大飞机安全性的疑问，就必须取得适航证，满足民航法规要求。C919只有在这套标准体系中证明自己的安全品质，才能获得全球航空市场的"登机牌"。

"其实，中国自己的 CAAC 适航标准，完全已经达到了国际先进水平。CAAC 认定的'安全'是什么概念呢？飞机事故率是百万分之零点三——相当于你每周坐 10 个小时的飞机，就这么飞上五六千年，才会出一次事故。"中国民航上海航空器适航审定中心一位负责人说。

二、科学做法

最早期使用红外光谱仪定性分析橡胶样品需要制样，在一个类似圆筒里把切好的橡胶粒和碘化钾，用手摇匀，半小时至几个小时不等，然后放在红外光谱仪（以前的旧红外光谱仪的原理是利用物质对不同波长红外辐射的吸收特性，进行分子结构和化学组成分析。红外光谱仪通常由光源、单色器、探测器和计算机处理信息系统组成。根据分光装置的不同，红外光谱仪分为色散型和干涉型。对色散型双光路光学零位平衡红外分光光度计来说，当样品吸收了一定频率的红外辐射后，分子的振动能级发生跃迁，透过的光束中相应频率的光被减弱，造成参比光路与样品光路相应辐射的强度差，从而得到所测样品的红外光谱）上，直到有谱线或波峰输出为止。

后来何老师引入一个新的制样方法，用电加热板把橡胶小样加热，然后两头用钳子拉开使其呈扁平、透明状，再把中间最薄最透明部分切开，放到红外光谱仪上检测。这种制样方法相当烦琐，要有耐心，否则可能对结果产生不利影响。

现在的红外光谱仪（原理：傅立叶变换红外光谱仪被称为第三代红外光谱仪，利用麦克尔逊干涉仪将两束光程差按一定速度变化的复色红外光相互干涉，形成干涉光，再与样品作用。探测器将得到的干涉信号送入到计算机进行傅立叶变化的数学处理，把干涉图还原成光谱图）不需要特别单独制样，把橡胶切成一小块即可，红外光谱仪本身有一个很小的重力锤，通过重力作用来慢慢拉丝，即可检测。其缺点是，对于一些复杂混合样，如 PE – PVA – PE，这样做的检测结果不一定比切开的加热透明样准确。

世界上第一个惯性导航博士陆元九，1949 年毕业于美国麻省理工学院，顶着巨大的压力和诱惑回到新生的祖国制造火箭、导弹。他对中国的航天质量和安全指导思想就是对上天的产品，99 分都是不合格的，相当于零分。这就是中国航天界著名的硬核标准"故障归零"。

第二节　系统零缺陷基本理论

零缺陷设想必须以系统科学理论为指导，才能真正实现，也才可能成为真正的科学理论。系统零缺陷理论因而诞生，并且从诞生伊始就伴随着科学的方法手段和系统论思想。

有不少产品，如果只从表面性能或者临时作用效果来说，可以完美达到质量要求，但实际上，使用一段时间就可能存在致命的安全缺陷。

中国早期普通钢轨的性能、指标不如国外，发达国家使用的合金钢轨性能比国内的普通钢轨优越得多，光是抗拉强度和硬度，国外的就比我们高出30%左右。20 世纪 90 年代，南昆铁路建设时从加拿大进口 5 万吨合金钢轨，价值 3 000 多万美元，对于当时外汇储备尚很少的中国（约占 1995 年中国外汇储备 735.97 亿美元的万分之四），这已经是非常庞大的一笔投入了。

这批钢材经广东口岸入境，当时由金检负责检测把关。按照中国和加拿大签订的合同规定，检测人员抽取了 68 个炉号中的钢轨进行机械性能、化学成分等各种试验，除了两根钢轨未能通过落锤试验，还有两根在运输过程中脆断，其他力学性能、化学成分、非金属夹杂物试验、硫印试验、热酸浸蚀试验等结果基本上与合同相符，从表面上看，这些钢轨应该没有多大问题。

不过，金检有一批非常有经验的专家和工程师。即便按照合同要求，合金钢轨含碳量为 0.64% ~ 0.76%（实际测量结果在 0.66% ~ 0.79%），也很可能会形成高碳片状马氏体，虽然具有高强度和硬度，但是孪晶型的亚结构塑性和韧性都很差。通过扫描电镜和 X 射线能谱仪的细致反复观察、分析，钢轨中存在马氏体等非珠光体组织，由此判断在生产过程中形成的大量内应力集聚在应力坑里面，因而钢轨在落锤试验及运输过程中断裂。

检验表明，如果这些钢轨不进行高温回火热处理，很可能将在使用过程中出事故，危害人民生命和财产。高温回火热处理可以使钢轨中不好的显微组织如贝氏体、马氏体转变为珠光体类组织，这样钢轨的强度、硬度等性能进一步提升；并且回火过程可以消除钢轨中残余的内应力，从而从根源上消除钢轨中的致命缺陷。

后来，这些进口钢轨技术处理在上海和贵阳相关工厂进行，金检对钢轨的质量进行全程的跟踪监控。

在随后长达一年多的索赔谈判中，金检依据雄厚的技术实力、扎实的检验分析工作，多次出庭陈述，为最终赢得整个索赔案的胜诉提供了关键技术支持，为国家挽回经济损失450万美元。

此事件当时在业内甚至全国引起广泛关注，和发达国家的涉及高技术高质量产品的官司能够全胜在中国的历史上极为罕见，当时中央电视台《焦点访谈》节目对金检工程师及案件详细过程进行了采访报道。

如果金检当时没有扫描电镜和 X 射线能谱仪这些先进的检测仪器（为了购买这两台高尖端仪器，金检总工程师在此前顶着巨大的压力，坚持在财政非常紧张的情况下说服总局），如果没有这种远见卓识，后面的工作是难以想象的。

回顾历史，更重要的是，金检老一辈厚积薄发、经验丰富、不断跟踪世界尖端知识技术，踏踏实实、勤勤恳恳、埋头苦干，静下身心探索、勇往直前为国为民担当责任的精神正是中国老一辈科学家、工程师、技术人员普遍拥有的精神财富，而目前中国整个质量领域急需这些！

上面的例子充分说明了，真正的质量，即使产品具有暂时性的完美无瑕，也不能掉以轻心，必须通过科学技术手段充分测试、深入分析。而这些前提的满足，又需要系统后勤保障、管理服务等各种因素充分发挥作用。

SZD 理论可以高度概括为一个中心，两个基本架构。

一个中心就是绝不妥协的零缺陷，哪怕是在极其微小的范围也不容小觑，但前提是在系统范围内。它不是一个绝对性的零缺陷概念，而是系统性的原则。

一批聚丙烯 PP 和聚乙烯 PE 共聚物报关时需要鉴别成分，某检测实验室在接受报检后，检验员认为红外光谱仪很难识别 PE 的谱峰，打了光谱后，这位高学历的年轻检验员根据谱图判断没有 PE。企业经理不认同，用牙咬了三四个颗粒，非常肯定地告诉实验室，百分之百含有 PE，不然不会这么软。其后该实验室将样品转交给另一位富有经验的检验员，这位检验员一看谱图即确认特征峰很明显，确含有 PE。

这个例子表明，即便是很明显的特征，也不是绝对的，不是每一个人都可以观察到。同时，这个例子也很好地说明了实践出真知，如果没有足够的经验，即便掌握了现代高科技，还是可能会放过不该放过的细节。

如何在系统过程中消除缺陷？

质量系统缺陷的消除主要通过三层把关：一是 NBR（No Break the Rule），绝不违规，但可以犯错，也容许在非质量系统缺陷中"带毒生存"；二是系统可以继续分解成更多子系统，但绝不允许把系统内"带毒"缺陷传到下一个系统；三是应用系统管理理论和科学技术方法。

两个基本架构就是坚持 SZD 理论的四项基本原则和坚持系统管理思想。详细内容请参见黑龙江人民出版社的《系统零缺陷》一书，这里不再赘述。

第三节　系统零缺陷实施五大原则

系统零缺陷有五大原则。

一、质量点过滤/控制原则

质量点过滤/控制原则是基于系统内存在着可能被忽视或者不受控的质量点。

任何一件产品出厂或者一宗服务出台，可以考虑采用质量点过滤/控制方法，这样的过滤/控制基于有效的数据、事故或者各种经验的积累。比如，广州市某电器发展有限公司对一种相当普通的不锈钢壶总结了 76 个质量点，包括：壶身焊接痕、壶盖打不开、壶盖内脏问题、壶身尺寸、PC 料上下件焊接类水尺易漏水、手柄护处易漏水、焊错壶身、跌落试验、高压击穿、搅拌头杂音等。每一项都详细描述了质量点概述、生产使用情况、问题原因以及明确的改善措施。

质量点是关键点，包括了影响质量的看似无关紧要但实际上可能决定最终质量状况的因素或可能。

二、整改与持续改进原则

一重点实验室在组织某项全国性的检测能力验证时由于经验不足，被当时审核组指出存在四个方面的问题，具体如下：①没有培训的签到表；②人员考核授权表非受控文件，考核内容无考核见证材料；③由于本次参加者采用不同检测方法，评价方法没有具备一致性；④能力验证结果报告存在评价方法不一致的问题。

事后，该实验室提交了整改报告，但是仍然没有得到认可，审核组认为整改报告中，该实验室没有对参加能力验证单位的真实能力进行有效评价。

由此可见，整改与持续改进是系统零缺陷的一个基本原则。

三、追求完美卓越品质的原则

不少人想当然地认为，追求利润是企业的目标，其实，这不仅与许多企业家的意识相左，还与许多企业实际情况不符。特别是在中国，真正的企业家总是以社会责任为第一位，追求利润只不过是手段；即使是小微企业、个体户，追求利润既不是唯一的目标，也不是主要的目标，生存和发展才是真正立足之道。正是这样的现实，保证品质并非单纯为了利润增长，更多的是赢得市场，保持自身的生存和发展，服务社会。

在以前，台灯的质量影响因素很多，对视力的影响却放在了可以忽略的地位。这和国内许多产品相类似，早期制造力缺乏的时候，产品能够生产出来就很了不起了，如解放初期生产螺钉。20 世纪 80 年代改革开放后，中国民用产品的制造才真正有了广度飞跃，但在深度上，如涉及人身安全、健康等的问题几乎没有什么概念。后来有人呼吁应该把人的生命放在首位，才有越来越多关注到自身安全、健康、幸福等人性化问题，这是影响中国产品制造的深层次主线。

最近一次江苏消费者协会的调查表明，参照《读写作业台灯性能要求》《建筑照明设计标准》《LED 室内照明应用技术要求》三个标准要求，173 批次检测样品在色温、显色度、光度学三个方面问题较突出，有一半台灯对视力存在不良影响，色温偏高突出。其中，有一款产品，其色温超过 10 000K，等同于电焊电弧光照，非常恐怖。

四、 防止系统污染原则

2008 年 8 月，乌鲁木齐出现人造"新鲜红枣"，这种人造"新鲜红枣"过量食用可能导致体内血小板减少，直接造成急性大出血。

2009 年 2 月，发生了"咯咯哒"问题鸡蛋事件，某饲料厂的法人代表在饲料中加入三聚氰胺获刑，引起鸡蛋价格下跌。

2010 年，媒体报道，使用过"神农丹"的黄瓜致安徽 13 人中毒。

2013 年 5 月 9 日，央视《焦点访谈》曝光了山东潍坊农户使用剧毒农药"神农丹"种植生姜的事件，该事件震惊全国，滥用"神农丹"不仅会造成生姜的农药残留超标，还会对地下水造成污染。

2013 年 5 月，湖南攸县大米重金属镉超标，该事件问题大米早已销往广东省多地。镉在体内可能损伤肾小管，也可能造成骨质疏松、萎缩、变形等。

2017 年 8 月，广东佛山市公安局查处一款网红饮料"咔哇潮饮"，此饮料含有国家管制药品成分。上海网红品牌"一笼小确幸"，也由于食品安全问题被查处。

2017 年 8 月 15 日，品牌"××松鼠"被国家食药总局官网公布其生产的开心果被检出霉菌超标。

更为令人担忧的是，2022 年 8 月 17 日，《环境卫生学杂志》（疾控中心主办）网站登载了一份调查报告，南京大学环境学院、污染控制与资源化研究国家重点实验室研究发现，"大米中铅超标的位点大多集中在湖南、贵州；镉超标位点集中在湖南、广西、贵州；汞超标位点基本位于贵州；砷超标位点则集中在湖南"。

2011 年 7 月，日本共同社报道 6 头牛中的约 373 公斤铯超标的牛肉无法追回，估计已经被 8 个都道府县销售出去了。不过，日本东京都一位负责人宣称，"政府制定的暂定标准是考虑持续吃 1 年所受到的辐射数值，没有必要因为吃了一次就担心影响健康"。日本福岛核泄漏事故之后，日本食品部门检测到在 97 公里外的日立市，其菠菜中的碘和铯都超过标准的 27 倍；福岛及其周边茨城、栃木和群马等几个县出产的牛奶也被检出放射性物质超标。

如果社会公众都没有意识到系统污染的严重性，将有越来越多的人的健康和安全深受其害。

五、 健康与生命绝不妥协原则

2017 年 12 月，上海市部分餐饮机构油条铝超标事件被上海市消费者权益保护委员会官网公开；2018 年 6 月，浙江出现违法添加甜蜜素的"问题馒头"，多名摊主被抓获。

中国奶业由于震惊中外的三聚氰胺问题已受到沉重打击，屡禁不绝在牛奶中添加"皮革水解蛋白"更是火上添油。2005 年，山东等地爆出不良厂家在牛奶中添加"皮革水解蛋白"，当时引发了高层的重视，立即开展大力整顿。当时山东省工商部门至少查获 2.8 万件使用"皮革水解蛋白"的乳制品，有 200 多家小厂从事这类生产。

2009 年 3 月，浙江省金华市"××乳业"又被查出制造"皮革奶"；2010 年 8 月，质检总局等 5 部委发布《关于开展非法制售皮革蛋白粉等皮革碎料制品清理整顿工作的通知》，但到了 2011 年，内地"皮革奶粉"又死灰复燃，不法商家把皮革废料或动物毛发等物质加以水解提炼成"皮革水解蛋白"，再将其掺入奶粉，企图以此提高奶粉中的蛋白质含量。中国奶业再次遭遇重创，据央视调查，七成受访者对国产奶失去信心，导致进口奶畅销并占据主要市场。

2020 年 5 月，湖南郴州发生了"倍氨敏"事件，一些服用了所谓的"配方奶粉"的婴儿出现了佝偻病等异常症状。

2020 年 7 月 28 日，广东揭阳市某肠粉店发生了食物中毒事件，5 人急救，1 人抢救无效死亡。同年 10 月 5 日，令人更为痛心的事情发生在黑龙江省鸡东县，由于缺乏发酵食物质量安全意识，9 人在家庭聚餐中出现食物中毒，无一生还，后查明是自制"酸汤子"中含有"椰毒假单胞菌"。同年 11 月，深圳消委会公布了 15 个知名品牌薯片检出的质量安全问题，其中有 7 个品牌薯片的丙烯酰胺含量超出欧盟基准水平值。

此外，2020 年 10 月发生了辛巴假燕窝事件，辛巴团队已赔偿 2 万多名消费者 2 千多万元。这些所谓燕窝有滋补、提高免疫力等功效，尤其是血燕被吹得神乎其神，从改革开放进入中国市场几十年来被国人追捧不懈，假货泛滥，这里就不多做争论。本书一位笔者的母亲是改革开放第一批对外贸易服务地方经济发展的先行者，由于工作繁重，身体虚弱，听说燕窝能够提高免疫力，当时价格还很便宜，就经常服用，但状况始终不见改善，不足七十岁就与世长辞。这固然和她工作强度和自身状况有关，但是燕窝究竟起多大的作用就不得而知了，更不用说那些品质不好的含有亚硝酸盐等致癌物质的燕窝。

2021 年 2 月 19 日，最高检、市监总局、药监局联合发布 15 个落实食品药品安全"四个最严"要求专项行动典型案例，包括"假烤鸭"、添加禁用物质的减肥咖啡、制售假药、销售过期劣药、不合格化妆品案件以及伪劣种子案件等。查办食品安全违法案件 28.48 万宗，查办药品、化妆品和医疗器械领域违法案件 10.77 万宗，共计罚没款近 40 亿元；批捕涉案人数 7 298 人，起诉 17 066 人。

即便是被许多国人视为安全卫生的日本，也无法避免类似的情况发生。据日本厚生劳动省公示，2021 年日本共发生 717 起食物中毒事件，共计 2 人死亡，为 20 年来最低。

食品安全不是小事，无良商家的无良做法为何层出不穷，问题产品又为何能通过质量检测到达消费者手上，难道不值得国人反省自身的质量观吗？

第十一章　差距原理

纵使差距成千上万，只要足够虚心，追上也只是时间问题；但如果骄傲自负，哪怕只有一丁点差距，至死也看不到，那这一丁点的差距永远都是无法逾越的鸿沟。

第一节　差距原理的意义

就目前来说，中国的制造业已经相较于中华人民共和国成立之初提升了不知多少个档次，那时的中国，连螺丝钉都不能自己生产，但现在的中国，几乎没有什么是生产不了的。世界最大的制造大国就是中国，在世界上每一个角落都可能找到中国制造。

2016年，英国KHL集团一份杂志统计了全球工程机械50强企业的销售收入情况，第一是美国，第二是日本，中国排名世界第三，占全球10.6%，德国排第四，占全球9.1%。但德国利润高，就利润而言，中国应该排在德国之后。

是不是高居世界第三就是制造强国了？

不，恰恰相反，这就是差距，是质的差距，不是量的差距。

差距在于优势技术和优势质量，不是简单的产量与产值。

此前中兴、华为被美国打压，主要一条是技术上被人"卡脖子"。拥有十多亿人口的大国，几乎一夜间，人人都明白了这个差距在哪里。

的确，中国离制造强国还有一段较长的路要走，而能否成功、能否一直走下去，国人的质量意识尤其重要，是一个最关键的长效因素。

最大的威胁不是中国人的智慧和能力，而是一种妥协的意识。

认为差不多，过得去，能占领市场，能大幅增长就可以了。

正是因为有这样的广泛意识存在，中国的质量面临一位一直潜伏的敌人——来自内部，不是西方发达国家的威胁，而是自己的内部思想意识。

诺基亚曾经在手机行业称霸十多年，质量也过硬，但只局限于原来的标准，最终的命运实际上早就注定了。满足是最大的敌人，对自己满足则是自掘坟墓。中国有句古话说得好："谦虚使人进步，骄傲使人落后。"

骄兵必败。

但现在的普遍思维则是"厉害我的国"，当然刚开始的时候提升自信心是十分必要的，但如果一直是"厉害我的国"，容不得半点指导和批评，怎么能知道自己的差距呢？

没有差距意识，不仅仅是没有进步这么简单。面对全球错综复杂的形势，面对西方的虎视眈眈，没有差距意识，没有居安思危的意识，沾沾自喜，故步自封，只会一步步落后于人。

有了差距不可怕，关键是国人能否意识到这种差距。就像我们的先辈，明白落后的中国只能被人欺负的道理，因而不惜举全国之力攻克"两弹一星"，这就是进步，而这种进步是生存的进步，没有它，就没有现在的中国。

如果有了差距还做井底之蛙，不但落后是注定的，将来的生存也成问题。这是一场生死较量，不是危言耸听。质量是决定一切的基础。

第二节 中国制造与西方制造的差距

一、核心差距是软实力

AFgl，"空军地球物理学实验室"，也许这只是一个正规名称的缩写，几乎没有人知道它是什么意思，即使较了解"沙漠风暴"这场美军干脆利落击溃伊军战役的人也不一定能知道这个词代表什么含义。但研究计算机、软件，特别是工业软件、工程软件的人，都应该记住它，因为它摧毁的不仅是一个国家的防空系统，还是整个国家人民的信心和抵抗精神。它就是当年美国事先安装在伊拉克进口打印机的一个病毒的名称，这个病毒由美国国家安全局设计，然后由特工换装从约旦首都安曼运送到伊拉克，再植入伊拉克空军使用的打印机。战争爆发的时候，美国人通过遥控装置激发了这个病毒，整个伊拉克的空防系统全部瘫痪，最重要的是，它彻底击毁了伊拉克军方、工程技术人员的抵抗信念。因此，这个词应该是中国软件设计师、电脑工程师、工程技术人员、工业设计人员、制造工艺师、质量管理人员需要永远牢记的达摩克利斯之剑。

由于电子信息技术飞速发展，大数据、云网络的广泛应用，工程软件、工业软件在各种领域中发挥的作用越来越重要，往往是决定了整个工程质量、整个工业行业质量的一个重要因素。类似 AFgl 这样智能的病毒相当于工业产品里面的致命缺陷，只不过这样的"缺陷"往往是敌对阵营主动制造的，并随时都有可能引发巨大的灾难，包括整个工业、工程系统被操控，整个国家安全体系的崩溃。

"目前，我国80% ~90%的高端进口工业设备都面临着类似风险"，一位中国智能研究院的负责人说。

另一位中科协智能制造研究所负责人，则心情更为沉重，"EDA 被停用，芯片就无法被按需设计、正常使用，不过是一堆硅土"。

但事实上，失去软件优势，绝对不只是一堆硅土那么简单。

"如果西门子公司现在对中国民用核工业领域禁用 NX 软件（西门子出品的产品工程解决方案），将是一场灾难：所有用 NX 软件设计的模型、生产制造过程的管理，都将被中断，整个产业将受到巨大的影响，甚至无法正常运转。"

2019 年 7 月，某境外 APT 组织[①]对某军工领域发送邮件进行钓鱼攻击，相关人员电脑被控制，从而窃取相关的秘密。2021 年 2 月，美国佛罗里达州奥尔兹马水厂，发生一起 APT 攻击的投毒事件。攻击者相当隐蔽地远程访问了水厂的内部系统，在准备将氢氧化钠的含量悄悄提高到让15 000 人面临中毒限量风险的时候，异常的信号被机警的工作人员及时监测到，否则后果不堪设想。可见，这样的软件"质量缺陷"如果没有清除干净，将真有可能像毁灭伊拉克那样毁灭一个国家。

最近芯片，以华为为焦点的硬件被"卡脖子"事件已经让几乎每

---

① APT 组织源自一个词 APT 攻击（Advanced Persistent Threat），是指高级持续性威胁、先进持续性威胁等，往往相对于普通的黑客攻击而言，更有组织性、针对性、持续性、隐藏性、复杂性，尤其不局限于虚拟网络，还直接影响到现实的物质世界。

位中国人都意识到把控核心技术的至关重要，但软件方面的重要性许多中国企业还没有切身的体会。相关资料表明，我国自主工业软件刚开始的时候，其实能紧跟世界最先进行列，20 世纪 90 年代曾占据国内市场的 25% 甚至更多，但到了 21 世纪则急剧萎缩，至今不足 5%，关键技术领域几乎鲜见踪影。

但是，几乎没人知道，国外用于遏制中国工业工程软件服务行业崛起的法宝居然就是：盗版，只不过不是他们盗版而是让我们去盗版，放任国内市场软件产业"自由"使用世界上最好的软件。这种短暂的快感带给他们的是快速长久占领市场，然后再重新掌控知识产权，打压中国的软件服务业及核心技术优势。这个手法非常高明，令拥有十多亿人口的大国一下子错失了抢占世界先进制造强国核心软件业几十年的机遇。将关键技术和核心数据，甚至需要很多年才能积累的大数据拱手让人，不但不能掌控世界先进制造业的主导权，而且在以后相当长的时间不得不承受这个恶果带来的威胁和挑战。

业内流传这样一个真实的较量，上海某汽车研发中心突然成为被告，原告是国外一家软件公司，起诉该研发中心多年已习以为常使用的 CAD/CAM/CAE 软件侵权。虽然该研发中心有两套正版软件，但其他数百套都是盗版的，国外软件公司等这个研发中心销售达到一定规模之后再起诉，最后的结果就是该研发中心付出一千多万元的巨大代价。

正是应了那句老话，"世界上没有免费的午餐"。

工业软件是指应用在工业领域的软件，包括系统、应用，也包括各种中间件、嵌入式等，有编程语言，也有系统软件和应用软件，大体上分为嵌入式软件（嵌入在通信、控制、传感等硬件之中）和非嵌入式软件（计算机编程）两个类型，涉及数控机床、机械制造、机器人、汽车、高速列车、轮船、武器、航空、航天、石油化工、日用品制造等多个领域。

工业软件主要应用可概括为三大领域：①研发设计，如计算机辅助设计 CAD、仿真软件 CAE、电子设计自动化 EDA 等，国外著名的公司有德国的西门子、法国的达索、美国的 Autodesk、PTC、ANSYS、AL-TAIR、NASTRAN 等；②生产过程，如制造企业生产过程执行管理

MES、辅助制造 CAM 等，著名的有美国的 GE、法国的施耐德、德国的西门子等；③其他相关管理类，包括信息管理、集成平台等，如企业资源计划 ERP、供应链管理 SCM，占据高端市场大部分的有德国的 SAP 和美国的 ORACEL 等。

据资料显示，2021 年全球制造工业软件类市场份额达到 7 897.9 亿美元，中国约占七分之一，而 2018 年国内市场规模曾达到 1 622 亿美元。如此庞大的市场，我国设计、制造在线控制等核心工业软件领域，却落后国际先进制造业软件最高水平至少 30 年，绝大部分市场份额拱手让人，宝信、石化盈科、用友、金蝶只占一席之地。

随着"863"计划支持政策的中断，这个本可单手拨千斤以助我们实现强国梦的核心软实力优势似乎连一点发展的希望都看不到了。好在明智有远见的中国人还不少，华为的鸿蒙和欧拉系统就是反击国外垄断的武器。尤其是欧拉系统，按照华为官方的解释，"欧拉操作系统可广泛部署于服务器、云计算、边缘计算、嵌入式等各种形态设备，应用场景覆盖 IT（Information Technology）、CT（Communication Technology）和 OT（Operational Technology），实现统一操作系统支持多设备，应用一次开发覆盖全场景"。

希望将来发展如其战略规划，为我国基础软件业打造新质量标杆。

二、 中国制造最强与西方制造最强的差距

我国目前最应该引以为豪的质量最强行业应该是粮食。可以说，国人肚子无忧就是最好的标准，当然，粮食生产和质量也要居安思危。

2019 年 7 月国家统计局发布，"我国粮食总产量从 1949 年的 11 318 万吨飞跃到 2018 年的 65 789 万吨，这个基本上是农民辛勤努力和科技创新的成果，我国的最基本也是最重要的质量安全保障之一有了本质的飞跃"。

除了粮食质量安全之外，我国制造业增加值稳坐世界第一把交椅已有十多年，200 多种工业品产量均居世界第一位（见表 11 - 1）。

表 11 - 1　2020—2021 年全国进口重点商品量值表

（单位：亿元）

商品名称	计量单位	2021 年 1 月至 12 月累计		2020 年 1 月至 12 月累计	
		数量	金额	数量	金额
农产品	—	—	14 209.2	—	11 835.6
肉类（包括杂碎）	万吨	937.8	2 079.2	990.9	2 131.2
干鲜瓜果及坚果	万吨	730.9	985.0	653.9	807.6
粮食	万吨	16 453.9	4 834.5	13 926.6	3 475.3
大豆	万吨	9 651.8	3 459.1	10 031.5	2 743.5
食用植物油	万吨	1 039.2	706.3	1 079.0	569.7
铁矿砂及其精矿	万吨	112 431.5	11 941.6	116 950.5	8 556.4
铜矿砂及其精矿	万吨	2 340.4	3 669.0	2 175.7	2 520.9
煤及褐煤	万吨	32 321.6	2 319.3	30 331.1	1 413.7
原油	万吨	51 297.8	16 618.0	54 200.7	12 362.1
成品油	万吨	2 712.3	1 078.2	2 826.5	819.2
天然气	万吨	12 135.6	3 601.0	10 122.8	2 304.3
医药材及药品	吨	226 074.2	2 884.7	219 235.2	2 579.1
肥料	万吨	909.0	176.7	1 060.1	199.8
美容化妆品及洗护用品	吨	473 839.4	1 613.0	450 427.1	1 399.8
初级形状的塑料	万吨	3 396.8	3 950.2	4 062.2	3 630.2
天然及合成橡胶（包括胶乳）	万吨	676.9	783.5	746.8	731.5
原木及锯材	万立方米	9 241.9	1 256.8	9 301.1	1 112.3
纸浆	万吨	2 969.1	1 296.3	3 050.5	1 084.7
纺织纱线、织物及其制品	—	—	1 015.6	—	950.9
钢材	万吨	1 426.8	1 210.0	2 023.1	1 165.1
未锻轧铜及铜材	吨	5 528 667.3	3 387.1	6 681 122.3	3 011.8
机电产品	—	—	73 657.4	—	65 619.9
机床	台	107 364.0	533.0	108 121.0	456.4

（续上表）

商品名称	计量单位	2021 年 1 月至 12 月累计		2020 年 1 月至 12 月累计	
		数量	金额	数量	金额
自动数据处理设备及其零部件	—	—	4 355.3	—	3 708.6
二极管及类似半导体器件	亿个	7 497.0	1 918.0	5 432.9	1 622.4
集成电路	亿个	6 354.8	27 934.8	5 435.0	24 202.6
汽车（包括底盘）	万辆	93.9	3 489.1	93.3	3 241.9
汽车零配件	—	—	2 437.2	—	2 248.9
空载重量超过 2 吨的飞机	架	198.0	657.7	153.0	475.5
液晶显示板	万个	175 645.7	1 365.1	188 330.1	1 320.3
医疗仪器及器械	—	—	1 005.6	—	875.8
高新技术产品	—	—	54 088.1	—	47 152.8

注：工业制成品总价：196 958.2 亿元，占总进口额的 78%。

按照海关总署统计数据显示，2016 年工业品第一大进口类别是集成电路，2 271 亿美元（约 1.4 万亿元），占了当年全部工业品进口总额的 19.3%。而 2021 年第一大进口工业品是高新技术产品，达 5.4 万亿元，约 8 000 多亿美元，占全部工业品进口总额的四分之一左右。

2016 年飞机进口 203 亿美元，2020 年为 475.5 亿元，2021 年为 657.7 亿元，和汽车及其零配件 2021 年进口近 6 000 亿元相比差了近 10 倍，和进口二极管半导体、集成电路的近 3 万亿元就差更多了，和价值 7 万多亿元的进口机电产品相比也是小巫见大巫了。

这些都是从市场需求出发可以看到的差距，但只是大范围、大类别的制造及质量差距。具体的差距可以从《产业结构调整指导目录（2019 年本）》（中华人民共和国国家发展和改革委员会令〔2019〕第 29 号）看出来，该指导目录已经在 2019 年 8 月 27 日第 2 次委务会议审议通过，2020 年 1 月 1 日起施行。

从《产业结构调整指导目录（2019 年本）》中可了解到许多目前

我国比较急需产业升级、技术创新的领域，比如，鼓励类"动物疫病新型诊断试剂、疫苗及低毒低残留兽药（含兽用生物制品）新工艺、新技术开发与应用""大型电站及大电网变电站集约化设计和自动化技术开发与应用""大容量电能储存技术开发与应用""垃圾焚烧发电成套设备""黑色金属矿山接替资源勘探及关键勘探技术开发""低品位难选矿综合选别和利用技术""高品质铁精矿绿色高效智能化生产技术与装备""焦炉加热精准控制""高标准油品生产技术开发与应用，煤经甲醇制对二甲苯""工业CT、三维超声波探伤仪等无损检测设备，用于纳米观察测量的分辨率高于3.0纳米的电子显微镜"。此外，诸如城市智能视觉监控、视频分析、视频辅助刑事侦查技术设备、矿井灾害（瓦斯、煤尘、矿井水、火、围岩噪声、振动等）监测仪器仪表和安全报警系统等，我国目前都比较弱或者缺乏。

有人专门分析了营收方面中国和世界第一位的对比情况，在芯片设计环节（海思、中兴微电子、大唐等），有3.5倍差距；在芯片制造方面（中芯国际、华力微等），差距达10倍；在芯片生产设备方面（北方华创、中微半导体），差距已经高达63倍之多。

"实现制造强国目标至少还需30年"，工信部原负责人谈到中国制造业现状时称。他认为，目前全球制造业已经形成了四级梯队发展格局。第一梯队，美国主导的世界科技创新中心；第二梯队，欧盟、日本的高端装备制造领域；第三梯队，某些新兴制造业国家的中低端制造领域；第四梯队，非洲、拉美等资源输出国。

美国实力有多雄厚？世界上百分之七八十的物理、化学、生理学或医学诺贝尔奖获得者都在美国，尤其是近几十年来，美国人完全就是笑傲群雄。阿姆斯特朗作为阿波罗11号的指挥官代表人类第一次登上月球是1969年，后续登月至少5次都是美国人完成的。现在离阿姆斯特朗第一次登月已经过去50多年了，我们还在为首次登月而努力。从科学贡献角度来分析，全球最顶尖的十所或二十所大学美国占据绝大多数，中国数一数二的清华、北大通常在二十名之后，如果真按照获得诺贝尔奖和原创力贡献度来排名，估计清华、北大还需要努力至少三十年才能挤进世界前列。参加了中国两弹研制工作的何祚庥院士毫不留情地形容，清华、北大完全没有许多年轻人认为的那么了不起，我们目前为世界制造业贡献的原创几乎为零，虽然绝大部分常用的仪器设备原理都是基本物理知识，但几乎没有国人能够原创。

在航空领域，航空发动机被公认为是工程制造业皇冠上的明珠，科技含量最高、技术最复杂、综合领域最广、涉及学科最多，要求配合的部门几乎囊括了方方面面，还要有各种各样的人才，包括一流的空气动力学专家、各种工程技术人员等。我国目前搭载在歼20战斗机上的发动机可谓是国内最先进的了，但其推力仅有全球最顶尖的航空发动机——2019年在波音777服役的GE-9X的五分之一。

在海洋领域，我国当前的海洋工程冲击力设计建造水平依然未摆脱中低端状态，大而不强，主要生产能力集中在船体和钢结构，核心部件如发动机、各种生产系统、动力定位系统、钻井包及控制系统等还不具能力，总装备国产化不足三分之一。海上平台绝大部分总体设计、总包、研发、系统配套等诸多方面依然由发达国家掌控，关键技术领域还比较落后。

好在高层非常清楚这个鸿沟，"我国制造业发展成就很大，但大而不强、全而不优的局面并未得到根本改变，基础能力依然薄弱，关键核心技术受制于人，'卡脖子''掉链子'风险明显增多，制造业占GDP的比重下降得过早、过快，不仅拖累当期经济增长，影响城镇就业，还将带来产业安全隐患，削弱我国经济抗风险能力和国际竞争力"。

被国人以自傲力鄙视已经停滞二三十年不前不进的日本，在全球最先进的材料、金属生产工艺、机床机械模具、电子电气、无人机、机器人、高端光电仪器等诸多领域越来越领先世界。日本的宇宙探测器"隼鸟2号"在离地球3亿公里外太空的小行星"龙宫"上引爆5斤炸弹，并取样品，目前探测器已逐步靠近地球。自从20世纪90年代人均GDP上了4万美元后，日本近30年人均GDP也一直保持在4万多美元，2012年还曾一度升至5万美元，这基本拜强大的制造业所赐，并非主靠房地产业拉动。GDP总量世界第二的中国，人均GDP才刚刚过1万美元大关，任重道远。中国未来的最大挑战，是对待真理与自然的态度，制造业真正的最大的敌人不是外国竞争对手，而是萧墙之祸。只有实事求是，明白自己的差距，才能知落后而奋勇，如孙中山先生当年的谆谆告诫，"革命尚未成功，同志仍须努力"。

第三节　差距原理的主要内容

"需要工匠精神""需要创新驱动"，不能只靠说两句大而虚的话吧？这说的是结果，不是缘由。工匠精神是怎么来的？创新驱动该怎么做？工匠精神是发扬打气就能有的吗？虽然不可否认存在这种可能，但口头上的呼喊就如同水面上的浮萍，风吹水流就散了。其实更需要的是扎扎实实地提供创新驱动的土壤、产生工匠精神环境。这不仅仅是整个大范围的认可、宣传、激励，更需要的是全民意识的提高和综合素质的提升，大量辛勤踏实的工作用于各方面条件的改善、大量资金的投入等，用于培养肥沃的土壤、优质软硬件的环境，以及最根本的因素，人的改善和发展。

一、 ISO 的标准就是我们最先进的标准？

中国质量界喜欢采用等同 ISO 的各种标准，并且几乎每一个人都认为 ISO 标准和美国标准代表着世界最先进的质量管理水平。但真相是，ISO 标准主要是为了照顾并促进一般水平的国家或地区、组织发展而进行的公开妥协。如果我们还普遍以达到该标准为荣，那么距离质量强国的目标只会渐行渐远。

在 2016 年正式投产的上海通用豪华车品牌凯迪拉克金桥工厂拥有每年 16 万辆的产能，其中许多技术标准已经体现出世界领先水平和质量意识。工厂内的多通道螺栓自动拧紧机，既可以一次搞定轮圈上的 5 个螺栓，又可以由系统自动记录下每一个螺栓的扭矩，全部关键数据实现自行上传和追溯，建立起了全球领先的智能物联网系统。此外，智能化、精细化管理在整个装配过程中体现得淋漓尽致，比如 AGV 自巡航行装配系统应用在汽车底盘的拼合上，工艺流程先进高效，系统零缺陷的理念在实践中得到了很好的发挥，远高于其他标准。

二、 零缺陷不可能？

美国的质量管理大师克劳士比一直都不遗余力地向世界各国推崇零缺陷理念，只是到了中国，零缺陷的概念就不灵了，只是昙花一现。因为中国人非常自然而然地认为这只是一个响亮的口号，零缺陷从根本上是不可能做到的，中国有一句古话曰："金无足赤，人无完人。"——克劳士比的零缺陷只不过是吹毛求疵而已。但是，日本人不这么"聪明"地认为，他们"愚蠢"地听信了美国人的教导。

日本的哈德洛克（HardLock）号称其生产的螺母是全世界唯一绝不松动的螺母，交货的产品绝无一丁点儿缺陷。其螺母在日本及各国许多铁路、桥梁、建筑物中都有使用，包括中国高铁。HardLock 螺母原理简单，加榫头，偏心干涉自锁堆叠螺母结构，需要加工技术和各个参数相互配合，一旦拧紧再也不用维修。但一直以来都无人仿制成功，即使日本人已经将原理和结构都公开了。

小小的螺钉特别重要，对质量的影响类似于蝴蝶积累效应。在我国，螺钉不牢固导致的质量事件不少，表面上好像通常也不会引发大问题，但真实情况值得调查和大数据分析。金检曾多次对镀锌螺钉进行失效分析，发现螺钉不牢固的主要原因基本上是热处理工艺不当导致的质量问题。

日本人以其实际行动证明了零缺陷不是不可能，而只是被认为不可能。

三、捷径

以机床为例，德国、日本一些淘汰了十多年的旧机床，居然比我们现在正在研制的精度更高。我们自主研发的机床，通常服役五年，精度就显著下降，能够使用 10 年以上的更是凤毛麟角。这是材料、制造工艺上的差距。其次还有耐用性和稳定性，即结构刚性的差距，这些关系到伺服电机、丝杠、导轨及内嵌 PLC 高度可靠的控制软件方面。而除了硬件有差距外，软件差距更大，我们没有拿得出手的 CAD、CAM、CAE 等的 3D 软件。机床既要有超级精密的母机，又要有超级耐磨、形变极其微小的材料，以及巧妙精致的工艺路线，各方面都需要大量扎扎实实的工作和努力，没有捷径可以走。

至于合作、合并（如吉利拿下沃尔沃；美的并购意大利空调企业 Civet、德国库卡和日本东芝）是一条捷径，可以加速，但消化吸收到最终掌握高超的技艺、精湛的工艺，尤其是软件方面，非一时一日之功。

　　中国设计制造大飞机走了相当长的路，有过利用苏联的技术和经验，也有过失败的经验和教训。后来综合国力上来，我们又引进了乌克兰世界顶级大型运输机的技术和人员，到现在已经有了质的飞跃并成功研制出运 20。同时也和美国波音公司合作，成功研制 C919。但是，离自行设计研制世界顶级航空发动机还有很长的路要走，从根本上来说没有捷径。

四、尊重小人物

　　2022 年 1 月，可以视为中国迈向质量强国的一个小小行动，却是体现了尊重小人物意识和行动的大大提高。南宁市住房和城乡建设局就之前的"中南十洲"相关参建方未妥善处理工程款导致纠纷及多人聚集问题向社会进行情况通报，分别对南宁某置业有限公司和浙江某建筑工程公司、建设公司、建设集团，扣减企业诚信 5 分、10 分不等，暂停受理"中南十洲"某项目后续预售许可申请，全市各级质量监督部门对相关单位涉及的工程列入"严管工程"名单，加强管理。

　　一些重点检测实验室，拥有许多高学历高职称的人才，但是这样的机构，是不是真的在用人方面就毫无问题了呢？非也。因为一些技能很高，手艺很高，创造性和责任心都很强的技术师傅，在这些单位发展就受到了障碍，原因有二：一是学历低，他们在很多硕士、博士研究生面前难有出头之地；二是性子直，讲话不会拐弯抹角，容易得罪人。

　　反观谷歌，一进入总部休息室便能看到一名普通员工与世界各国领袖、各行各业领导合影的多张照片，包括美国前总统。这是谷歌公司的一名小职员，为什么这样大张旗鼓地宣传，为什么那么多大人物和他合影呢？这正是尊重小人物、相信每一个个体力量的体现。

五、全民整体意识差距是落后的根源

　　中国某大型软件公司一位前总监认为，"日本也是从战后抄（袭）美国开始的，挣了钱才开始原创研发。日本汽车当年一颠簸，车门就掉下来。啥自身情况哪能不清楚，现在制造业不赚钱，资金都流向互联网，工厂在供应链上都是一颗颗螺丝，哪有剩余资金搞研发。这不是心态问题，归根到底是资本偏好"。

这是一种非常典型的中国人主流观念，在中国企业家的眼里，商业的利益往往是难以撼动的；而在美国的社会中有着强烈的法治精神，即使面对的是特斯拉这么强大的企业，社会公正的道德反控力也坚不可摧。

2022年1月，美国法院公开审理一起案件，一辆特斯拉汽车的司机在使用特斯拉L2级Autopilot辅助驾驶系统时闯红灯并撞到了另一车辆造成两人不幸身亡，被控过失杀人罪。这是全球首例相关案例，自动驾驶安全问题引起了美国社会各界严重关注。

而谷歌的无人驾驶技术在2012年就已经试验行驶了480 000公里的路段，虽然也曾经发生伤亡事故，积累了大量的实战经验，但时至2022年的今天，谷歌的无人技术依然未能成熟地应用到大街小巷。

反观中国的自动驾驶，传闻中一直以来以强大的研发技术力量一路顺风，只差正式在马路上通行的批文。这是不是说明我们的无人驾驶技术领先了？恰好相反，这就是一个典型的全社会整体意识的差距问题，体现在许多具体问题的行动与后果上。

一直以来，我们做事情有点急功近利，忽视了事情可能产生的安全与健康问题等后果。如2013年7月，广西贺江出现重金属铊超标0.4～2.5倍的紧急事件，当时某省环保厅某负责人表示，在日本，这样铊含量的水是可以饮用的，而更早些年北江曾发生铊超标10倍的事件，相关水厂并没有停水。好在当时省级领导为群众着想，批示要采取措施，防止大面积污染。

六、 环境差距是落后的普遍原因

这里主要有两方面的环境差距，一是管理人提供给被管理人环境的差距；二是全民使用自主研发核心技术，欣赏自身提供的良好服务质量的环境。

比如华为和吉利，核心产品竞争力单靠自身进步来解决非常困难，而需要中国半导体产业界、智能制造产业界的共同努力。即便是发展到今天，貌似什么都能生产制造的我国，客观地感受一下周围，有多少产品优于别国生产呢？大至大飞机、轮船、地铁，中至各种机床、仪器仪表，小至牙膏、香皂、药品。虽然如高铁等主要是自己设计制造，但核心关键技术不能否认别国的贡献，什么时候我们的设计和制造（包括核心关键技术）完全自立、自有就好了。只有中国航天、太湖神威、北斗等类似民族魂制造越来越能影响世界，中国才能真正强大起来。

但是，我国全社会普遍尚未形成这方面的共识，忽视传统制造产业改造提升。因为房地产业、服务业更易拉动经济增长，而需要花大量资金、大量人力资源、巨大精力投入的制造业则处于从属地位。

全国政协经济委员会一位领导人指出，"制约我国制造业高质量发展的问题很多，但最根本的还是市场化改革不到位。比如，企业公平竞争机制尚不健全，一些隐性的市场准入限制依然存在，要素价格市场化形成机制不完善，能源、土地、环保等价格不能充分反映市场供求关系和资源稀缺程度，企业税费负担依然较重，金融对制造业的支持力度亟待加强"。

制造业强大，质量强大，必须先要有整个社会的软硬件环境支持，否则不用谈下一步，历史自然会作出选择。

七、 管理人的差距是落后的主因

拥有世界一流管理水平的大企业谷歌，对人才的管理和尊重可谓是为全球树起了新的标杆。

首先是给员工以充分的自由度，因为只有这样，才能充分发挥他们的才华。如时间上，实行20%时间制、OKR绩效管理方法，在这段时间，员工可以做自己感兴趣、自己认为可行的项目；总目标是透明的，由CEO制定，但给基层一定的自由度安排和一定时间保证来实现目标，甚至是鼓励疯狂的计划，包括"70%的原则"和"奖励失败"，只要足够疯狂。其次是考评的公正性，这关系到个人和企业目标是否真正得以实现，共同的利益是否能够真正获取。绩效不是由主管经理一个人决定，公司制定了校准流程，尽可能避免主观因素的干扰并积极助力末端员工。谷歌公司还有许多先进的管理理念及措施，这仅仅是其中的两条。

八、 差距是内生动力机制的源泉

没有差距就没有进步。

根据世界银行公开的统计数据，我国企业的平均寿命不足5年，集团、大企业的平均寿命不足 10 年，民营、中小企业更是不足 3 年，与欧美日韩动辄几十年上百年的寿命相比的确是小巫见大巫。

一个问题随之而来，如此短寿的企业，如何能生产质量可靠达几十年的产品？

日本东京商工研究机构的数据显示，截至 2017 年，全日本超过 150 年历史的老店和企业达 2 万多家，超过 100 年的更是有 33 069 家，千年以上的也有 7 家。"金刚组" 1439 年成立，最为古老。

中国百年以上的企业只有 5 家，六必居、张小泉、陈李济、王老吉、同仁堂。尽管与日本无法相提并论，但是制造业仍是我国国民经济主要支柱，2020 年中国制造业生产企业超过 327 万家，吸纳相关各种人员超过了总就业人数的四分之一，人数达 1.05 亿，居各行业之首，是我国兴国利器、强国坚基。制造业和质量管理能否了解与世界的真实差距从而产生巨大动力，能否奋起直追，能否持续、健康发展，能否成功转型和升级，关系到我国走向现代化强国战略目标的实现。

早在 20 世纪末，美国及日本许多大品牌企业就开始把制造业布局到东南亚、拉美等一些人力资源更便宜、优惠政策更多的地区。目前我国制造业正面临转型升级的关键时期，一方面是发达国家的中高端产业"卡脖子"及日常生活产品制造回流；另一方面是新兴制造业国家中低端产业追赶的紧迫和挑战。

怎么办？"感觉困难的时候该做的不是放弃，反而要再尝试，今天跟昨天比，明天跟今天比，绝对不能输。"有着吉尼斯最古老旅馆纪录的东京山梨县庆云馆第 52 代传人深泽坚韧沉着地回应这个三百六十行皆有的挑战。

但我们屈指可数的百年品牌张小泉目前质量意识是怎么回事？2022 年 7 月发生的"拍蒜门"事件，最令人惊讶的可能不是菜刀拍蒜拍断了，而是张小泉公司总经理那一番令国人大跌眼镜的话，"中国人切菜方法不对"。如果中国人都是这样的质量意识，中国怎么向质量强国迈进？好在事实证明，担忧人民群众质量意识差有点过度，张小泉公司的报告显示，此事件后该公司净利润下降两成多。

美国建国才两百多年就发展成为世界第一大强国，如今是唯一的超级大国，其主要原因之一就是差距原理的全民普及。先是差距，通常是对比差距后的失衡，只有这样才会有奋起的动力，洋洋自得不足以提供前进的动力。美国"一战"后强大是同欧洲大国竞赛，"二战"后强大是战胜了日本和德国，再之后是和苏联竞赛，前一阶段是和恐怖分子（产生根源还是美国）作战，现一阶段是"拱火"俄乌冲突，釜底抽薪欧盟。为了体现差距，美国人善于为自己培养敌人、培养对手、征服敌人，通过击败对手从而消灭差距，始终保持不懈前进的动力。

　　比较才能产生差距，而差距则是内生动力机制的源泉，这就是差距原理。

第十二章　质量管理非线性合控论

伟大成就的催化剂：

"英特尔制定了企业责任的新标准，给我们的整个全球网络带来了极具意义的改变。从推动气候解决方案到多元化、包容性举措，我们将合作伙伴、客户和全球技术组合融合在一起，实现伟大的成就。"

——英特尔官网

第一节　研究目的、意义、方法

人类在进化过程中，学会了合作生存与发展，合作控制这个环境、社会、地球。

动物界中不乏群体生存的例子，如斑马、野牛、大雁甚至大象等，但它们的目的很简单，就是为了自己或后代的生存。狼群、狮群等也许有点不一样，因为它们还掌握了许多别的动物的生存权利，特别是某些蚁群，能够吞噬一切它们所经过的生物。

人类呢？爬上了食物链顶端后，"权力越大，责任越大"。人类不仅为了自身的生存，还为了一个更美好的明天；不仅为了人类自己，还为了地球上所有的生物。因此，人类不是以单个来行动的，如何进行合作控制，是人类必须面对的问题。

合控论甚至可以说诞生在类人猿群体合作狩猎的远古时期。

直到今天，人类都未意识到合控论的重要意义，"二战"后，世界各地战火从未停息，这些大多是合作控制局势失败的结果。虽然军事上早就有了合同战术、联合作战等词语，但是，合作控制还是未能变成一门科学，人们对它的重视还远远不够。

从古埃及金字塔到中国万里长城，从巴黎圣母院、埃菲尔铁塔到美国太平洋铁路、航天飞机，从苏伊士运河到曼哈顿工程，从南非的金矿到南极长城站，地球上无论哪个工程、哪个项目，只要它在地球上，不管它是伟大还是渺小，离得开合作控制的影子吗？

但是，合作控制还是未能成为一门科学。运筹学更多体现在工程计算、规划上，而系统工程似乎着重在宏观层面研究单个系统的运动规律，控制论则更多地阐明控制规律，特别是如何对己方进行有效控制从而达到最优。它们都忽略了人类行动更多的是如何合作，如何控制不同的系统进行有效的合作，由合作产生更优良的结果，不是通过控制达到某种目的，而是允许双方独立，在独立平等的基础上进行合作，通过科学的合作达到控制大局、主导他方的目的。

1978 年，意大利的大型鼓风机设计技术就已经非常先进，当时的机械工业部批准沈阳鼓风机厂和意大利方合作并引进产品。

为配套使用和更好发展，沈阳鼓风机厂以 94 万美元购买了 IBM370/138 大型机及配套的 MRPⅡ软件（企业制造资源计划）。为此北京机械工业自动化研究所工程师在国际通用机气公司 IBM 总部带回了 MRPⅡ软件的基本原理和详细算法，为中国的工业软件业学习、消化、吸收奠定了最初的基础，也让国内行业专家了解什么叫现代集成制造系统，掌握世界先进制造技术的发展脉搏，重要的是培养了后续一批人才。

20 世纪 80 年代后期，中国科学院、清华大学、浙江大学自主研发的 CAD/CAE 软件逐步"甩掉绘图板"。另外，在三维领域，北京航空航天大学也有所突破。

当时这次合作，让中国的工业软件业曾经一度站上世界高峰。

合控论，正像一只在人类历史上徘徊了几千年的幽灵，一直等待着人类呼唤它诞生。

合控论研究的方法就像人类的思维一样，无穷无尽，但也简单，其最根本的一条就是，从历史中来，到未来中去。

第二节　合控对象

合控对象：我中有敌，敌中有我。

合控双方，或者多方，每一方内部可能有反对派，也可能是非合控方的支持者；而非合控方也可能存在己方的朋友，存在可能在未来提供转化合控条件的主要力量。当然，目前主要力量是阻碍合控的对手或敌人。这样就形成了"我中有敌，敌中有我"的复杂局面，任何一个国家，由于其民众的多样性及其政治层面的复杂性，这样的情况都是存在的。即便是表面上看似君主政体的国家，或者是统治者个人独裁的国家，依然会存在与合控方合作的因素和力量，也存在与非合控方保持着特定联系的因素和力量。

近年来，美国极力打压华为。但是华为是中国的华为，越是困难，越是坚挺。华为不断地加大研发力度，在软件方面取得了重大突破，鸿蒙和欧拉系统已经开始应用。美国英特尔公司抓住了这个机会，和华为合作，排除美国政府的干扰，从敌手变成合控者，这其实是基于人类自身质量发展的一个核心价值观：任何试图阻碍有质量活动的行为终将失败。不仅如此，有质量的行动将重新获得动力。——这就是反质量合控原理。

虽然说现在华为的欧拉系统在许多方面还不尽如人意，但近期包括英特尔在内的全球五大芯片开发商中的四大架构已经相继接入该系统。为了实现系统的无缝衔接，英特尔还和华为签订了相关合作协议。这可以看作美国试图通过某些非技术手段垄断市场的行为遭到了一定程度的失败。不仅如此，美国一直打压华为的所有行动反而更好地激发了华为掌握核心竞争技术的动力和信心。

和敌手合控的另一典范是最新上汽通用凯迪拉克工厂的建成。坐落在上海浦东新区金桥镇的这家上汽通用集团最新工厂，2016年正式投产，汽车年产量16万辆，以拥有世界级豪华汽车最先进技术为荣。生产车间面积达45 000平方米，包含可支持七种车型同时生产的、既有钢又有铝的两条全自动化柔性生产线，它代表国内豪华车车身工艺制造的最高水平；包括依靠电极压力下的电阻热量熔化铝材使其相互连接的铝材焊接技术，还有铝电阻点焊、铝激光钎焊、自攻螺接和自冲铆接等许多全球领先的创新复合连接技术。这些技术无烟尘、无发热，是能耗低的绿色工艺，而且生产效率极高。

第三节 合控相关概念

合控包括：合控度、合控力、合控时间或周期、非线性合控、合控退出机制等。

（1）合控度：合作控制的程度，具体来说是指双方在各种领域、各种行业、各种环境、各个地方进行的合作控制项目的多少和程度的深浅。程度的深浅同时反映在具体项目里面子项目的多少。如通用汽车与上海汽车合作是个大项目，但这样还未能反映出双方合作的深浅。如果双方只是进行一些零部件项目的生产合作，这样的合控度是很低的；如果双方不仅在一些关键部位（如发动机的设计和制造）上有合作，还对核心技术流程控制进行合作，甚至是参股，这样的合控度无疑高得多。

总体上来说，合作项目越多，合控度越高。因为社会发展，特别是国与国之间的交往，合作项目越多，必然会自然而然地深入进行下去；反之，如果各方面合作项目越少，则可能会越来越疏远。这就是合控的第一大定律。

（2）合控力：能引起合控方或非合控方作用或反作用的力量。合控力包括稳控力、竞争与合作力、主导力（包括局部主导力和全局主导力）三种。

所谓稳控力是指，维护己方局势稳定的能力，这是合控力最基本的力量。如果一个国家连稳控力都没有，它就无法控制自己内部的动荡，更谈不上与他国开展有效的良性合作，当然不是说没有合作，而是说这样的合作是不稳定的，随时可能发生变化，难以预计。

所谓竞争与合作力是指，合控方为了达到合作控制的目的，必须具有的竞争力和由此令对方愿意合作的能力。

所谓主导力是指，本身软实力和硬实力达到一定程度后，通过运用灵活的手段，吸引合控方甚至非合控方共同按照自己的意愿而行动的使自身居于主导地位的能力。

（3）线性控制：正式组织的各种口头、行政等命令或干涉、干预。非线性则是指非正式组织制定的，自然而然形成的一种自我控制管理机制或模式。

（4）非线性合控：已经融合在合控方之内的一种自我控制管理机制或模式，区别于官方的协议或者行政命令形成的表层合作机制。

（5）合控退出机制：由于某些主观或者客观的原因，合作无法继续，但需要一种机制，保证过渡时期的平稳退出。由于担心未来中国汽车市场的饱和，法国雪铁龙在亏损了55亿元之后，突然决定将电池生产线迅速撤离中国，宁愿再承受160亿元的退出代价。这是一个典型的没有建立起合适的合控退出机制，从而造成了双方都有巨大损失的例子。

合控基本概念还包括合控成效、合控因素、合控态势、合控熵、合控关系（简单线性还是时弯时返时转）以及复变量计算公式等。

第四节　为什么要合控、如何合控

一、为什么要合控

合控是为了更好地生存，也为了更好地控制这个质量世界。

英特尔对此有着深刻的理解，"我们的志向远大，并且越来越感受到与他人合作的紧迫性，旨在共同解决没有人可独自应对的世界挑战"。

俄罗斯水面舰艇弱项之一就是两栖部队装备的老式登陆舰缺乏发展直升机和气垫登陆艇的能力，使其两栖作战力量投送受到了严重的制约。本来为了更好地生存发展，俄罗斯选择优先与法国合作，购买法国的"西北风"级两栖攻击舰，但在即将交付的时候，法国迫于压力，单方终止合作，并退还全部费用。俄罗斯这一项目虽然看似损失不大，但此时有很多大量的背后投入不是这么容易计算的，而拥有仅次于美国技术的中国自主研制的075型两栖攻击舰，向俄罗斯伸出了橄榄枝。

CFM56系列发动机是由美国通用电气航空和法国斯奈克玛公司对半出资组成的CFM公司的拳头产品，是当今世界上销量最好的航空发动机之一，从1979年投入至今共发展了20多个型号，广泛应用于军队和民用航空领域。通用和斯奈克玛双方合作生产航空发动机是最佳合作，至少在销量和发展态势上最终实现了合控世界专业领域市场的目标。通用负责高压压气机、燃烧室和高压涡轮方面的生产和品质，斯奈克玛则负责生产和品控低压压气机、风扇、低压涡轮、齿轮箱和尾喷管。良好的合作模式带来无缝衔接的组装技术生产线，一条在美国的汉密尔顿，另一条在法国的默伦。推广和销售都由 CFM 国际统一执行，这种合控模式不管是在技术方面还是在运输、成本等方面都实现了最佳，更不必说其他非市场因素的考量。

二、合控制约性因素研究

美国的战略哲学是"重势不重态"，其中"势"是势头，"态"是现在的状态。按军事力量来讲，俄罗斯虽今非昔比，但仍比中国强大、先进。不过从发展的大趋势来看，美国把中国当作潜在的竞争对手。

合控制约性因素有很多种，因为世界上的事物复杂多变，各有各的运动规律和合作意愿。通常来说，本身的利益得失是决定性的，往往是事物向下一步发展所必须面临的首要问题。在国家层面上，合控制约性主要因素通常有：宏观环境、国家利益、政策法律、历史文化、国民性格、军事安全、地域（地理位置、领土范围）、资源、经济、技术水平、风俗习惯、生态环境、人口（数量、素质）等。

三、对非合控方的合控研究

对非合控方，同样可以进行合控的努力，因为合控往往是具有时间段和周期性的。合控不是一成不变、永久的，任何一个细小的变化，都可能造成合控。合控主要有下面几种形式：远合近控、远控近合、远交近攻、近交远攻。就其根本来说，无外是一靠软实力诱导，二靠硬实力压制、降伏，三靠巧实力。通过并购实现某种意义上的合控是当下主流模式之一，如欧美行业排名前几位的工业软件公司，在过去的十年间反复研究对手，实施几十次并购交易。又如西门子、通用电气等传统工业巨头，不断对可能的工业软件企业进行研究，不断实施并购战略，从而争取主动权，保证自身主导行业稳定发展。

中国科协智能制造研究所一位副所长说："每一次整合都会酝酿出一个更大的知识宝库。人类工业知识迅速聚集，使得这些工业软件企业成为工业界最聪明的工业公司。"

反过来看，比如隶属航空工业集团的中国飞机强度研究所，早在1985 年就成功研发出大型结构分析软件 HAJIF，荣获当年国家科技进步奖一等奖，目前升级为更先进的版本，但没有可开拓的合控之路，没有走进民用，一直锁在深闺无人知。

四、 对合控方的合控研究

合控方之间也存在着三种关系：亲密伙伴关系、竞争伙伴关系、竞争对手关系。合控的主要形式有：亲密合作控制、竞争合作控制、压迫合作控制、松散合作控制。

中国和乌克兰军工科技的合作可谓是典范。乌克兰马达西奇迫于压力中断与中国方面合作生产新型航空发动机后（据报道，乌克兰世界第一的安 – 225 大型运输机的全套技术也一并引进中国），资金断裂、新研发停滞，产品积压严重，逐渐没落，只靠昔日荣耀撑一时是一时了。2021 年 7 月，乌克兰"安东诺夫"国企与重庆某航空材料技术公司签订协议，中方负责钛半成品供应协议，价值超过一千万元，材料将被用于制造安 178 – 100R 运输机。

此外，国产 052C 型导弹驱逐舰舰用燃气轮机、舰用作战系统、两栖气垫船、高级教练机、运 8F600 型民用运输机、用于高原山地的大型运输直升机等都学习和参考了乌克兰的相关产品和技术。合计起来，我国已经从乌克兰引进了 30 多类、2 000 余项产品及技术项目。

第五节 合控三大定律

一、 合控第一定律

合控第一定律：合控方合作控制的项目越多，合作控制深入程度就会越高，即合控度越高；反之，合作控制深入程度就会越低，合控度越低。或者简单地说，合控度可表述为双方合作项目的多少。

从物理的意义来说，可表述为引力场作用原理。双方引力越大，即引力场越大，引力线越多。双方实际距离越小，从而双方交往越容易，交往越频繁，因而进行的合作项目相对而言越多。反过来，由于双方合作项目越多，人民交往越频繁，双方的吸引力越大，越不容易产生对抗甚至战争，即使是争吵，也是内部的争吵，是友好型的争吵。

运用这个定律需要注意项目制定的标准必须一致，否则这样的项目数量没有什么意义，由此所得出的合控度也没有多大的意义。

除了上述航空航海装备合作外，乌克兰也签署了 7 000 万吨乌克兰大米、玉米等出口中国协议，确定了对华出口标准，保证出口农产品的质量与服务。此外，深度合控还包括中国帮助乌克兰在交通、电力等基础设施方面的升级改造，中乌合控度越来越大。

二、合控第二定律

合控第二定律，可以用一个公式来表示：合控力 = 稳控力 + 竞争与合作力 + 主导力。

这里的合控力不仅是合控各方的力量，而且是由合控方产生的对合控方以及非合控方都起作用的因素和力量，国家合控力突出地体现了一个国家在世界上的影响力和地位，同时也部分体现了国力的强弱。

意大利杰出汽车品牌法拉利一直以来有着良好的对市场的稳控力和主导力，在 2021 年 3 月成功推出拥有钛连杆、类金刚石碳处理的新活塞销和重新平衡的曲轴，能提升弯道的操控性；在推出有史以来空气动力学效率最高的全新一代超跑 Daytona SP3 后，又立即开始新一轮变革。据路透社报道，2021 年 9 月新上任的法拉利首席执行官贝内德托·维格纳（Benedetto Vigna）将通过改革最高管理层来突破既定秩序。

维格纳之前在半导体行业，从事核心技术和管理工作 26 年，拥有独特的知识和能力，法拉利董事会选择他，是迅速改变汽车行业、加速法拉利开拓下一代技术、最大限度提高自身合控力的最佳选择。

约翰·埃尔坎（John Elkann），法拉利董事长（兼具稳控力和主导力），评论说："我们很高兴欢迎贝内德托·维格纳成为我们新的法拉利首席执行官。他对推动我们行业大部分变革的技术的深刻理解，以及他久经考验的创新、业务建设和领导能力，在未来激动人心的时代将进一步巩固法拉利及其独特的激情和表现故事。"

通过高层改革，维格纳（兼具竞争与合作力和主导力）带领下属进一步促进创新，优化流程，加强内部和与战略伙伴的合作，确保法拉利牢牢把控着世界上最好、最漂亮、最先进技术的超跑领袖角色。

三、 合控第三定律

合控第三定律：合控方将赢得未来。

合控运用到国家与国家之间，或者国家海洋战略层面，可以表述为：合则控制世界，独则远离世界。

但有些人不是这样想的，因为独，往往是有资本有信心才能独，而且一开始的时候就能拿下整块蛋糕。

在工业软件中，我们尚处于落后境地，我们的专家就表示了独的意愿。

远合近控。远近，是指利益冲突上的大小，或者说双方合作意愿可能是地域距离上的远近，也可能是实际利益变化引起的冲突变化从而产生的相对合作距离的远近。

第十三章　质量实践论

实践是检验质量的唯一标准。

第一节　理想的行动

打一个比方，如果把质量体系用于汽车驾驶实践会怎么样呢？驾驶证要审核，汽车要有行驶证，汽车维修保养也需要做好记录。但是汽车驾驶，每一次出车，驾驶安全与否和这些东西并非直接相关，不能说没关系，但是驾驶员的精神状态、驾驶技术、驾驶经验在汽车行驶过程中更直接相关，这些都是体系所不能解决的安全质量生死攸关的问题。

波音 737 Max 近年发生的两起几百人致命灾难已经严重影响了波音的声誉，美国联邦航空管理局也因此备受指责，因为质量监督存在严重漏洞。2020 年美国国会众议院一份公开调查报告指出，两起空难根源是波音与联邦航空局"一系列严重错误"，并且联邦航空局监管体系"存在严重问题"。

为此，2021 年 12 月，美国联邦航空管理局在责成波音公司对 737 Max 客机的继续检查中，又发现新的致命缺陷，飞机发动机和尾部电线都还存在问题，一是发动机，华盛顿州伦顿的工厂为了安装方便，将引擎外壳面板磨平，导致保护面板免受雷击的涂层也被无意间抹掉了，使飞机容易遭受雷击；二是两捆关键布线靠太近，容易造成短路并导致飞机坠毁。

2020 年美国国会众议院调查认为，2018 年新加坡狮航波音 737 Max 客机失事，是"波音公司的工程师错误的技术假设、波音公司管理缺乏透明度以及美国联邦航空局监管严重不足共同引起的"，"并不是由单一的机械故障、技术失误或者管理不当引起的"。

如果没有了内外部起作用的监督机制，任何体系、规程都成了可以绕开及违反的一摞废纸。

人类长期的质量活动，培养了大批技术工人、工艺师、技师、工匠，即使是现代最先进的智能制造、全自动化、机器人化等生产方式，也最终离不开这些技术工匠的经验、技术、创造力及判断力。与此同时，经过长期的积累、生产和生活方式的发展，经过社会的变革和进步，众多的消费者对质量亦具有最终的裁决权、否决权。质量管理本来是以他们为主体的，但在一个不是质量强国的社会，他们只是质量的被管理者、被动者。质量管理人员，所谓的高层人士，实际上在质量世界应该扮演第三方服务中介、好公仆的角色。换一句话说，质量管理的真正落足点应该是技术工匠的技艺和消费者的感官。

不管是实践还是理论，如果没有结合自身的实际那就是瞎指导。质量理论和体系是用来指导、参考的，而不是用来评判的。评判只有质量主体、质量最终享用者、消费者、使用者才有资格。这里姑且把这些直接质量主体称为质量裁判员，把广大的间接质量主体称为质量观众。将质量体系和标准用于评判质量问题的严重性是相当愚蠢的，或者是没有办法的办法。体系和标准只是一种评审，一种与质量相关的活动，并非质量本身必需的活动和管理。如果把体系、标准评审合格与否等同于质量的好坏，同样也十分愚蠢，这相当于无视质量本质和众多质量裁判员的行为；而广大的消费者则是质量观众，如果以为观众是可以蒙蔽、可以欺骗的话，那最终消失的是什么就不言而喻了。

质量体系恰好在这两点上都没有办法，难以真正触摸到质量的实质，充其量也就是表面上的、形式上的花架子。就像中国的武术，如果不进行认真搏击实践，更重要的是没有练习中国的气功，那样的武术虽然有十八般武艺，但就是花架子而已，在真正的高手面前，在真正需要克敌制胜的时候，不堪一击。

中国现代著名的武术大师许世友司令，曾任中华人民共和国副总参谋长。虽然他只在少林寺待了三年，但他年轻的时候一马当先，勇不可当，十多次担任敢死队队长，负伤数次。他是如何在少林寺练功的呢？两根木棍插入墙壁，在上面睡了三年。在部队的时候没有时间练功，他让警卫员帮忙打一盆水，一运气，大吼一声，双掌齐发，直击下去，盆里不留一滴水。中华人民共和国成立后，一次兴起，许司令当着众多战士的面，一运气，大吼一声，一掌把一块巨大的青石当场震成碎块！这就是中国真正的武术。

质量什么时候上了这样的正轨，练好自身内功，真功夫，而不是花架子、嘴皮子，质量强国的梦变成现实就不远了。

第二节　质量实践三大定律

一、质量实践第一定律

质量实践是人们能动地改造和探索现实世界中一切客观物质的社会性质量活动。质量实践的基本特征同样具备客观性、能动性和社会历史性。

没有科学理论指导的质量实践等于瞎实践，半个质量实践就下结论也等于瞎实践。

离开质量实践的质量管理理论等于瞎理论，缺乏科学依据、实验数据的理论总喜欢到处标榜自己的绝对权威。

质量实践第一定律：质量实践是检验质量理论正确与否的唯一标准。

下面是一位工程师参加一次国内行业标准审定会的回忆：

有一次他参加在南方某海滨城市举办的行业标准审定会。基本上本行业最著名的专家都出席了。这位工程师本来是没有资格参加的，因为不是标准的主要起草人，也不是这个领域的评审专家。但标准的项目主持人P临时有事，强烈要求他代为出席这个审定会，称其主持的不过是一系列标准中的其中一个，非常相信他能够完成任务。当时他还很奇怪，怎么P的信心这么足？

审定会开始后，这位工程师发现真正从事金属材料检测的专家不多，好像只有两三位。从一开始，绝大多数专家（除了组长和一两位未表态）基本上都认为要推翻这一系列标准既成的方向，因为不符合他们的认识范畴。他心里咯噔一下，心想这次倒霉了，工作量大了，标准如果要重新起草，只有今晚短短的一晚时间，可能不睡觉也不一定能完成。

等到所有的专家都表达了自己的观点之后，金属材料领域的一位资深博士研究员（而且有丰富的实践经验）表达了自己的观点。他认为这一系列标准按照目前的思路去做是行得通的，然后列举了一条又一条的理由。经过他这么一解释，会上所有审定专家恍然大悟。之前这些专家考虑到的问题，标准的起草人早就考虑到了，并且根据实践经验重新拟定了条款。

但是，虽然大方向重新被肯定，但这些与会的专家依然不同意这一系列标准的许多条款以及具体的操作流程，最后他们要求标准的起草人，必须在晚上按照他们所拟定的规则完成标准的修改。

晚上办完事回来后已经十一点多了，资深博士研究员问这位工程师标准有没有按照他们的意思修改好，工程师说自己也从事这项工作二十多年了，多少了解一点这个标准的操作流程，从来不知道还有这样不符合实际的不科学的操作流程和要求，因而不能答应这样的修改要求。只能尊重那位经验丰富的老专家P，这位真正从事这项工作几十年的老高工、这个标准项目的主持人最开始的意见，即拒绝执行那些所谓的专家们集体做出的错误指示。

第二天审定会照常召开。会上，另一位金属材料检测专家经过一个晚上的思考，重新肯定了标准起草人P的意见，建议维持原来的操作流程不变。其他审定专家也表示同意，标准条款在这个方面不需要再进行变更了，那些连夜赶工修改了标准条款的起草人必须重新再改回去。

一位高校教授对此颇有看法："这种会呢，我也经常开，出现这个情况很正常，不用大惊小怪，如果一个标准在评审过程中没有曲折，那评审有什么用？"

但是，这件事让这位工程师明白了一个道理，任何一项工作，特别是标准的制定，它不一定看你的学历、职称、获奖，也不一定看你的水平有多大、能力有多高、名声有多大，它只尊重实践，没有从事过这项工作的人最好能够首先在实践中找到答案。

还有一件小事，也说明了实践的重要性。林高工早就是研究员了，但客户和系统内的专业人士还是喜欢叫他林高工，因为在他们的心目中，高工的实践能力和学识更让他们钦佩。一次，一公司着急入境一批货，申报品名是乙烯—辛烯共聚物，送检样品外观为无色透明颗粒，大小略有差异，颜色单一。但由于负责检测的年轻博士经验不足，虽然使用了红外光谱仪，按照 GB/T 6040—2019《红外光谱分析方法通则》以及 GB/T 19466.3—2004《塑料差示扫描量热法（DSC）第 3 部分：熔融和结晶温度及热焓的测定》熔融峰温分析，还是无法分析出辛烯，只能出具主成分是聚乙烯的报告。这个基本判断是对的，但对客户来说，丝毫没有用处。好比问你这杯是什么饮料，你回答，主成分是水。错是没有错，但满足不了客户的需求。林高工介绍，这个东西，有经验的人很容易就可以判断出来。整个样品袋用手提一提，如果是聚丙烯，它会比较硬，有点像板，而如果是聚乙烯则更软；如果用手捏一捏样品颗粒，会感觉到乙烯—辛烯共聚物比聚乙烯更柔软，但弹性不一样。后来重新出具的报告，证实了林高工的判断。

二、质量实践第二定律

质量实践第二定律：一切质量缺陷（产生、扩散、消除）都离不开小人物，一切质量管理的成功也离不开小人物。

实践需要全面、全方位，甚至需要综合各方面实践经验、结果再判断，才能得出结论和预测未来。

国内一家生产不锈钢制品的厂家向广东某官方检测机构送检 6 件产品，要求了解品质。结果发现，6 件送检产品全部不合格，厂家负责人大为吃惊，因为之前送到上海某检测机构检验的产品全部符合标准！

后经技术交流相互探讨，终于找到问题所在。两家检测机构都是按照当时还实行的国家强制标准（不锈钢食具容器卫生标准，GB 9684—1988，2015 年废止）检测，但为什么上海检测机构判断合格，广东的判断不合格呢？原来，该标准全项目检测除了食品接触材料的外观以及铅、镉等重金属溶出量外，还需要检材质，上海方面按照标准只做了前面两大项目，忽视了材质，就出证明下结论产品符合标准。而广东机构在国内行业实力最强、检测最齐备，除了化学成分、重金属迁移量等项目之外，还有金属材料领域的工程师对材质进行鉴定，包括机械性能、金相显微组织等，结果发现送检的 6 件样品全部不是 304 号钢，材质不符合 GB 9684—1988 的要求，因此出具证书的结论是送检样品不符合国家强制标准 GB 9684—1988 的要求。

这件事情充分说明了检测工作需要踏踏实实做，不能因外部环境的急躁而"偷懒"，并且化学检验和物理检验等各专业领域专家都是必不可少的，需要各方面的默契配合，而这种默契来自实验室长期的建设和各专业人才的不懈努力。

还有一个案例。

比较新购进的从德国进口的熔融指数仪（检测塑料橡胶的熔融指数），与原来日本产的有什么优劣？结果发现，德国的熔融指数仪测试范围更广，但不如日本的好用。

林高工在退休前两个月的一次清理材料过程中，找到一份自己刚到商检时接收新到的东洋精机产的熔融指数仪时写的验收报告，报告非常详细，包括方方面面的校准，如温度显示等。

现在单位购买了新型熔融指数仪，一位年轻的同事负责验收设备，温度没办法校准，因此他没有去验收，不清楚这个温度显示有没有误差，但是其他的因素、指标他都校准了。不过，由于砝码太大了，实验室没有条件核实，也只好作罢。林高工耐心向年轻人传授经验和心得，"这个砝码其实很重要，有没有计量过？也要清洁那个压下去的棍子，只有干干净净才能做下一次实验，不然可能对实验结果有影响"。

林高工一直是研究高分子材料检验的，在这个领域里，在系统内，他无疑是相当权威的，有时候他一天看到的货比别的同行一辈子还要多。他一直以来低调做人高调做事，老老实实做好自己本职工作，从刚开始到系统工作时，把那台日本进口的仪器验收报告写得详详细细、明明白白开始。

后来，一地方局同样购进了一台熔融指数仪，但设备进来后就发现不对，进口的型号与贴的标志不同。地方局同志验收时就质问了日本仪器供应商代表，据说日本公司的董事长为此还对下属大发雷霆了。

日方很快派了公司质量部部长到中国来调查原因。地方局请林高工出马，一起接待日方，因为怕日本方面觉得我们这边的专家什么都不懂。林高工一到，就开始调查这台设备出现的问题。林高工至今还记得相当清楚，这位来自日本的质量部部长令他刮目相看，相当佩服。他为此行准备的工具非常齐全，连抹布都带了。为什么要带抹布？因为他一到就把这台设备擦得干干净净。外行人不懂，他过来就在反反复复测量温度。

那位日本人检查这台设备至少三个多小时，其实他在日本的时候早已经明白了缘由，但是他过来中国后又全部认认真真地做了一遍。之后他就向我们地方局局长道歉，鞠了一个躬，说："非常对不起，感谢你们给我一次来中国大陆访问学习的机会。"局长回应道："你要知道这个机会是你自己争取到的。"

这个故事说明了什么？林高工讲这件真事时很感慨，现在的日本人跟以前的日本人不一样，从这个日本人身上可以学到什么叫认真，什么叫质量意识。这就是工匠精神、质量绝不妥协精神。中国老一辈主要是跟苏联人和日本人学的，但是现在的日本人不是这样的，他们可能在跟中国、韩国的竞争中已经不得不妥协了。

三、 质量实践第三定律

小人物在质量实践中起到关键作用的充要条件是系统虚形结构的实现。

第三节　金检：最后的质量守护者

金检，于 20 世纪 80 年代初开始筹建，基于当时刚改革开放，建设如火如荼展开，特别是有许多国家重点工程陆续上马，都离不开一个核心的主件：钢材。而在那一段时间，钢材国产质量水平不够高，许多大项目以进口钢材为主。另外，当时主要开设广东这个对外窗口，因此广东口岸钢材进口量长期占全国第一位。金检是当时广东出入境金属材料检测的唯一权威机构，也是曾经质检总局正式下文通告唯一一家指导全国出入境金属及金属材料检验的指定机构。

金检创造了许多行业内第一。

金检引进高技术人才及从德国进口先进扫描电镜，由系统内第一位国外学成归来的教授级高级工程师朱姨任总工程师。

金检云集了标准活字典张高工，转业的军队坦克设计专家俞高工，力学性能检测"双英"郑高工、蔡姨，年轻的两位化学检测专家静姐、魏姐，稳重老成的综合材料专家黄高工，以及好几位从广钢等工厂里出来的、具有丰富实践经验的专家。在全省甚至全国独一无二的是扦制样科,该部门聚集了以黄民光、张兆明为首的一帮技艺精湛、胆大心细的技师、技工,他们既精通钢材抽样,又有精湛的钢材加工制样技术,熟悉钢材就好比熟悉自己的孩子一样。他们中有能在几百上千卷包装完美无瑕的进口琴钢丝中一眼能找到其中某条钢丝上有一两个黑斑的如同具有猫眼一般的钟沛余(阿猫),有任何时候都能提出不同意见的汤大师傅、特级机修工李大师傅,还有在码头成堆钢卷中立马就能找到外观缺陷或者残损痕迹的张庆安(驴子)、俞海(鱼尾)等一帮年轻人。在这些一眼就能找出不合格的特殊抽样专家面前,那些后来制定的按照概率分布随机抽样完全就是小儿科,抽取虽多却又可能找不到缺陷产品。

金检质量把关系统远不止于此。凌高工是一位女中豪杰,可以说是金检检测工作的第一道重要关卡,她对各国各年代各钢号标准、技术要求的精通不亚于有"活字典"之称的张高工,她工作极其认真、细心,加上性格豪爽,深受年轻人的敬重。她的下单比领导的直接命令来得更令人信服,工作几十年从未出过一单差错,只要是经过凌高工之手,就如同"圣旨",多个国家重点工程材料检验把关如同装了防火墙一样安全可靠。凌高工在退休前把多本俄文等外文辞典赠送给年轻人,留下的是老一辈满满的期望与责任感。

金检是全国第一批开展并通过认证认可的品牌实验室。金检专职从事质量管理、体系认证的工程师后来成为业内CNAS体系评审资深"大伽"。

金检还是全国第一个协助中方企业和西方发达国家"打官司"的检测机构。它曾为向加拿大某公司输中的京九铁路南昆段进口合金钢轨索赔成功提供了优质技术支持和服务,此事在当时被央视《焦点访谈》节目专访了两次,在业内轰动一时,为中国铁路后面的高速发展提供了优良品质案例示范。在上海、江西两地钢厂的监管后续处置,它也为国内钢轨相关生产企业培养技术和人才作出了重要贡献。

此后,它为中国顶级工程建设把关提供技术支持,为质量保障开创了一套行之有效、实事求是的监管模式,既保证了工程质量及安全,又避免了延误工程建设期,如对惠州大亚湾中海壳牌项目所有进口建设钢材进行监督检验,对台山、阳江核电站的进口用钢进行检验监管,以及为广州奥林匹克体育场主体建筑材料把关。当初的广州第一高楼,也是全国数一数二的高层建筑，由于建造时进口钢材质量发现问题，即刻被金检人强制执行送检，要求凡是此大楼的钢材都必须批批检验，件件把关。此外，金检还为九江大桥、虎门大桥、港珠澳大桥等国内重点大工程建筑用钢严把质量关。那时候的金检人都亲到码头、施工现场，对质量问题绝不妥协。事关百年大计，建筑材料质量仍为重中之重，绝对不是今天某些所谓权威机构认为的，不涉及食品、药品、化学品的非安全问题，就可以不列入强检。

有两个非常典型的例子，九江大桥和虎门大桥，过了这么多年，现在来思考，真的为第一代金检人、老一辈检测专家、工程师、技师严肃认真的工作态度、周到细致的服务作风、稳妥可靠的检验监管、万无一失的质量把关而感动。中国老一辈工程师的这些品质应该发扬光大，得到更好、更高、更强、更团结的传承。那些浮躁、急于求成、好大喜功、靠吹捧出成绩的严重干扰质量态势应该坚决遏止。

九江大桥，是亚太区第一座大跨径独塔双面索预应力混凝土斜拉桥，横跨广东西江，全长近两公里。1985 年 9 月开工，2 年 9 个月建成通车，1990 年获得国家科技进步二等奖；1991 年获得国家优秀设计铜奖。斜拉桥的钢绞索起着关键作用，而独塔斜拉对钢绞索要求更高。钢材进口，金检检验，从整批抽样回来制样，到理化指标，数据分析，整批合格判断，最后出具证书，稳妥可靠的质量控制是一点一滴踏踏实实做出来的。没有任何地方值得吹嘘和宣传，老一代金检人辛勤劳动、默默奉献。如果没有后来的事情发生，也许他们对自己的成绩都不以为然，认为只是本职分内工作而已。

2007 年 6 月 15 日清晨 5 时，一艘运沙船偏离主航道撞上大桥，巨大的撞击力导致桥面坍塌，造成几辆车和多人坠江。断桥部分刚好是没有斜拉索的一段，巨大的冲击力虽晃动了两侧钢绞索，但大桥主体岿然不动，无形间挽回了多少辆车和多少条生命！如果当初金检人做事马马虎虎，或者采用风控措施没有落实件件检验，因此而放过若干质量缺陷的钢绞索，要是钢材质量真的存在问题，在这种非同一般的巨大冲击力下，主桥坍塌不是不可能的。若是那样，后果将不堪设想。

虎门大桥，中国名桥之一，珠江狮子洋之上的跨海大桥，于 1992 年 10 月 28 日动工建设，用时 5 年建成通车，全长 15.76 公里，主桥全长 4.6 公里，双向六车道，设计速度最高 120 公里/小时。虎门大桥是主跨 888 米的悬索桥，共有特大钢吊索 288 根。如何把好质量关考验着金检人的学识和能力，同时也是金检人汗水和智慧的浇灌。金检总工朱姨还受邀出席了虎门大桥通车剪彩仪式。

因为应用环境特殊，跨海大桥对钢索锈蚀防护要求很高。2019 年 2 月，西行 38 号吊索个别钢丝出现了锈蚀断丝现象，虽然经专业验算，悬索桥结构还处在安全范围，但是吊索必须开始全面更换工作，2019 年 4 月 28 日完成 128 根吊索更换工作。

2020 年 5 月 5 日下午，虎门大桥发生异常抖动，桥面如同波浪一样起伏跌宕。专家们判断这种振动是涡振现象，主因是沿桥跨边护栏的木马。涡振所引起的振动对桥梁的冲击巨大。当然，经金检检验的钢索很好地经受了这种冲击，大桥虽然有惊但无险。设想一下，如果钢索拉力或者破断载荷不足，在这种涡振下，大桥会怎么样？后果严重性同样是不可预计的。

朱姨很担心虎门大桥的这次异常的振动，虽然那时候的金检在材料把关上极为规范，但是设计和施工毕竟不是金检的职责，而且部分钢索已更换。当然，一座大桥的质量还涉及许多其他方面。

一位业内一级注册建筑师认为，通常大家按标准规范做事是不会有问题的。许多类似事件，甚至倒塌，如果不是特别违规，设计师、建筑师无须担心承担什么法律责任，关键是必须严格按照规范做事。

但是，目前有多少钢材是真正经过检验的？百年大计，不是一朝一夕之果。最令人担忧的是检验专家们认为中国及日本等钢材在传统项目上性能很稳定，基本没必要检验，过了关没出问题就行，以后出问题是别人的事情。

近几年，美国人则逮出了日本生产的汽车钢板存在大问题。连神户造钢都有问题，我们的质量真已到了没必要严检，风控即可的程度？特别是在衡量诚信与金钱利润时，不知道放弃了严格监管批批检验，不知道如果光靠几个码头上的摄像头，还有一套所谓的智能通关软件，是完全不能保证这种百年大计工程建设质量的吗？是不是以后就无须担忧类似虎门大桥事件了呢？好比不需要警察捉每一个贼，风险监管即可，警察也就无须担心自己承担捉贼责任了，如果这样真能天下太平，似乎倒也是件好事。

　　即便是金检也陷入了风控意识里面，并且最后这种意识完全占据了主导地位。风险监督、风险控制、风险把关，全部科学理论依据源于两个方面，一个是概率统计，另一个是先期经验。但是，最大的问题也源于这两个方面，概率统计是事后的统计，所谓的概率更不是一定发生的，所谓的随机分布、随机变量，其实在现实的质量控制中并不能真的一定满足这个条件，这个大前提事实上要达到完全满足的条件还是相当困难的，这也是为什么许多小概率事件在现实中大量发生。随机分布，更多的是或近似事后统计再反过来设立的理想状态，即便是经典的两个正态分布例子，抛硬币和人的身高。现实生活中，随便哪个班级或者抛几十次几百次硬币，也很容易找到不符合正态分布的情形，这个无所谓影响。但是，在质量控制中，在涉及安全和可靠耐用的产品或项目工程中，这点就不应该忽略不计，而应该响应周总理再三强调的："严肃认真、周到细致、稳妥可靠、万无一失。"

　　对于先期经验，诚如概率论上也存在的先验概率一样，值得考虑。但是，不应该忽视了这样一个事实：越是没有问题，后面就会被无形中视为永远没有问题。这是风控与生俱来、无法改变的缺陷，有选择才叫风控，否则不叫风控。比如日本的钢材，质量一直不错，当时比国产的优良多了，以前不少小厂家都喜欢购买日本的二级板。因此，按照我们的风控模式，基本上不需要对日本的钢材进行检验。但是，当年中国最大的水电工程某大坝进口了部分日本钢材，好在原湖北检验检疫局的工程师们没有受风控影响，本着对百年工程"万无一失"的态度，严格按照要求开展检验，顶着工期紧的巨大压力，发现部分试样的冲击韧性达不到合同要求，与日方合格单提供的技术数据相差甚远。湖北商检完成了守卫未来大坝建设材料的关键任务，当时《大地》（人民日报社主管、主办）杂志对此进行了报道——《特写：三峡工程首例对日索赔纪实》。顺便一提的是，当时该局最高负责人就是金检出来的。这位负责人曾经在加拿大钢轨索赔案中担当主力，还因对外索赔案两次上了中央电视台《焦点访谈》节目。

　　所有风控都基于概率统计，而概率统计基于一个事后已发生的数据。如果用这个再去推测未来，好比以前的天气预报，只能够凭着经验和过去的数据来预测天气，和现在的天气预报通过卫星云团监测来预测天气有着本质的区别。本来风控是参考事后统计，但某官方机构把它当作了司令员，一切经过风控指令，表面上看起来非常规范，却忽略了概率这个大前提。

当有后人咨询金检老前辈俞工关于风控问题的时候，这位曾经为中华人民共和国早期坦克设计生产立下汗马功劳的、从来都是默默做事的老专家非常生气："怎么可能有不检验的？"是啊，对于老一辈来说，真正的无风险就是一批批都检，一根根都不放过，哪怕更多的汗水、更大的心血，他们坚守原则，职责和荣誉才是他们的人生。

老一辈金检人可以自豪，他们无愧于这个时代。

第四节　金检失效分析案例

失效分析，重要的是体现独立第三方对质量缺陷引发的质量故障、质量事故、质量灾难等发生原因、背后真相的探寻，类似案件的侦查，过程虽然艰难，但真相将促进人类的进步与发展，哪怕是一小步。

一、德国进口万吨远洋货轮主轴断裂索赔案

20 世纪 80 年代初，广州某远洋公司从德国进口了一艘 2.2 万吨远洋货轮，该货轮使用约 30 000 小时后主机曲轴发生断裂，原金检以高度的责任感和科学的态度，经过认真细致的检验分析，表明主机曲轴断裂是其材质热处理不良、强度低及内部存在冶金缺陷等质量原因所致的。检验分析结果为成功对外索赔 60 万马克提供了有力的技术支持，当时的 60 万马克可谓是一笔巨款。

二、德国列车转向架索赔案

2000 年 10 月，数十辆从德国进口的列车中有 189 个转向架牵引电机支座发生断裂，致使某市地铁停运，损失巨大。经金检失效分析，结果表明，转向架牵引电机支座存在严重的焊接质量缺陷，从而导致了转向架的断裂。金检及时出具了检验证书，为企业对外成功索赔近 300 万美元提供了有力的技术依据，有效地把住了进口产品质量关，产生了重

大经济效益和社会效益。

三、 日本齿轮泵索赔案

2006 年 2 月，浙江某化纤有限公司聚酯生产线上安装了两台日本岛津公司生产的齿轮泵，在运行不到两年的时间里，齿轮泵出现轴与轴承咬死现象。因该齿轮泵的保修期已过，日本方面拒绝赔偿。该化纤公司委托浙江某局出面与日方谈判，为了获取谈判的依据，浙江某局委托金检查找失效原因，经过反复测试、分析、研讨，终于查出齿轮泵材料中的冶金缺陷是该齿轮泵早期失效的主要原因。在证据面前，日方终于同意中方的谈判条件，赔偿所有失效的齿轮泵并接受整改。

四、 进口 60T 吊车焊缝开裂索赔案

1993 年，广州某公司进口的一台 60T 吊车在正常使用期出现失效。金检工程师们经过认真细致的检验分析，确定吊车存在明显的焊接裂纹，是制造者焊接工艺不良所致的。检验分析结果为成功对外索赔约 200 万元提供了有力的技术支持。

五、 出口美国钥匙扣表面质量分析案

2008 年 9 月，广州某实业有限公司委托金检进行失效分析。一批出口美国的小绵羊钥匙扣，因小绵羊表面出现污点被召回。针对这一情况，金检利用雄厚的技术实力和先进的测试手段，通过认真细致的检测分析，发现表面污点并非外部污染所致，而是原材料中的杂质引起的。检验结果为企业改进产品质量从而促进企业出口提供了有力的技术支持。

六、 法国产油泵水土不服缺陷

2007 年，广州某整染有限公司生产中使用的法国产油泵（桑泰克 E7NC1069）在仅仅使用 6 天后失效，公司委托金检实验室进行失效分析。检验人员反复观察电镜结果，仔细分析发现，使用过程中重油的重金属元素含量严重超标，导致产油泵的轴、齿轮和半月板等传动零件在短期内严重磨损，从而致使产油泵失效，建议更换重油。法国工程师应该是相当重视品质的，产品质量也不错，但是法国工程师没有中国实际

经验，没有考虑到重油重金属元素含量会严重超标，而中国使用的工程师也没有这方面的意识和经验，在不良状况出现后才去寻找原因。后来公司根据金检的分析结果，采纳了实验室的建议，最后产油泵工作恢复正常，单此一项就带来超过 50 万元的经济效益。

七、 输美水龙头接头断裂原因分析

广州某著名水暖器材有限公司为美国一家世界 500 强企业生产水龙头接头，该接头于 2012 年 10 月安装在各大楼盘的浴室中，到 2013 年 7 月陆续发现断裂。为了解断裂原因，该公司除自己分析断裂原因外，还委托金检金属材料部同时进行分析。金检实验室技术人员认真细致地检验分析后，指出产品的结构缺陷以及组织缺陷是导致水龙头接头开裂的主要原因。在美方与我方分析结果不同的情况下，生产方采用了我方建议，并对产品进行了工艺调整，最终解决了该产品断裂问题。金检在为世界 500 强企业解决生产产品质量难题的同时，也为我国赢得了信誉。

2009 年，金检检验了一批援外建筑钢材的品质，不合格结果显示规格为 Φ6.5mm 和 8mm 的圆钢硫含量分别为 0.065% 和 0.074%，超出标准限定的 ≤0.050% 范围。硫元素是钢材中的有害元素，主要以硫化物形态夹杂，当其含量超标时，它增加了钢材品质的不均匀性，使钢材易产生脆断、焊接热裂、气孔疏松和易锈蚀等缺陷，是建筑安全的重大隐患。当检验检疫发出不合格通知书时，某知名企业供货商也在查找原因，并承认自己的这批产品在生产过程中原料配比、生产控制、质量检测等方面出现偏差，特别是企业为降低生产成本使用废钢作为原料，其在有害元素的控制和投入原料的比例以及冶炼过程中间控制等环节操作不当，都会使产品质量出现不合格。同时认可检验检疫的检测结果，并在查找原因的基础上，加强生产过程的质量管理和质量检查，防止了不合格品出厂给社会和国家造成危害，同时积极配合援外企业做好换货处理。援外企业和供货企业都十分感谢检验检疫部门能够认真细致地帮企业把好援外物资出口的安全质量关，避免了一起企业走弯路、国家声誉受损害事件的发生。

20 世纪 90 年代，我国制造碳化钨并大量出口冶金工业原材料到西欧、日本、美国等发达国家和地区。当时外贸合同通常要求必须检测钨含量、总碳量两个指标，按照当时的国家标准 GB/T 2967—1989，需用重量法测定总碳量，而今按照 2008 年修订版本 GB/T 5124.1—2008《硬质合金化学分析方法　总碳量的测定重量法》也是采用重量法测定总碳量的。但这个方法对于外贸出口的碳化钨来说不大合适，因为采用该法对样品进行预处理时需升温高达 1 300℃，升温时间较长，操作较为复杂，干扰因素较多，分析误差大，不易掌握，导致周期较长，难适应外贸出口需要。金检研究小组在当时提出了用红外吸收法测定总碳量。根据正交试验选择了最佳分析条件，称样量 0.1～0.2g，样品粒度 0.108mm 左右；助熔剂采用钨锡和铁屑，用量 2.0g。回收率试验采用标准加入法进行，结果：回收率在 98%～105%，相对标准偏差为 0.4%～1.2%，误差符合国标要求。此法具有简单快速、准确度高及回收率高的优点。

　　依照此思路，金检研究小组后来又提出了红外吸收法测定金属硅中总碳量的研究方法。该成果通过对助熔剂的种类、用量、加入次序及仪器参数设定等一系列条件进行研究，攻破了金属硅电磁性能特殊、熔点高的难点，使金属硅在规定的各项条件下，易于被高频电场感应，能迅速提高温度形成熔融状态，使碳硫均能充分燃烧并完全释放，进而以红外吸收法准确测定。用标准加入法测定回收率，解决了国内尚无金属硅碳硫标准样品校正仪器的难点，从而提高了该方法的准确性，扩大了高频红外碳硫测定仪的应用领域。该方法每个样品燃烧分析时间一般为 35～45 秒，精度：碳 0.1%～1%、$RSD < 4\%$；硫 0.01%～0.1%、$RSD < 10\%$。

第五节　失效分析操作程序

　　有这么一个机构，曾经在进出口金属材料检测领域作出了全国首屈一指的贡献，其主要的品牌技术能力集中在金属材料失效分析领域，在几十年的经验中已经形成了一套行之有效、科学规范的失效分析程序。

　　失效分析工作的整个流程包括断口的截取、断口的清洗、断口的宏观分析、断口的微观分析、材料的金相分析以及材料的成分分析。断口的宏观分析利用体式显微镜等对断口进行直接观察和分析，通常要将断裂失效件的外观断口全貌及重点部位拍照记录。断口的宏观分析主要是确定断裂的类型和方式，为判明断裂失效的模式提供依据；寻找断裂源区和断裂扩展方向；估计断裂失效件应力集中的程度；观察断裂源区有无宏观缺陷等，为断口的微观分析和其他分析工作指明方向和奠定基础。断口的微观分析主要是利用扫描电镜对实际断口进行直接观察，并进行微区化学成分、晶体取向测定等一系列分析工作。材料的金相分析主要是对材料的组织进行分析和评级，看组织是否有异常。材料的成分分析主要是看材料的成分是否与原定的成分相符。在测量前，特别是物理性能测量，首先要对仪器进行校验，保证所测数据的正确性，同时要及时对所测的结果作好记录。测量结束后，要作好样品的保管、交接工作。

　　附录是一份失效分析检验证书，从中可见其详细的分析过程和步骤。

第六节　验残操作程序

　　金检历史上发生过一次非常成功且让客户非常感动的事情。有一位客户在把钢材运输到港口时发现钢材腐蚀不能使用，却被保险公司拒绝赔偿，理由是保险合同里明确规定腐蚀不赔偿。该客户看到这种情况非常心疼也很着急，咨询了业内很多相关的专家，他们均束手无策。金检的曹博士得知详细情况后，安慰客户说，他一定会想办法解决。经过一个晚上的绞尽脑汁，第二天一早，曹博士让客户放心，届时他可以作为技术专家出庭。法庭上，保险公司坚决不同意赔偿，因为白纸黑字写得明明白白。这个时候曹博士作为技术专家提及了两点：一是这批货是因为浸水导致了腐蚀，已经腐蚀的部分占10%，这一部分可以不赔；二是还有90%是浸水了，但没有腐蚀，这部分必须赔偿，因为已经影响到钢板品质。最后，保险公司不得不理赔。事后，被告方律师请曹博士留下联系方式，很感慨地说："以后我们有类似事件一定找您！"

　　下面举个例子说明验残的标准操作规范：电镀锌钢板残损检验鉴定案——淡水致损。

一、案例背景

2007 年 9 月，国内某公司进口 402 卷约 2 800 吨 SECC 电镀锌钢卷，主要用于制作家用电器面板。到货时，公司发现部分货物存在水浸和锈蚀，要求进行残损检验，以进行索赔。货物共有 5 个规格，具体货物的规格清单如表 13 - 1 所示。

表 13 - 1　货物清单

序号	规格（mm）	数量（卷）
1	$0.5 \times 1\,250 \times c$	65
2	$0.6 \times 1\,250 \times c$	102
3	$0.8 \times 1\,250 \times c$	84
4	$0.6 \times 1\,219 \times c$	58
5	$0.7 \times 1\,219 \times c$	93
合计		402

二、检验过程

1. 确定抽样方案

由于货物的残损是在存储、运输及装卸过程中产生的，因此其残损的特征既可以均匀分布在整批货物中，也可以发生在某些局部的货物中。大部分情况下，货物的残损是由外部局部介质直接导致的，因而具有局部残损特征，应根据货物残损的具体情况加以分类，抽样检查以保证抽取样品的随机性和代表性。检验人员通常可以先根据货物外表的情况对货物的残损进行严重、中等、轻微以及良好分类，然后分别以外表严重残损、中等残损、轻微残损以及良好货物作为一个抽样单元进行随机抽样。

根据这一思路，对本批货物依据"SN/T 1323—2003 进出口金属材料抽样规程"制订如下残损情况检验方案，如表 13 - 2 所示。

表 13 - 2　残损情况检验抽样方案

序号	外表残损程度	数量（卷）	随机抽样数量（卷）
1	严重	56	10
2	中等	82	13
3	轻微	135	20
4	良好	129	20
合计		402	63

2. 确定货物的残损情况

通常情况下，检验人员要确定货物的残损比例，需要对货物进行开卷检验。然而，应该注意到，对已包装好的钢卷进行开卷检验，对货物的价值有很大损害，因此，应在能科学确定货物的残损比例及估损比例的前提下，尽可能减少开卷的数量，以尽量降低检验过程造成货物价值降低的损失。

由于钢卷或平板的包装具有近乎完整的几何形状以及残损由外及里的局部特征，可以用几何学的基本知识，通过打开货物的外包装，并运用本书第四章第三节所建议的残损率计算公式来确定货物的残损率。

残损钢卷侧面示意图如图 13 - 1 所示。

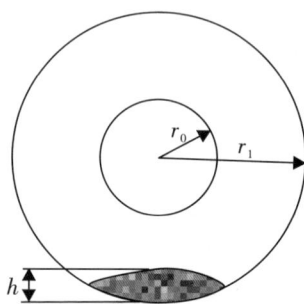

图 13 - 1　残损钢卷侧面示意图

通过测量钢卷侧面圆的内径 r_0、圆的外径 r_1、以及残损部分的高度 h，就可以通过以下公式计算出该卷货物的残损率 ω_i。

$$\omega_i = \frac{(r_{i1}) - (r_{i1} - h)^2}{(r_{i1})^2 - (r_{i0})^2} \times 100\%$$

依据上述思路和计算公式，就可以通过拆开货物外包装检验出各抽取样品的残损率。结果如表 13 - 3 所示。

表 13 - 3 残损情况检验结果

序号	卷号	规格 (mm)	净重 (kg)	残损情况	残损率			
					r_0 (mm)	r_1 (mm)	h (mm)	ω (%)
1	B50S18	$0.5 \times 1\,250 \times c$	7 360	货物残损严重	508	1 055	95	22.4
2	H70S06	$0.7 \times 1\,219 \times c$	7 876	货物残损严重	508	1 065	93	21.6
3	B50S28	$0.5 \times 1\,250 \times c$	7 522	货物残损严重	508	1 060	105	24.4
4	H70S09	$0.7 \times 1\,219 \times c$	7 448	货物残损严重	508	1 058	110	25.6
5	B50S23	$0.5 \times 1\,250 \times c$	7 482	货物残损严重	508	1 058	98	23.0
6	B60S35	$0.6 \times 1\,250 \times c$	7 540	货物残损严重	508	1 060	90	21.1
⋮								
44	B60S15	$0.6 \times 1\,219 \times c$	6 672	未见残损				0
45	B60S11	$0.6 \times 1\,250 \times c$	7 664	未见残损				0
46	B50S21	$0.5 \times 1\,250 \times c$	7 838	未见残损				0

3. 确定货物的估损率及估损重量

在开卷机上开卷检验是准确确定货物估损率的最有效的办法，然而，由于开卷检验本身对货物的价值有比较大的损害且具有较高的成本，因此，采用抽样的办法在开卷机上进行估损检验仍然是一个科学有效的方法。将残损货物按残损程度不同进行分类正是为抽样开卷检验提供基础，并确保尽可能抽样的随机性和代表性。

根据表 13 - 3 的残损检验情况，并依据"SN/T 1323—2003 进出口金属材料抽样规程"制订如下残损情况检验方案，如表 13 - 4 所示。

表 13 - 4   残损情况检验抽样方案

序号	货物残损程度	数量（卷）	随机抽样数量（卷）
1	严重	8	2
2	中等	13	3
3	轻微	22	5
4	良好	20	4
合计		63	14

估损检验结果如表 13 - 5 所示。

表 13 - 5   估损检验结果

序号	卷号	规格（mm）	净重（kg）	残损程度	残损率 ω（%）	估损率 ρ（%）	估损重量（kg）
1	B50S18	$0.5 \times 1\,250 \times c$	7 360	残损严重	22.4	90	1 484
2	H70S06	$0.7 \times 1\,219 \times c$	7 876	残损严重	21.6	90	1 531
3	B50S28	$0.5 \times 1\,250 \times c$	7 522	残损严重，见图 13 - 2	24.4	90	1 652
4	H70S09	$0.7 \times 1\,219 \times c$	7 448	残损严重	25.6	90	1 763
5	B50S23	$0.5 \times 1\,250 \times c$	7 482	残损严重，见图 13 - 3	23.0	90	1 549
6	B60S35	$0.6 \times 1\,250 \times c$	7 540	残损严重	21.1	90	1 432
7	H60S13	$0.6 \times 1\,219 \times c$	6 482	残损严重	25.0	90	1 459
8	H70S25	$0.7 \times 1\,219 \times c$	6 530	残损严重	26.1	90	1 534
9	B50S06	$0.5 \times 1\,250 \times c$	6 274	残损中等	10.9	60	410
10	W80S08	$0.8 \times 1\,250 \times c$	6 380	残损中等，见图 13 - 4	12.5	60	479
11	B50S12	$0.5 \times 1\,250 \times c$	7 846	残损中等，见图 13 - 5	15.3	60	720
12	B50S22	$0.5 \times 1\,250 \times c$	7 102	残损中等	11.1	60	473
13	H60S13	$0.6 \times 1\,219 \times c$	7 356	残损中等，见图 13 - 6	19.8	60	874

（续上表）

序号	卷号	规格（mm）	净重（kg）	残损程度	残损率 ω（%）	估损率 ρ（%）	估损重量（kg）
14	H70S06	$0.7 \times 1\,219 \times c$	7 248	残损中等	18.9	60	822
15	W80S11	$0.8 \times 1\,250 \times c$	5 885	残损中等	10.9	60	385
16	B60S24	$0.6 \times 1\,250 \times c$	7 654	残损中等	20.0	60	919
17	B50S23	$0.5 \times 1\,250 \times c$	7 346	残损中等	13.2	60	582
18	B50S12	$0.5 \times 1\,250 \times c$	7 618	残损中等	16.1	60	736
19	B60S14	$0.6 \times 1\,250 \times c$	7 186	残损中等	21.5	60	927
20	H60S11	$0.6 \times 1\,219 \times c$	6 858	残损中等，见图 13－7	9.7	60	391
21	H70S33	$0.7 \times 1\,219 \times c$	7 245	残损中等	11.1	60	482
22	H60S08	$0.6 \times 1\,219 \times c$	5 382	残损轻微	7.8	30	126
23	B60S04	$0.6 \times 1\,250 \times c$	7 700	残损轻微	4.4	30	102
24	W80S03	$0.8 \times 1\,250 \times c$	6 520	残损轻微，见图 13－8	6.6	30	129
25	B60S23	$0.6 \times 1\,250 \times c$	6 128	残损轻微	3.8	30	70
26	H70S16	$0.7 \times 1\,219 \times c$	5 875	残损轻微	7.2	30	127
27	B60S27	$0.6 \times 1\,250 \times c$	7 120	残损轻微，见图 13－9	7.5	30	160
28	B60S14	$0.6 \times 1\,219 \times c$	6 380	残损轻微	5.8	30	111
29	H60S25	$0.6 \times 1\,250 \times c$	5 700	残损轻微	6.4	30	110
30	W80S13	$0.8 \times 1\,250 \times c$	6 550	残损轻微	6.0	30	118
31	W80S35	$0.8 \times 1\,250 \times c$	6 850	残损轻微	7.3	30	150
32	H70S27	$0.7 \times 1\,219 \times c$	6 875	残损轻微	5.3	30	109
33	B60S24	$0.6 \times 1\,250 \times c$	7 025	残损轻微	7.0	30	211
34	H60S28	$0.6 \times 1\,219 \times c$	6 580	残损轻微	4.6	30	91
35	H60S21	$0.6 \times 1\,250 \times c$	7 550	残损轻微	5.6	30	127
36	W80S44	$0.8 \times 1\,250 \times c$	7 160	残损轻微	6.7	30	144
37	W80S31	$0.8 \times 1\,250 \times c$	6 862	残损轻微	6.3	30	130
38	W80S22	$0.8 \times 1\,250 \times c$	6 755	残损轻微	6.3	30	128
39	B60S33	$0.6 \times 1\,250 \times c$	7 020	残损轻微	6.0	30	126

（续上表）

序号	卷号	规格（mm）	净重（kg）	残损程度	残损率 ω（%）	估损率 ρ（%）	估损重量（kg）
40	W80S03	$0.8 \times 1\,250 \times c$	6 620	残损轻微	7.5	30	149
41	B60S34	$0.6 \times 1\,250 \times c$	6 525	残损轻微	6.3	30	123
42	H70S61	$0.7 \times 1\,219 \times c$	6 084	残损轻微	7.6	30	139
43	B60S75	$0.6 \times 1\,250 \times c$	7 250	残损轻微	3.7	30	81
44	B60S15	$0.6 \times 1\,219 \times c$	6 672	未见残损	0	0	0
45	B60S11	$0.6 \times 1\,250 \times c$	7 664	未见残损	0	0	0
46	B50S21	$0.5 \times 1\,250 \times c$	7 838	未见残损	0	0	0
47	B60S01	$0.6 \times 1\,219 \times c$	5 672	未见残损	0	0	0
48	W80S05	$0.8 \times 1\,250 \times c$	5 826	未见残损	0	0	0
49	W80S02	$0.8 \times 1\,250 \times c$	5 600	未见残损	0	0	0
50	H70S04	$0.7 \times 1\,219 \times c$	6 570	未见残损	0	0	0
51	B60S06	$0.6 \times 1\,250 \times c$	7 330	未见残损	0	0	0
52	H70S14	$0.7 \times 1\,219 \times c$	6 852	未见残损	0	0	0
53	B60S61	$0.6 \times 1\,250 \times c$	7 635	未见残损	0	0	0
54	B50S21	$0.5 \times 1\,250 \times c$	7 810	未见残损	0	0	0
55	H70S81	$0.7 \times 1\,219 \times c$	6 024	未见残损	0	0	0
56	W80S48	$0.8 \times 1\,250 \times c$	6 126	未见残损	0	0	0
57	W80S51	$0.8 \times 1\,250 \times c$	5 815	未见残损	0	0	0
58	H70S48	$0.7 \times 1\,219 \times c$	6 360	未见残损	0	0	0
59	B60S56	$0.6 \times 1\,250 \times c$	7 125	未见残损	0	0	0
60	B50S21	$0.5 \times 1\,250 \times c$	7 838	未见残损	0	0	0
61	B60S01	$0.6 \times 1\,219 \times c$	5 672	未见残损	0	0	0
62	B50S21	$0.5 \times 1\,250 \times c$	7 810	未见残损	0	0	0
63	H70S81	$0.7 \times 1\,219 \times c$	6 024	未见残损	0	0	0
合计			431 012	—	—	—	23 314

图 13 - 2　表明锈蚀 1

图 13 - 3　表明锈蚀 2

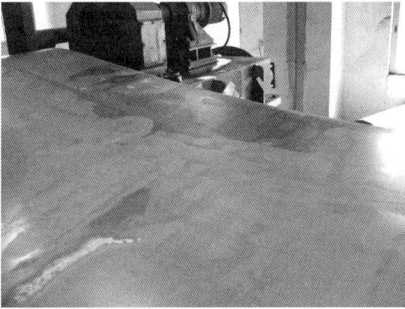

图 13 - 4　表明锈蚀 3

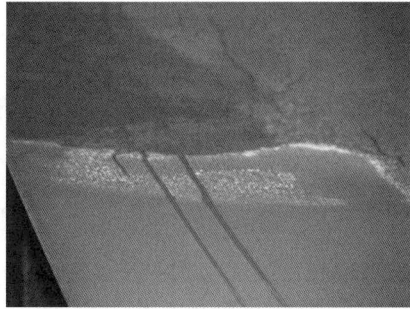

图 13 - 5　表明锈蚀 4

图 13 - 6　表明锈蚀 5

图 13 - 7　表明锈蚀 6

图 13-8　表明锈蚀 7

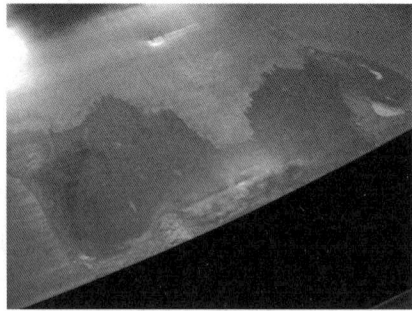

图 13-9　表明锈蚀 8

4. 确定货物的总残损值

从表 13-4 以及表 13-5 中的检验结果可以知道，抽样检验的 63 卷货物的总重量为 431 012kg，发生残损的货物共有 36 591kg，估损的总重量为 23 314kg。由此，依据"SN/T 1323—2003 进出口金属材料抽样规程"可以得到此批货物的总残损率为 8.5%，总估损率为 5.4%。

5. 确定致损原因

取锈蚀样品做能谱分析，如图 13-10 所示。

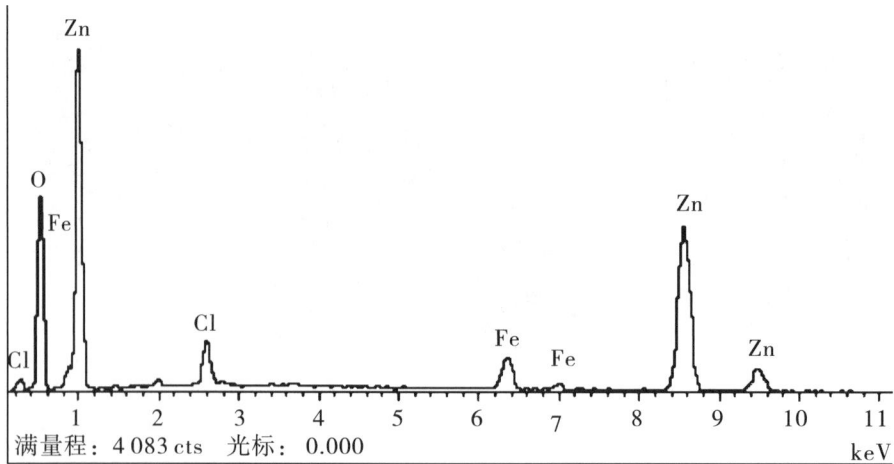

图 13-10　锈蚀样品的能谱分析图

从能谱图可以看到，锈蚀产物中含有典型的海水成分元素 Cl，因此可以推断，该批货物是海水致锈的。绝大多数情况下，海水致锈是在船运过程中造成的。

三、检验结论

（1）该批货物的总残损率为8.5%，总估损率为5.4%。

（2）该批货物为海水致锈。

附录　检验证书

报检单位：×××有限公司

报检单位地址：××市××区××路××号

申报品名：风机　　　　　标记及号码：N/M

报验数量/重量：-1-件　接收样品时间：×××年×月×日

检验结果

应申请人的要求，我实验室对上述样品进行失效分析，结果如下：

一、情况介绍

失效风机用于连云港盐厂干燥海盐，于 2011 年 11 月开机试运行，于 2012 年 9 月 12 日损坏。现场情况显示：连接轴承座与机座的螺栓脱落，轴承悬空，并伴随着法兰盖和联轴器破裂，见图 1；风机中的叶轮破裂，在叶轮附近的集流器上的挡风板严重变形并破裂，叶轮被卡住，见图 2；风机中的叶轮碎块飞出箱体，使箱体破裂，见图 3、图 4。

图1　风机损伤现场

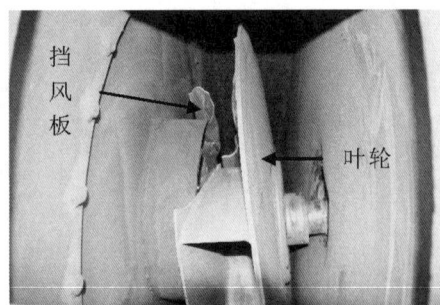

图2　叶轮及挡风板

图 3　叶轮上的碎块

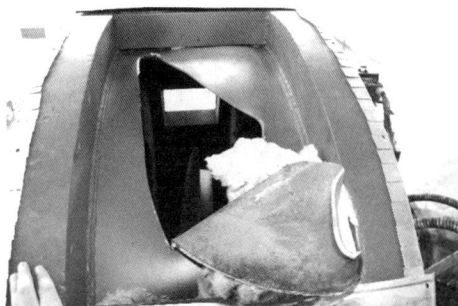

图 4　箱体

二、首断件的确定

该风机主要损坏件有叶轮、法兰盖、联轴器、轴、挡风板、螺栓及箱体共 7 件，分析这 7 个失效件的宏观形貌。

1. 叶轮

失效叶轮有四分之一部位缺损，缺损部位出现两个断口，其中断口 1 附近未见明显的变形，而断口 2 则变形严重，见图 5；叶轮上的缺损碎块因飞出过程中与其他物体相撞，导致严重变形，但基本保留与叶轮的对应关系，见图 6。断口 1 的两个对应断面呈现不同特征，叶轮侧断面有锈迹，外表面有摩擦痕迹，而碎片侧断面无锈迹，外表面无摩擦痕迹，见图 7；断口 2 与断口 1 基本相同，只是叶轮侧表面的摩擦面积较断口 1 小，见图 8。断口 1 在熔焊区附近有疲劳弧线痕迹，见图 9，属于疲劳断裂；而断口 2 则呈现撕裂棱，见图 10，属于瞬时断裂。上述现象表明，叶轮先疲劳断裂，后过载断裂，在疲劳断裂之前未发生摩擦，其摩擦痕迹为破碎之后所致，且摩擦从断口 2 开始。

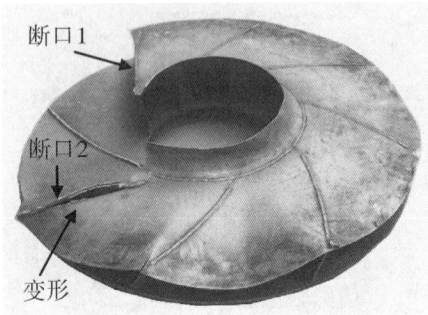

图 5　叶轮

图 6　叶轮与碎片

图 7　断口 1 外表面

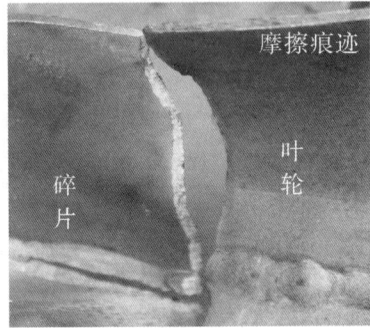

图 8　断口 2 外表面

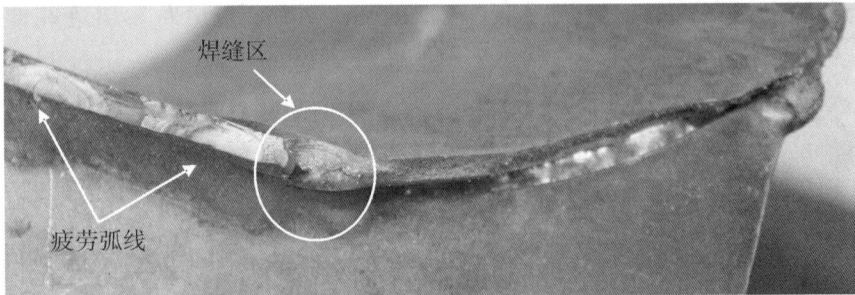

图 9　断口 1 断面

图 10　断口 2 断面

2. 法兰盖

失效法兰盖正面螺栓连接部位形成多个断口,见图11;反面有严重摩擦痕迹,其中A区摩擦痕迹最深,见图12;所有断面检查结果均为瞬时断裂,其中A区呈现放射棱的源头,即A区为瞬时断裂源。断裂源区显示,该部位反面为摩擦痕迹最深处,正面有螺栓顶住,见图13,显然,该失效件是在反面外物摩擦及正面螺栓顶住的共同作用下过载断裂的。

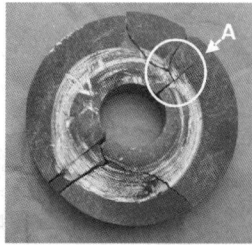

图11 法兰盖正面　　图12 法兰盖反面　　图13 断裂源区

3. 联轴器

失效联轴器由半联轴器1和半联轴器2组成,见图14,其中半联轴器1与轴承连接,半联轴器2与电动机连接。半联轴器1的外缘四分之三破损,见图15;半联轴器2是由半联轴器2-1和半联轴器2-2通过螺栓连接,其破损均位于螺孔部位,且沿径向开裂,见图16、图17,其连接螺栓也沿径向发生变形,见图18。上述现象表明联轴器因径向位移导致过载断裂。

图14 失效联轴器　　　　图15 半联轴器1

图 16　半联轴器 2（1）　　图 17　半联轴器 2（2）　　图 18　螺栓

4．轴

轴表面未见明显的摩擦痕迹，有轻微弯曲，见图 19。

图 19　轴

5．挡风板

与叶轮只有 3mm 间隙的挡风板严重变形，并有一碎片，见图 20。碎片上断口和表面摩擦痕迹与挡风板吻合，见图 21，同时从图 7 叶轮中可见与挡风板相同颜色的摩擦痕迹。显然，该挡风板与叶轮发生摩擦后变形开裂，属于过载断裂。

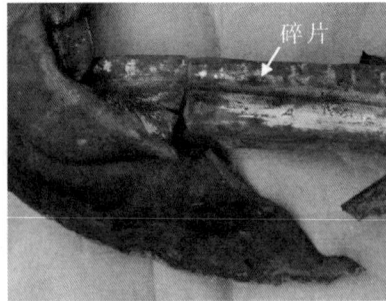

图 20　挡风板　　　　　　　　　图 21　摩擦痕迹

6．螺栓

轴承座上共有 4 个固定螺栓，其中两螺栓丢失，一个螺栓受外力作用发生变形，但未断（图 1 箭头所指）；另一个固定螺栓发生断裂，见图 22，在该螺杆上有反复撞击痕迹，特别是与断裂源毗邻的表面撞击严重；螺栓断面光滑，与轴线约 60 度，呈剪切断裂特征，见图 23。上述现象表明该螺栓为过载断裂。

图 22　断裂螺栓宏观形貌　　　　　图 23　螺栓断口

7．箱体

箱体受由里往外的冲击碰撞，使一小块外壳往外变形断裂，形成一梯形缺口，显然，该断口为过载所致，见图 4。

8．结果分析

风机中 7 个失效零件宏观检查结果见表 1，表 1 显示只有叶轮中的断口 1 在断裂前未发生摩擦和变形，属原始损伤；轴未发生明显的损伤；其余 5 个过载断裂件均有变形和摩擦，属于机械损伤导致的断裂。

表 1　风机失效零件情况统计

零件名称	工作状态	断裂源周围特征	断裂属性
叶轮	动态	未见摩擦及变形	疲劳断裂
挡风板	静态	严重摩擦及变形	过载断裂
螺栓	静态	严重摩擦及变形	过载断裂
法兰盖	动态	严重摩擦及变形	过载断裂
联轴器	动态	变形	过载断裂

（续上表）

零件名称	工作状态	断裂源周围特征	断裂属性
箱体	静态	变形	过载断裂
轴	动态	轻微变形	未断裂

图24为失效风机中各破损零件的相关位置示意图，图中显示叶轮、法兰盖、半联轴器1通过轴联为一个从动系统，并通过螺栓固定在机座上，由电动机与半联轴器2连接而成的主动系统带动工作；集流器上的挡风板与叶轮只有3mm间隙。在所有的断裂件中，除了两个丢失的螺栓未知外，只有叶轮是疲劳断裂，其余均为过载断裂。分析认为，如果丢失的螺栓先脱落，则轴系因失去平衡而发生剧烈振动，叶轮与挡风板将发生摩擦，但实际上叶轮在断裂前未发生摩擦，叶轮是在平衡状态下发生疲劳断裂，显然，螺栓不是首断件，叶轮才是首断件。

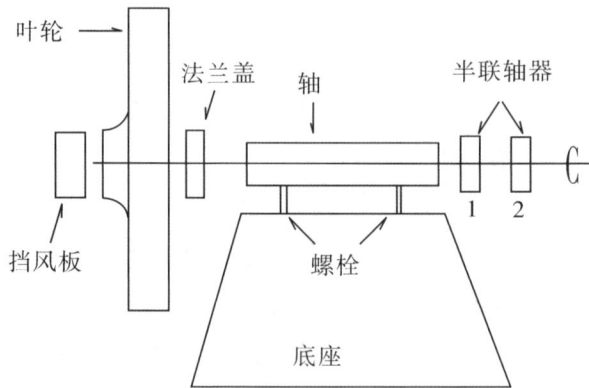

图24　失效零件示意图

三、 叶轮断口分析

失效叶轮由不锈钢板（牌号：1.4462）焊接而成，在使用中发生破裂。该叶轮出现多处变形及开裂，在全部断口中，只有断口1未见变形（见图5叶轮侧），呈现疲劳断裂特征，其余断口均严重变形，并呈过载断裂特征，表明断口1为最先形成的断口。

1. 断口1宏观分析

断口1焊缝周围有多条疲劳弧线，其中焊缝区疲劳弧线较密集，表明断裂源起始于焊缝。焊缝根部未熔合区最深处达2mm，见图25，该特征属根部未焊透缺欠（标记为GB/T 6417.1—4021）；缺欠处，呈现裸露的母材和以焊根为圆点的疲劳弧线，见图26。

焊缝面及焊根面均未见明显的摩擦和撞击痕迹，见图27、图28。

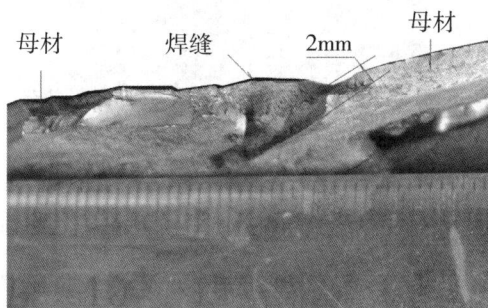

图25 断口1焊缝区断面

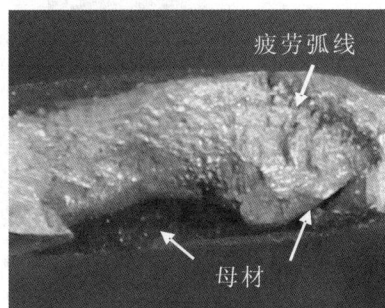

图26 焊缝区断面放大

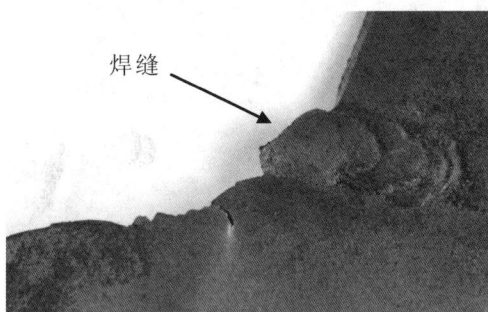

图27 焊缝面

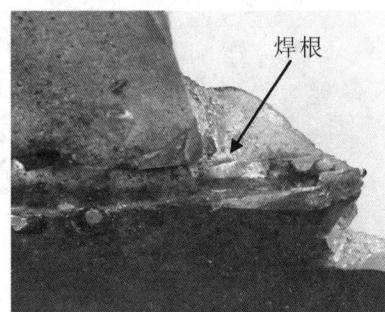

图28 焊根面

2. 断口1微观分析

图29为断口1焊缝区，在焊缝根部周围有3个疲劳源，其中疲劳源1位于焊缝根部熔化区和母材交界部位的缺口底部，该源区呈滑移类解理特征，见图30，在疲劳扩展区可见细密的疲劳条纹，见图31，属低应力高周疲劳断裂；疲劳源2位于母材上，其疲劳条纹较疲劳源1粗大，见图32；疲劳源3位于另一边母材上，其疲劳条纹最粗，且源区

及扩展区均有大量韧窝，见图 33、图 34，属较大应力的疲劳断裂。根据 3 个疲劳源的形貌特征，判定疲劳源 1 形核最早。

断口 1 宏观和微观分析结果显示，焊缝根部未焊透，出现缺口，在缺口处最先形成疲劳裂纹源。在疲劳源周围未见明显的损伤痕迹，表明该裂纹的形成非外来机械损伤所致。

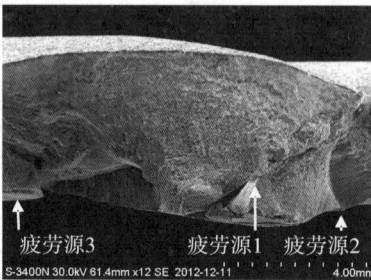

图 29　焊缝区断面

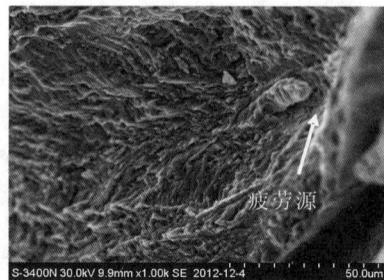

图 30　疲劳源 1

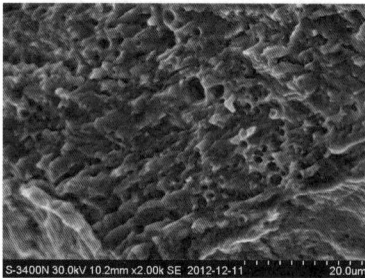

图 31　疲劳源 1 扩展区

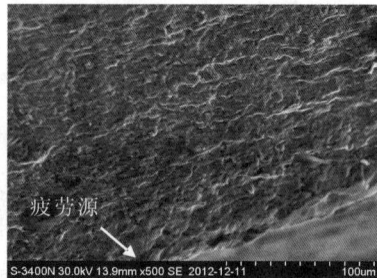

图 32　疲劳源 2

图 33　疲劳源 3

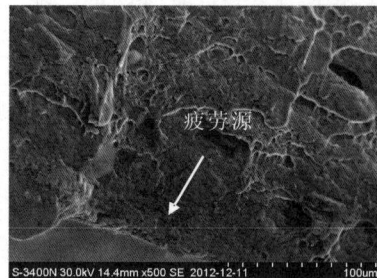

图 34　疲劳源 3 源区放大

四、叶轮化学成分检测

叶轮材料化学成分检测结果符合材料 EN 10088—2：2005 1.4462 标准要求，见表 2。

表2　叶轮材料化学成分检测结果（*wt*%）

项目	C	Si	Mn	P	S	Cr	Mo	Ni	N
叶轮	0.02	0.62	1.53	0.033	0.002	22.08	3.09	5.76	0.154
1.4462 EN 10088—2：2005	≤0.030	≤1.00	≤2.00	≤0.035	≤0.015	21.0 ~ 23.0	2.50 ~ 3.50	4.50 ~ 6.50	0.10 ~ 0.22

五、叶轮力学性能检测

在叶轮母材及焊缝区取样，拉伸试验结果见表3。表3显示叶轮母材强度符合材料 EN 10088—2：2005 1.4462 标准要求。但焊缝区抗拉强度偏低，该拉伸样品断口位于焊缝区（见图35），断口面积只有板材厚度的一半，另一半是未熔合的母材，见图36。显然，由于焊缝区的有效厚度小于母材，叶轮焊缝强度偏低。

表3　叶轮力学性能检测结果

项目	规定非比例延伸强度 $R_{P0.2}$（N/mm^2）	抗拉强度 R_m（N/mm^2）	断后伸长率 A_{50}（%）
叶轮母材	563	761	38.5
叶轮焊缝	—	534	—
碎片焊缝	—	640	—
1.4462 EN 10088—2：2005	≥460	700 ~ 950	≥20

图35　叶轮焊缝拉伸样

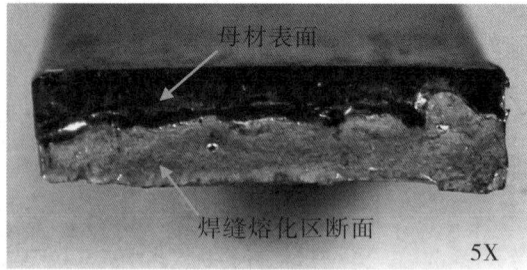

图36　叶轮焊缝拉伸样断口

六、 叶轮金相分析

图37为断口1附近焊缝低倍组织，图中显示该焊缝为单面焊缝，焊缝区具有明显的柱状晶，两侧为母材，其中一边焊根未焊透，形成一个缺口；缺口放大，缺口底部尖细，位于焊缝组织与热影响组织交界处，见图38。其中，焊缝组织及热影响组织硬度分别为275HV1和290HV1，在这不同硬度的组织交界处存在组织应力。由此可见，缺口底部存在形状应力和组织应力的叠加，导致该部位应力集中。

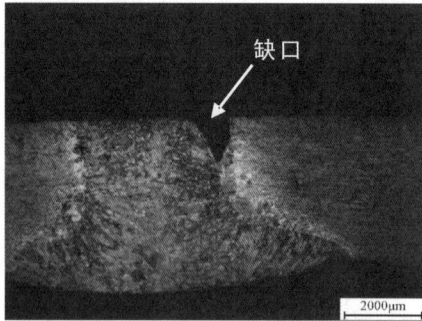

图37　焊缝低倍组织

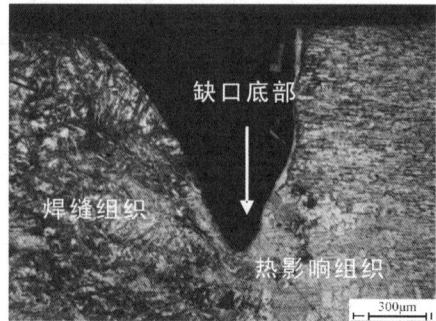

图38　缺口金相组织

七、 综合分析

上述试验表明，在风机失效事故中共有7个重要零件受损，其中叶轮为首断件。

叶轮为疲劳断裂，表明叶轮工作时除承受离心载荷作用外，还承受交变载荷作用，且该交变载荷大于叶轮疲劳断裂的临界应力值，这是导致叶轮疲劳断裂的外因。

叶轮材质符合标准要求，但存在加工工艺缺陷。在叶轮进风口焊缝部位，因未焊透形成缺口，缺口引起应力集中，同时使焊缝有效厚度减小，导致该部位材料的临界断裂应力值降低。在交变载荷的作用下，首先在该部位形成低应力疲劳裂纹，随着疲劳裂纹的扩展，周围的应力平衡被破坏，产生出新的应力集中区，从而形成多个疲劳源，最终导致叶轮疲劳断裂。因此，焊接缺陷是叶轮早期疲劳断裂的内因。

叶轮是在外因和内因的共同作用下断裂的，但叶轮首先在低应力下疲劳开裂，表明叶轮开始承受的交变载荷并不大，而叶轮的焊接缺陷则大大降低了疲劳抗力，因此，焊接缺陷是叶轮早期疲劳断裂的主要原因。

八、结论

（1）叶轮是风机失效的首断件。

（2）叶轮在交变载荷作用下疲劳断裂。

（3）焊接缺欠引起应力集中是叶轮早期疲劳断裂的主要原因。

后　记

　　至此，本书终于即将付梓，从 2014 年构思到出版，花了整整 8 年时间，其间酸甜苦辣，实在不足以言，能为后人留下一点思考，也就足矣！

　　本书强调开创一门新学科——质场科学的必要性，在虚形结构数理解析一章有详细论述，这样就可以使质量、缺陷、质量管理完全处于科学理性衡量、评估之中。

　　因本书素材实例较多，虽然我们已尽最大努力避免错漏，但如有雷同，或者与事实有出入，恳请指正！

　　在此，非常感谢陪着我们一路走来，也一直给予我们指导的所有朋友、同事、良师、亲人！

　　一切出发点是为了中国的质量，为了祖国的强盛。

　　谨以此书献给曾纪秀女士，她几十年如一日的谆谆教导"小心驶得万年船"是创作此书的原动力……

作者

2022 年 8 月